rowohlt
PAPERBACK

Hans-Werner Bierhoff
Elke Rohmann

Was die Liebe stark macht

Die neue Psychologie
der Paarbeziehung

Rowohlt
Taschenbuch
Verlag

Originalausgabe

Veröffentlicht im Rowohlt Taschenbuch Verlag,
Reinbek bei Hamburg, März 2005

Lektorat Martina Behrens
Umschlaggestaltung ZERO Werbeagentur, München
Satz aus der Adobe Garamond PostScript, InDesign bei
Pinkuin Satz und Datentechnik, Berlin
Druck und Bindung C. H. Beck, Nördlingen
Printed in Germany
ISBN 3 499 61669 6

Inhalt

Vorwort

Dieses Buch ist zu einer Zeit entstanden, in der die Bedeutung der Liebe im Leben des Einzelnen immer mehr zunimmt. Während in früheren Zeiten die wirtschaftliche Absicherung durch die Ehe im Vordergrund stand, geht es heute um die Verwirklichung des romantischen Ideals in der Liebe. Gleichzeitig hat die Verbesserung der Bildungs- und Berufschancen von Frauen dazu geführt, dass sie unabhängiger sind und die damit verbundene größere Freiheit bei der Partnerwahl nutzen.

In den letzten Jahren sind die Scheidungsraten in Deutschland kontinuierlich angestiegen. Das zeigt, dass viele Menschen bereit sind, eine unglückliche Beziehung zu beenden, und im Umkehrschluss, wie sehr sie sich eine glückliche Beziehung wünschen. Die Hindernisse auf dem Weg zu einer harmonischen Partnerschaft sind jedoch nach wie vor vielfältig. Sie können persönlicher, paardynamischer oder gesellschaftlicher Natur sein. Das zeigt aktuell das Beispiel der Arbeitslosigkeit, die nicht nur die berufliche Perspektive bedroht, sondern auch die Partnerschaft belastet und verändert. Da diese beiden Lebensbereiche miteinander verwoben sind, empfinden gegenwärtig viele Menschen Zweifel und Unsicherheit hinsichtlich eines Lebens zu zweit.

Wir konzentrieren uns deswegen auf die wichtigen Fragen, die mit der Liebe zusammenhängen. Dabei folgen wir dem empirischen Ansatz, der von tatsächlichen Erfahrungen in Paarbeziehungen ausgeht. Das bedeutet, dass wir uns auf solche Erkenntnisse stützen, die wissenschaftlich abgesichert sind. Demgegenüber lassen wir Spekulationen, die als Wahrheit verkauft werden, ohne dass sie sich wissenschaftlich bestätigen lassen, keinen Raum. Unsere Argumente sind durch Befragungen und Experimente mit Partnern, die in verschiedenen Ländern untersucht wurden, abgesichert. Sie bieten auf einer nachvollziehbaren Grundlage eine Anleitung für eine bessere Partnerschaft, die gerade in schwierigen Situationen wie bei Paarkonflikten anwendbar ist. In dem Kapitel «Realitätstest für Träume» geht es genau um dieses Thema. In «Die Solidarität der Herzen» wird demgegenüber die Gemeinsamkeit deutlich, die eine Partnerschaft ermöglicht. In «Das lose Band, das Partner bindet» wird dargestellt, welche Anteile positive Illusionen am partnerschaftlichen Glück haben. In «Lebensformen» werden Rahmenbedingungen berücksichtigt, in denen Partnerschaften geführt werden. Im ersten und letzten Kapitel schließlich stellen wir dar, dass Partnerschaft auf Bindung und Liebe aufgebaut ist und wie sich das auf Trennung und Neuanfang auswirkt.

Um die Lesbarkeit des Textes zu erleichtern, wurde auch dann, wenn Männer und Frauen gemeint sind, die männliche Form verwendet.

Wir möchten an dieser Stelle unserer Lektorin im Rowohlt Verlag, Frau Martina Behrens, für die große Unterstützung und die redaktionelle Betreuung des Projekts herzlich danken.

Bochum, im Oktober 2004

Hans-Werner Bierhoff und Elke Rohmann

KAPITEL 1

Was erleben wir in Partnerschaften?

Wie lässt sich das partnerschaftliche Erleben beschreiben? Eine erste Antwort besagt, dass Liebeserfahrungen im Vordergrund stehen, aber ein kurzes Nachdenken zeigt auch, dass Konflikte und Widersprüche zu bewältigen sind. Weiterhin erleben wir in der Partnerschaft Hilfsbereitschaft und Engagement, und schließlich ist auch die Sicherheit oder Unsicherheit der Bindung an den Partner zu berücksichtigen.

Diese kurze Skizze einer Antwort auf die Frage nach dem Erleben in Partnerschaften ist unvollständig und bedarf weitergehende, die Tiefenstruktur von Beziehungen berücksichtigende Überlegungen. Die Unvollständigkeit der Antwort hat damit zu tun, dass individuelle Eigenschaften, persönliche Temperamente und allgemeine soziale Einstellungen nicht berücksichtigt wurden. Die Beziehungserlebnisse eines gehemmten Menschen unterscheiden sich von denen eines Extravertierten, der Erfahrungen gegenüber aufgeschlossener ist, mehr an sich heranlässt und seine Aufmerksamkeit stärker nach außen richtet. Ein impulsiver Mensch wird leichter dazu neigen, einen «Vulkanausbruch» zu erleben, wenn der Partner seinen Zielen im Weg steht, als ein ausgeglichener Mensch. Und ein Zyniker, der alle Menschen für unzuverlässig und potenziell gefährlich hält, wird sich vielfach einer hämischen Kommentierung bei einem Fehler des Partners nicht entziehen können, während ein Menschenfreund eher verständnisvoll reagieren wird. Diese Gegebenheiten lassen aber gleichzeitig den Mittelpunkt unserer Darstellung erkennen: Uns geht es um das Beziehungserleben, das sich aus der partnerschaftlichen Bindung und der interpersonellen Abhängigkeit ergibt.

Was die Tiefenstruktur von Beziehungen angeht, beginnen wir mit dem, was von dem Erleben der Partner zunächst an der Oberfläche erkennbar ist, um dann weiter nachzufragen und die dahinter liegenden Motive zu erforschen. Aber dessen ungeachtet werden wir schon in diesem Kapitel auf theoretische Annahmen kommen, die über das, was an der Oberfläche erlebt wird, hinausgehen und einen tieferen Sinn erkennen lassen.

In diesem Text geht es nicht darum aufzuzeigen, was in der Partnerschaft «richtig» oder «falsch» ist. Die Versuchung liegt nahe, eigene Wertvorstellungen einzubringen und sich an diesen entlangzuhangeln. Sicher kann sich niemand von seinen Werten ganz lösen und neutral bis in die Haarspitzen sein. Es macht aber einen Unterschied, ob man eine bestimmte Weltsicht aggressiv vertritt oder sich in dieser Hinsicht eher etwas zurückhält. Wir haben uns dafür entschieden, Wertzurückhaltung zu üben, was mit dem empirischen Ansatz übereinstimmt, dem wir folgen. Denn wir glauben, dass theoretische Annahmen über Beziehungen vornehmlich dann in der Öffentlichkeit Beachtung verdienen, wenn sie sozialwissenschaftlich abgesichert sind. Uns geht es an erster Stelle nicht um persönliche Einsichten, wie sie in der Literatur und Geisteswissenschaft vermittelt werden, sondern um nachprüfbare Fakten, auf deren Grundlage sich eine Psychologie der Paarbeziehung aufbauen lässt. Die Zurückhaltung bei der Anwendung von Wertvorstellungen auf das Thema unseres Buches beinhaltet auch die Auffassung, dass keine ideale Beziehungsform existiert, auf die hin der Alltag der Partnerschaft gepolt werden kann. Wenn z. B. im Folgenden die sichere Bindung im Gegensatz zu unsicherer Bindung thematisiert wird, dann heißt das nicht, dass Personen, die eine unsichere Bindung an ihren Partner haben, eine Therapie zu empfehlen ist. Wir lassen zu, dass es eine Bandbreite des Normalen gibt, die mehr umfasst als die Idealkonstellation einer Partnerschaft, wie sie z. B. durch Sicherheit der Bindung charakterisiert ist. Man darf in der Partnerschaft unsicher sein. Die Akzeptanz der Vielfältigkeit von Partnerschaften ist ein Erkennungsmerkmal einer positiven Partnerpsychologie.

Wie sich das partnerschaftliche Erleben beschreiben lässt, hängt nicht zuletzt von der Perspektive ab, die man einnimmt. Im Folgenden wird zwei Perspektiven nachgegangen: der entwicklungspsychologischen und der kulturellen. Im Weiteren wird versucht, beide Perspektiven miteinander zu verbinden.

Die erste Perspektive beinhaltet, die Entwicklung des Kindes zum Ausgangspunkt zu nehmen, weil man vermuten kann, dass das partnerschaftliche Erleben von erwachsenen Menschen Vorläufer in der Eltern-Kind-Beziehung hat. Diese entwicklungspsychologische Suchrichtung betrachtet die Frage, inwieweit die Qualität der frühkindlichen Bindung an die Eltern wegweisend für die spätere Bindung im Jugend- sowie Erwachsenenalter und speziell auch an einen Partner ist.

Die Bindungstheorie, die sich mit der Suche nach Nähe und Geborgenheit befasst, beinhaltet zwei Grundsätze. Zum einen wird das Bindungsverhalten des Kindes aus einer evolutionspsychologischen Perspektive gesehen. Zum anderen liegt eine systemtheoretische Grundlage vor.

Die evolutionspsychologische Grundlage kommt darin zum Ausdruck, dass die Mutter-Kind-Bindung gewährleistet, dass die Kinder trotz ihrer Hilflosigkeit und Schutzlosigkeit in den ersten Lebensjahren keinen Schaden nehmen, da sie die Nähe der Bezugsperson suchen, die ihnen Schutz bietet. Aber auch ältere Kinder bedürfen der Unterstützung ihrer Eltern, damit sie sich physisch und psychisch gut entwickeln können, soziale und kognitive Kompetenzen ausbilden und ihre Potenziale ausschöpfen können, um letztlich in der Gesellschaft erfolgreich zu sein.

Der systemtheoretische Gedanke, der in die Bindungstheorie eingeht, besteht darin, dass die Eltern-Kind-Beziehung keine einseitige Einflussnahme der Eltern auf ein passives Kind darstellt, sondern einen gegenseitigen Einfluss. Diese Erkenntnis liegt im Übrigen der Entwicklung der Familientherapie zugrunde, die die Familie als Ganzes betrachtet und ihre Regeln des Funktionierens in den Mittelpunkt stellt. Eine Beziehung als System zu sehen, bedeutet, dass sie sich von anderen äußeren Gegebenheiten abgrenzen lässt und dass die Teile des Systems durch einen Informationsaustausch miteinander verbunden sind. Eine besonders zentrale Eigenschaft eines Systems besteht darin, dass es einen Zustand der Ausgeglichenheit anstrebt. Angewandt auf die Eltern-Kind-Beziehung bedeutet dies den Austausch von positiven und negativen Rückmeldungen, durch die das Beziehungssystem stabilisiert wird. Das bezieht sich z. B. auf die Regulierung der Distanz zwischen Eltern und Kind. Beide Seiten streben einen bestimmten Abstand an, den sie als ideal ansehen. Durch die Annäherung und Vermeidung entsteht ein Nähe-Distanz-Verhältnis, in dem das System als Ganzes verharrt, weil es zum einen den Bedürfnissen des Kindes (z. B. nach Sicherheit und Bewegungsfreiheit) und zum anderen denen der Eltern (z. B. nach Fürsorge und Nähe) gerecht wird. Im Idealfall stellt dieser Zustand einen «sicheren Hafen» dar.

Die zweite Perspektive konzentriert sich auf die kulturelle Abhängigkeit des Erlebens von Partnerschaften, die sowohl über verschiedene historische Epochen als auch über unterschiedliche Gesellschaften hinweg betrachtet werden kann. Bei diesem Ansatz stehen unterschiedliche Formen der Liebe im Vordergrund der Betrachtung, die über Zeitepochen und Kulturen gewechselt haben. Der Bielefelder Soziologe Niklas Luhmann hat diese Zeitabhängigkeit der Liebe in eindrucksvoller Weise beschrieben. Er hat aufgezeigt, dass die romantische Liebe erst im 20. Jahrhundert in den westlichen Gesellschaften zum verbindlichen Modell der Partnerwahl geworden ist. Tatsache ist auch, dass die Gene für die Bevorzugung einer bestimmten Form der Liebe eine geringe Rolle spielen, wie eine umfangreiche amerikanische Zwillingstudie von Niels Waller und Phillip Shaver zeigt.

Ein prägnantes Beispiel dafür, wie die Kultur enge Beziehungen formt, ist das Vorhandensein oder Fehlen von Ehen, die durch Dritte arrangiert werden. Ehen wurden in den vergangenen Jahrhunderten in der westlichen Kultur durch die Eltern abgesprochen, was bedeutete, dass die romantische Liebe der zukünftigen Ehepartner zueinander eine geringe Rolle für die Eheschließung spielte. Die Tücken dieser Vorgehensweise werden in der Tragödie «Romeo und Julia» von William Shakespeare (Erstausgabe 1597) deutlich, in der die starke Leidenschaft von zwei Liebenden aus verfeindeten Veroneser Familien im Mittelpunkt steht. Romeo, aus der Adelsfamilie Montague stammend, verliebt sich bei einem Maskenball im Hause der Familie Capulet auf den ersten Blick in Julia, die Tochter des Hauses. Sie erwidert seine Liebe, und die beiden heiraten am nächsten Tag heimlich. Doch eigentlich sollte Julia mit dem Grafen Paris vermählt werden. Um dem zu entgehen, nimmt sie einen Zaubertrank zu sich, der sie in einen todesähnlichen Schlaf versetzt. Die Nachricht von diesem Plan erreicht den unglücklichen Romeo nicht, wohl aber die ihres vermeintlichen Todes. Voller Verzweiflung sticht er sich an ihrer Bahre einen Dolch ins Herz. Nachdem Julia verspätet aus ihrem Todesschlaf erwacht, findet sie den Geliebten tot vor und nimmt sich mit seinem Dolch ebenfalls das Leben. Im Angesicht dieses durch Hass verschuldeten Liebestodes versöhnen sich die beiden verfeindeten Familien miteinander.

Abgesehen von der Tragik dieser Geschichte verdeutlicht sie auch, dass Partner aufgrund verschiedener Bestrebungen zusammenkommen können: Einerseits aufgrund der stark empfundenen Leidenschaft füreinander, andererseits aber auch aufgrund eines Arrangements der Familie. Pragmatische Ehen werden auch dann eingegangen, wenn die Religion der Kultur vorschreibt, mit wem man eine Partnerschaft eingehen darf und mit wem nicht. In unserem westlichen Kulturkreis werden auch freiwillig Beziehungen aus pragmatischen Gründen eingegangen, wenn z. B. jemand eine «gute Partie» machen möchte.

Die romantische Liebe zu einem Partner hat in der westlichen Kultur des 21. Jahrhunderts eine große Bedeutung für Partnerschaften, die sich sogar in den letzten Jahrzehnten noch gesteigert hat. Die romantische Anziehungskraft ist heute entscheidend für die Anbahnung und die Aufrechterhaltung einer Beziehung. Diese Entwicklung hat weitgehende Folgen: Lässt die romantische Anziehungskraft mit der Zeit nach und verschwindet möglicherweise ganz, denken die Partner über Trennung nach oder trennen sich wirklich.

Wie anfangs schon erwähnt wurde, ist nicht alles, was wir in der Partnerschaft erleben, mit romantischer Liebe gleichzusetzen. Es gibt eine ganze Reihe anderer Erfahrungen, die wir machen. Dazu gehören Streit, Konflikt, fürsorgliches Verhalten, gemeinsame Interessen und Unternehmungen oder gemeinsam materielle Bedürfnisse befriedigen, um nur einige Bereiche, die weitere Erlebnishorizonte schaffen, zu nennen. Mit der Beschreibung und Analyse von fünf Erlebnishorizonten in Partnerschaften (Liebe, Sicherheit, Investment, Altruismus und Konflikt) werden wir unsere erste Suchrichtung, die von der Bedeutung der frühkindlichen Beziehung zu den Eltern ausgeht, und unsere zweite Suchrichtung, die von der Bedeutung gesellschaftlicher Definitionen von Liebe und glücklicher Partnerschaft ausgeht, integrieren. Das, was wir in unserer Partnerschaft erleben, lässt sich nämlich aus dem ableiten, was wir in der Beziehung zu unseren Eltern erlebt haben, und aus dem, was unter Liebe und Partnerschaft zu einem gegebenen Zeitpunkt in einer Gesellschaft verstanden wird.

Von der Bindung an die Eltern zur Bindung an einen Partner

Binden an einen Partner können wir uns auf unterschiedliche Weise, je nachdem, welche Erfahrungen wir mitbringen. Unsere Erfahrungen mit der Bindung an Menschen beruhen im Wesentlichen auf den Erlebnissen, die wir in dieser Hinsicht mit unseren Eltern gemacht haben. Denn wir haben die Tendenz, unsere Bindungserfahrungen mit den Eltern auf spätere Beziehungen zu Freunden, Bekannten und Partnern zu übertragen. Mehr oder weniger stark erwarten wir von unseren späteren Bezugspersonen das Gleiche, das wir von unseren Eltern bekommen haben. Wenn Mutter und Vater im Allgemeinen unsere emotionalen Bedürfnisse wahrgenommen und erfüllt haben, werden wir das auch von unseren späteren Bezugspersonen erwarten. Wenn die Eltern sich hingegen ablehnend gezeigt haben, werden wir dieses Verhalten von Partnern oder Freunden ebenfalls erwarten.

Die soziale Eingebundenheit des Menschen ist ein grundlegender anthropologischer Tatbestand. Wenn das Kind geboren wird, kommt die soziale Eingebundenheit sofort ins Spiel, meist in Form der Kind-Eltern-Beziehung. Die Entwicklung zu einem gesunden und kompetenten Kind ist offensichtlich ohne Eltern oder Elternersatz nicht möglich. Die Betonung liegt dabei auf der Mutter, eine Schwerpunktsetzung, die auch der englische Psychiater John Bowlby zugrunde legte, der als Erster die Bedeutung der kindlichen Bindung für eine gesunde seelische Entwicklung in den Vordergrund rückte. Das Kind baut natürlich auch eine Bindung zu anderen Bezugspersonen wie dem Vater auf. Aufgrund der traditionellen Rollenaufteilung in unserer Gesellschaft ist jedoch die Mutter meistens die zentrale Bezugsperson für das Kind. Daher ist die Qualität der Bindung zur Mutter besonders wichtig für den weiteren Entwicklungsverlauf.

In einer bahnbrechenden Arbeit identifizierte John Bowlby die «mütterliche Entbehrung» als Ursache für viele Entwicklungsprobleme des Kindes. Dementsprechend betont er immer wieder die kognitiven (gedanklichen), sozialen und emotionalen Probleme, die entstehen, wenn ein Kind unnötigerweise von seiner Mutter getrennt wird. Er sieht eine längerfristige Trennung von Mutter und Kind in den ersten Lebensjahren als eine Gefahr, weil dadurch der Einstieg in eine Karriere der Delinquenz gebahnt werden könnte. Diese Ansicht wurde allerdings später relativiert, da die zentrale Rolle der Mutter für eine gesunde Entwicklung des Kindes nicht bestätigt wurde. Im Folgenden verwenden wir den Begriff «Mutter», um die wichtigste Bezugsperson des Kindes zu kennzeichnen (weil diese meist die Mutter ist).

Eine sichere Bindung an die Mutter ist für das Kind ein wichtiger Wegweiser für andere soziale Beziehungen. Wenn sich das «System Familie» entsprechend stabilisiert, wird dadurch das persönliche Wohlbefinden aller Beteiligten erhöht. Der kontinuierliche Einfluss der Mutter-Kind-Beziehung auf das kindliche Erleben und Verhalten ist damit zu erklären, dass sich das Kind die Bindungserfahrungen merkt und in Form eines «inneren Schemas» im Gedächtnis abspeichert. Auf der Basis seiner Beobachtungen geht Bowlby davon aus, dass schon Säuglinge und Kleinkinder in der Interaktion mit ihren Hauptbezugspersonen beginnen, mentale Modelle von sich selbst und ihren Interaktionspartnern zu entwickeln. Dieses innere Schema fasst das Wissen und die Erwartungen über die Handlungen der wichtigsten Bezugspersonen zusammen. Mit Hilfe des inneren Schemas wird die weitere soziale Wahrnehmung reguliert, und die vielfältigen Vorgänge im Alltag werden entsprechend interpretiert. Durch diese Interpretationen erhalten die Erfahrungen dann Bedeutung.

Ein Kind lernt in der frühen Entwicklung, wie die Mutter auf sein Unwohlsein reagiert. Ist sie fürsorglich bemüht um das Wohlbefinden des Kindes oder ignoriert sie die Signale wie z. B. sein Weinen? Solche Erfahrungen werden in dem inneren Schema abgespeichert, das dann als Erwartungsmuster zur Verfügung steht. Das Erwartungsmuster bestimmt, welche Bedeutung die Mutter für das Kind hat. Wenn ein Kind positive Erfahrungen mit der Mutter gemacht hat, weil sie auf seine Bedürfnisse angemessen und einfühlsam reagiert hat, entwickelt es eine sichere Bindung an sie: Es nimmt an, dass es sich auf die Mutter in Notsituationen verlassen kann. Die Beziehung zur Mutter wird zu einer sicheren Basis, von wo aus das Kind die Welt erkunden kann. Wenn ein Kind negative Erfahrungen macht, weil die Mutter seine Bedürfnisse ignoriert oder nur sporadisch darauf eingeht, entsteht eine unsichere Bindung an die Mutter: Es glaubt, sich in Notsituationen nicht auf die Mutter verlassen zu können, und entwickelt deshalb kein Vertrauen gegenüber der Mutter. Diese Verunsicherung bewirkt, dass das Kind die Welt nur eingeschränkt mit Neugier erkunden kann, da es auf neue Situationen eher verunsichert, ängstlich und zurückhaltend reagiert.

Keine Frage, die Bindungstheorie hebt frühkindliche Umwelteinflüsse (also die Beziehungen zu wichtigen Bezugspersonen) gegenüber Persönlichkeits- oder Temperamentseinflüssen in ihrer prägenden Bedeutung für das Kind hervor. Entscheidend ist, ob die Mutter dem Kind angemessenen Schutz vor Gefahren gewährt hat und ob sie eine Basis für die Erkundung der Umwelt bereitstellt. Empirische Untersuchungen haben die Frage danach, ob Umwelteinflüsse oder Temperamentsfaktoren das Bindungsmuster des Kindes mit Priorität beeinflussen, bis heute nicht abschließend klären können. Man kann aber vermuten, dass beide Einflussfaktoren ihre Wirkung zeigen: So mag ein ängstliches Kind eher unsicher gebunden sein, während eine Mutter, die nur unzureichend auf ihr Kind eingeht, ebenfalls eine unsichere Bindung fördern kann. Schließlich wird es so sein, dass ängstliche Kinder besonders davon profitieren können, wenn ihre wichtigste Bezugsperson aufmerksam und liebevoll auf ihre Bedürfnisse reagiert.

Günstiges elterliches Verhalten ist dadurch gekennzeichnet, dass das Kind Zuwendung erhält, wenn es sich emotional verunsichert fühlt, und den Freiraum, den es braucht, wenn es versucht, auf eigene Faust etwas zu unternehmen. Die Mutter stimmt ihre Reaktionen erfolgreich auf die Bedürfnisse des Kindes ab. In diesem Fall kann man von «Feinfühligkeit» sprechen, die dadurch gekennzeichnet ist, dass die Bezugsperson sensibel auf die wechselnden inneren Zustände des Kindes wie Stimmung, Hunger, Durst, Müdigkeit und Anspannung eingeht.

John Bowlby arbeitete vor dem Zweiten Weltkrieg in einem Heim für gestörte Kinder. Aus den dort gemachten therapeutischen Erfahrungen mit Heimkindern (und auch aus den eigenen Kindheitserfahrungen, die wenig glücklich gewesen zu sein scheinen, wie sein Biograph Jeremy Holmes schreibt) entwickelte er die Bindungstheorie. Nach dem Zweiten Weltkrieg begann er seine Arbeit an der Tavistock-Klinik in London, wo schon bald Mary Ainsworth in sein Team kam, die als Mitbegründerin der Bindungstheorie angesehen wird. Sie hat zusammen mit ihren Mitarbeitern die Bindungstheorie auf der Grundlage von Verhaltenstests bei Kleinkindern weiterentwickelt. Diese Tests, die den Bindungsstil der Kinder erfassen, werden als «Fremde Situation» bezeichnet. Diese arrangierte Episode beinhaltet, dass ein Fremder den Versuchsraum in Anwesenheit der Mutter betritt, bevor die Mutter aus dem Raum geht und ihr Kind mit dem Fremden allein lässt. Nicht nur hier ist die Reaktion des Kindes aufschlussreich, sondern auch dann, wenn die Mutter zurückkehrt. Die Fremde Situation ist dadurch gekennzeichnet, dass das Bindungsmuster des Kindes in einer mittleren Belastungslage eingeschätzt wird, in der das kleine Kind mit einer unbekannten Person für eine kurze Zeit allein im Raum zurückbleibt. Aufgrund der Verhaltensbeobachtungen während der ganzen Episode lassen sich drei Bindungsstile identifizieren, die wir im Folgenden für den Zeitpunkt der Wiederkehr der Mutter veranschaulichen:

Die sichere Bindung: Die Kinder begrüßen ihre Mutter bei ihrer Wiederkehr freudig und zeigen deutlich mehr Interesse an ihr als an der fremden Person.

Die ängstlich-ambivalente Bindung: Die Kinder verhalten sich bei der Wiederkehr der Mutter widersprüchlich. Einerseits suchen und halten sie den Kontakt mit der Mutter mäßig bis stark, andererseits widerstreben sie den Kontaktbemühungen der Mutter.

Die vermeidende Bindung: Diese Kinder zeigen distanzierte Verhaltensweisen der Mutter gegenüber und suchen kaum ihre Nähe. Wenn sie auf den Arm genommen werden, klammern sie sich kaum an und zeigen auch keinen Widerstand beim Absetzen.

Während die sichere Bindung am häufigsten auftritt (65 % auf der Basis von 2000 beobachteten Kindern in aller Welt), werden der ängstlich-ambivalente (14 %) und der vermeidende Bindungsstil (21 %) seltener diagnostiziert. Kulturunterschiede in diesen Prozentsätzen sind relativ gering. Das spricht dafür, dass die Bindungsstile universelle Bedeutung haben. Sie kommen in Japan, Israel, USA oder Deutschland gleichermaßen und in einer ähnlichen Verteilung vor.

Die Regensburger Entwicklungspsychologen Karin und Klaus Grossmann repräsentieren das Erbe von Bowlby in Deutschland in beeindruckender Weise. Gemeinsam mit den anderen Mitgliedern der Generation der «Post-Bowlbianer» haben sie umfangreiche Vergleichsstudien durchgeführt, bei denen sie Kinder über einen Entwicklungszeitraum bis ins junge Erwachsenenalter hinein untersucht haben. Wir kommen auf ihre bedeutsamen Verlaufsstudien, an denen dieselben Personen als Kinder, Jugendliche und junge Erwachsene teilnahmen, später noch zu sprechen. Hier geht es uns zunächst einmal um ihre Daten im Hinblick auf die Fremde Situation. Ihre Studien bei Kleinkindern ergaben ähnliche Prozentsätze für die drei Bindungsstilgruppen wie die von Mary Ainsworth und ihren Mitarbeitern.

Hinsichtlich der Fremden Situation ist zu berücksichtigen, dass sie nur einen verengten Blickwinkel auf das kindliche Bindungsverhalten eröffnet, weil die Situation durch den arrangierten Ablauf sehr stark eingeschränkt ist. Das Kind wird in einer ganz bestimmten Situation, die das Auftreten einer Fremden und die «Wiedervereinigung» mit der Mutter beinhaltet, beobachtet. Im Jugend- und Erwachsenenalter kann das Bindungsverhalten nicht mehr auf solche Weise identifiziert werden, da das Verhalten von Jugendlichen und Erwachsenen, die von der Mutter getrennt werden, nicht besonders aussagekräftig wäre. Die Fremde Situation ist schon für 10-Jährige nicht mehr altersgemäß. In dieser und in den folgenden Altersgruppen können Interviews über die Beziehung zu Mutter und Vater Auskunft über die Bindungsqualität geben.

Inzwischen liegen mehrere Längsschnittstudien vor, in denen der Bindungsstil im Kleinkindalter mit dem von Jugendlichen und jungen Erwachsenen verglichen wird. Die Ergebnisse zeigen, dass die Bindungsstile über die Zeit in gewissem Umfang kontinuierlich sind, aber nur in geringem Ausmaß. Auf der Basis des Verhaltens in der Fremden Situation sind Prognosen des Bindungsstils in späteren Lebensjahren, die in der Regel auf Interviews beruhen, mit denen eine Vielfalt von Verhaltensweisen, Gedanken und Bewertungen erfasst wird, nur in bescheidenem Umfang möglich. Das kann natürlich daran liegen, dass die Methode der Erfassung der Bindungsstile gewechselt hat. Wir wissen, dass Einstellung und Verhalten oft wenig miteinander zu tun haben, und in diesem Fall kann man die Einstellung zur Bindung als Ergebnis der Interviews kennzeichnen und die Fremde Situation als Verhaltenstest.

Die schwache Kontinuität der Bindungsstile kann allerdings auch noch einen zweiten Grund haben: Der Bindungsstil eines kleinen Kindes kann sich ändern, auch wenn er in einem inneren Schema abgespeichert ist. Neue, entgegengesetzte Erfahrungen modifizieren das Bindungsmuster, auch wenn es ursprünglich in der Mutter-Kind-Interaktion relativ stabil aufgebaut wurde. So können z. B. traumatische Erfahrungen wie der Verlust eines Elternteils dazu führen, dass ein sicherer Bindungsstil revidiert wird. Umgekehrt können positive Erfahrungen mit verlässlichen Freunden die Verunsicherung der Bindung, die in der frühen Kindheit entstanden ist, aufheben.

Da sich die Einteilung in drei Bindungsstile als unvollständig erwies, wurde von Mary Main von der Berkeley-Universität ein vierter Bindungsstil in den 80er und 90er Jahren des vorigen Jahrhunderts hinzugefügt, der sich durch besonders problematische Reaktionen auf die Fremde Situation auszeichnet und als *desorganisiert-desorientiert* bezeichnet wird. Dieser Bindungsstil ist dadurch gekennzeichnet, dass die Reaktionen in der Fremden Situation sich durch hohe Ängstlichkeit und hohe Vermeidung auszeichnen. Die Folge davon ist die Tendenz zu einem Verhaltenschaos in der Testsituation. In beängstigenden Situationen wenden die Kinder sich nicht an die Mutter, sondern bleiben mit ihrer Angst allein, was auch anschaulich im Englischen als «the look of fear with no-where to go» bezeichnet wird.

Die vier Bindungsstile der Kleinkinder lassen sich in einem systematischen Bezugssystem einordnen, dessen beide Dimensionen «hohe und niedrige Ängstlichkeit» und «hohe und niedrige Vermeidung» genannt wurden. Wenn ein Kind den Kontakt mit der Mutter nicht vermeidet und auch wenig Angst hat, ist es sicher gebunden. Wenn es hoch ängstlich, aber niedrig vermeidend ist, ist es ambivalent gebunden, bei hoher Vermeidung und niedriger Angst gleichgültig-vermeidend und bei hoher Angst und Vermeidung ängstlich-vermeidend bzw. desorganisiert gebunden.

Da die Fremde Situation die Einschränkung aufweist, nur bei Kindern in den ersten Lebensjahren anwendbar zu sein, ergibt sich wie schon erwähnt die Notwendigkeit, bei älteren Kindern und Jugendlichen andere Verfahren zur Diagnose des Bindungsstils einzusetzen. In diesem Zusammenhang hat das «Adult-Attachment-Interview» (AAI) besondere Beachtung gefunden, das eine retrospektive Einschätzung der Eltern-Kind-Beziehung beinhaltet. Während die Fremde Situation auf direkt beobachtbaren Verhaltensweisen der Kleinkinder aufbaut, die ihre Bindungsstile kennzeichnen, ist das AAI ganz anders gestrickt, da es den Bindungsstil auf der Grundlage von erzählten Erlebnisinhalten der Teenager oder Erwachsenen identifiziert. Das AAI wurde von Mary Main entwickelt und wird in Deutschland vor allem von der Düsseldorfer Entwicklungspsychologin Gabriele Gloger-Tippelt gelehrt.

Die rückblickende Bewertung der Bindung zu den Eltern als Erwachsener

Wenn wir mit dem AAI zur Bindung an unsere Eltern befragt werden, kommt es weniger auf den Inhalt der Erinnerungen an als vielmehr auf die Form der Darstellung, ihre Konsistenz und Offenheit. Die mentale Repräsentation der Bindung an die Eltern wird rückblickend erfasst. Es geht also um das autobiographische Gedächtnis, wobei angenommen wird, dass die Bewertungen der kindlichen Bindungserfahrungen relativ stabil im Gedächtnis repräsentiert sind. Die Vorgehensweise im Interview, das etwa eine Stunde in Anspruch nimmt, folgt einem Leitfaden.

Die befragte Person wird anfangs gebeten zu schildern, wo ihre Familie gelebt hat und welche Beziehung sie in der frühen Kindheit zu den Eltern hatte. Außerdem wird sie darum gebeten, fünf Adjektive zu benennen, die die Beziehung zur Mutter und zum Vater charakterisieren.

Die 22-jährige Kinderkrankenschwester Bianca zum Beispiel charakterisiert ihre Mutter als warm, fürsorglich, schön, ausgeglichen und ehrgeizig. Ihren Vater beschreibt sie als fürsorglich, verlässlich, großzügig, liebevoll und launisch. Im Weiteren geht es in dem Interview darum, zu welchem Elternteil Bianca die engste Beziehung hatte. Bianca antwortet, dass sie sich ihrer Mutter am nächsten fühlte. Wie waren ihre Reaktionen, wenn sie Kummer hatte? Bianca erzählt, dass sie sich in solchen Situationen immer an ihre Mutter gewandt hat. Außerdem wird thematisiert, ob sich Bianca von den Eltern zurückgewiesen fühlte. Bianca kann sich nicht daran erinnern, jemals empfunden zu haben, dass ihre Eltern sie ablehnen. Sie kann sich auch an keinen Vorfall von Misshandlung erinnern. Gefragt, wie sich ihre Beziehung zu den Eltern in der Zwischenzeit verändert hat, antwortet sie, dass sie ausgeglichener geworden ist.

Das AAI rückt die Art und Weise des Nachdenkens über die erinnerte Beziehung zu Mutter und Vater in den Mittelpunkt. Nicht die aktuelle Beziehung zu den Eltern, also wie Bianca heute zu ihren Eltern steht, sondern die erinnerte Beziehung in ihren ersten Lebensjahren steht im Vordergrund des Interesses. Auf diese Weise werden vier Bindungsstile unterschieden:

Sicher-autonom, wenn die Person ihre Bindungserfahrungen als einflussreich für sich selbst hält und Wertschätzung gegenüber ihren Bindungsbeziehungen äußert. Zudem ist die Darstellung zusammenhängend und in sich schlüssig (auch wenn über negative Erfahrungen wie Trennung von den Eltern berichtet wird). Die Eltern werden entweder glaubwürdig als sichere Basis beschrieben oder es wird ein zusammenhängendes Bild erlebter Zurückweisung gegeben.

Unsicher-distanziert bei manifesten Widersprüchen in der Darstellung, z. B. positiver Beschreibung der Eltern aufgrund der gewählten Adjektive, die durch das weitere Interview nicht bestätigt wird. Außerdem treten Erinnerungslücken auf.

Unsicher-verwickelt, wenn in den Schilderungen unklare, komplexe Aussagen verwendet werden. Grammatisch komplizierte Sätze und überlange Darstellungen erschweren die Kommunikation. Die Interviewte hat von ihren Kindheitserlebnissen keinen Abstand gewonnen, wenn sie sich konfus, ärgerlich oder passiv im Sinne von Traurigkeit mit ihren Bindungsbeziehungen beschäftigt.

Unverarbeitet-traumatisiert bei traumatischen Erfahrungen von Verlust und Missbrauch, die im Interviewleitfaden ausführlich berücksichtigt werden.

Da der Zusammenhang zwischen Bindungsstilen, wie sie in der Fremden Situation gemessen werden, und denen, die sich aus dem

Interview ableiten lassen, gering ist, kann man davon ausgehen, dass die Stabilität von Bindungsstilen über größere Lebensabschnitte, ausgehend vom Kleinkind, nur ansatzweise nachgewiesen werden konnte. Zwei Mitarbeiter an einer Verlaufsstudie der Grossmanns, Peter Zimmermann und Fabienne Becker-Stoll von der Universität Regensburg, stellten fest, dass im Alter von zehn und 16 Jahren Kontinuität und Diskontinuität der Bindungsstile nebeneinander bestehen. Jedenfalls eignen sich die Erkenntnisse über den frühkindlichen Bindungsstil aus der Fremden Situation nur unzureichend, um die Bindung der 16-Jährigen, die mittels Interview diagnostiziert wurde, vorherzusagen. Offensichtlich verändert sich das Bindungssystem in Kindheit und Jugend, genauso wie sich die Technik zu seiner Erfassung verändert hat (von der Fremden Situation zum AAI).

Der Vater der Bindungstheorie, John Bowlby, wird durch dieses Ergebnismuster zwar überrascht, aber seine Theorie wird dadurch nicht erschüttert. Obwohl er eine hohe Stabilität der einmal erworbenen Bindungsrepräsentation «von der Wiege bis zum Grab» angenommen hat, trug er doch der Möglichkeit Rechnung, dass die Entwicklungspfade bei gegebener Bindung in Abhängigkeit von dem weiteren Lebenslauf unterschiedlich sein können. Bindungsstile werden als modifizierbar aufgefasst, wenn auch eine starke Beharrungstendenz erwartet wird, schon deshalb, weil sie auf Schemata basieren, die – einmal erworben – im Allgemeinen nur zögerlich aufgegeben werden.

So zeigen zahlreiche Befunde der Psychologie, dass einmal erworbene kognitive Schemata nur schwer zu ändern sind. Ein Beispiel sind Schemata über Geschlechterrollen: Haben Menschen ein traditionelles Geschlechterrollenschema erworben, in dem enthalten ist, dass Frauen abhängig, emotional und fürsorglich, Männer hingegen intelligent, durchsetzungsstark und sportlich sind, ist dieses Schema sehr resistent gegenüber gegenteiliger Information. Wie nachhaltig solche kollektiven Schemata sind, sehen wir daran, dass das traditionelle Geschlechterrollenverständnis über Jahrhunderte bis ins 21. Jahrhundert die Informationsverarbeitung der Menschen und das entsprechende geschlechterspezifische Verhalten steuerten. So wurde das Stereotyp, dass Männer intelligenter und leistungsstärker sind als Frauen, von einer Generation zur anderen durch die Sozialisation «vererbt». Bewiesen wurde es jedoch nicht. Im Gegenteil, seit spätestens der 80er Jahre des letzten Jahrhunderts ist wissenschaftlich erwiesen, dass Frauen mit besseren Noten ihre Examen absolvieren als Männer. Erst heute wird diese Erkenntnis in der Öffentlichkeit aufgegriffen, und die Medien berichten über die besseren Leistungen von Mädchen im Vergleich zu Jungen, was aber nicht dazu führen wird, dass sich das Geschlechterrollenstereotyp in den Köpfen der Menschen sofort ändern wird, weil eben festgefahrene kognitive Schemata relativ resistent gegenüber gegenteiliger Information sind.

Ein Grund für diese Resistenz liegt darin, dass Menschen nach Informationen suchen, die ihre Einstellungen bestätigen. Wenn sie diese nicht vorfinden, weil eine Frau herausragende Leistungen erbracht hat und beispielsweise eine akademische Karriere macht, führen sie diese Leistungen auf Ursachen zurück, die ihr traditionelles Geschlechterrollenverständnis nicht in Frage stellen wie beispielsweise «Sie hat sich besonders angestrengt», «Sie ist eben sehr fleißig» oder «Sie hat bei wichtigen Männern geschleimt». Wird die Leistung nicht auf die Fähigkeit oder Intelligenz der Frau zurückgeführt, kann sie keinen Einfluss auf eine Veränderung des mit der Realität nicht übereinstimmenden Stereotyps haben. Außerdem besteht noch die Möglichkeit, die hervorragenden Leistungen von Frauen damit zu erklären, dass es sich um «Ausnahmefrauen» handelt, deren Leistungen nicht repräsentativ sind für die von Frauen im Allgemeinen.

An diesen vielen Abwehrmöglichkeiten kann man sehen, dass Schemata, die wir über Gruppen und Bezugspersonen entwickelt haben, tief sitzen und eine Tendenz zur Beständigkeit haben. Kehren wir zurück zur Bindung an die Eltern. Wenn Jugendliche eine hinreichende kognitive Kompetenz entwickelt haben, können sie Beziehungserfahrungen neu bewerten. Durch diese aktive Auseinandersetzung mit vergangenen und gegenwärtigen Bindungserfahrungen mit den wichtigen Bezugspersonen kann die

Bindungsrepräsentation neu bewertet und aktualisiert werden. Neue Einsichten können sich durch eine Integration der Erfahrungen und die veränderte Interpretation des eigenen Verhaltens sowie des Verhaltens der Bezugspersonen entwickeln.

Bindung an andere

Die amerikanische Psychologin Kim Bartholomew nimmt an, dass die inneren Schemata, in denen die Bindungserfahrungen ihren Niederschlag gefunden haben, nach Modellen über das Selbst und nach Modellen über andere zu unterscheiden sind. Diese Unterscheidung führt zu einer weiteren Einteilung der Bindungsstile, die mit Hilfe von Interviews und Fragebogen bei Erwachsenen angewandt wird.

Bei einem *sicheren Bindungsstil* ist sowohl das Modell des Selbst als auch das Modell der anderen positiv. Die Person fühlt sich wohl bei Intimität und Autonomie.

Bei einem positiven Modell des Selbst und negativem Modell der anderen ergibt sich der *gleichgültig-vermeidende Bindungsstil.* Die Person vermeidet Intimität und fühlt sich unabhängig.

Bei einem negativen Modell des Selbst und positivem Modell der anderen entsteht ein *ängstlich-ambivalenter Bindungsstil.* Die Person fokussiert ihr Denken auf ihre Beziehung und fühlt sich verunsichert im Hinblick auf die Beständigkeit der Beziehung.

Wenn schließlich beide Schemata negativ sind, ergibt sich der *ängstlich-vermeidende Bindungsstil.* Die Person hat Angst vor Intimität und vermeidet tiefer gehende soziale Beziehungen. Eine Übersicht über diese 2 × 2-Klassifikation enthält die folgende Tabelle.

Bindungsstile als Funktion von Selbstbild und Bild des anderen
(nach Bartholomew, 1990)

Bild des anderen	**Selbstbild**	
	Positiv	**Negativ**
Positiv	sicher	ängstlich-ambivalent
Negativ	gleichgültig-vermeidend	ängstlich-vermeidend

Diese vier Bindungsstile lassen sich unterschiedlich messen. Einerseits steht ein aufwendiges Interviewverfahren zur Verfügung, das ein intensives Training des Interviewers voraussetzt. Andererseits besteht auch die Möglichkeit, Feststellungen zu formulieren, die sich den beiden Bezugsdimensionen Ängstlichkeit (inhaltlich bestimmt durch Eifersucht und Klammern) und Vermeidung (inhaltlich charakterisiert durch Selbstgenügsamkeit und geringe Suche nach Nähe) zuordnen lassen.

Anhand der folgenden Aussagen, die von der Bielefelder Sozialpsychologin Ina Grau formuliert wurden, können Sie selbst prüfen, welchem Bindungsstil Sie sich zuordnen würden.

Sicherer Bindungsstil:
Es ist relativ leicht für mich, anderen Menschen emotional nahe zu kommen. Ich fühle mich wohl, wenn ich andere brauche und selbst auch gebraucht werde. Ich mache mir keine Sorgen darüber, allein zu sein oder nicht akzeptiert zu werden.

Ängstlich-ambivalenter Bindungsstil:
Ich möchte gern sehr große emotionale Nähe zu anderen haben, aber ich habe oft festgestellt, dass die anderen keine so große Nähe wollen wie ich. Ich fühle mich unwohl ohne enge Beziehungen, aber ich befürchte, dass andere mich nicht so hoch schätzen wie ich sie.

Ängstlich-vermeidender Bindungsstil:
Ich fühle mich ein bisschen unwohl, wenn ich anderen sehr nahe komme. Ich wünsche mir gefühlsmäßig enge Beziehungen, aber ich finde es schwierig, anderen vollkommen zu vertrauen oder von anderen abhängig zu sein. Manchmal befürchte ich, verletzt zu werden, wenn ich mir erlaube, zu große Nähe zu anderen zuzulassen.

Gleichgültig-vermeidender Bindungsstil:
Ich fühle mich wohl ohne gefühlsmäßig enge Beziehungen. Es ist mir wichtig, mich unabhängig zu fühlen und mir selbst zu genügen. Ich ziehe es vor, niemanden zu brauchen und von niemandem gebraucht zu werden.

Bindung an den Partner

Die Einteilung der Bindungsstile Erwachsener von Kim Bartholomew basiert auf einer Untersuchung von Cindy Hazan und Phillip Shaver. Sie gingen als Erste davon aus, dass auch in Partnerschaften das Bindungsverhalten eine große Rolle spielt. Nachdem man mehrere Jahrzehnte lang nur auf das Kindesalter geblickt hatte, wenn Bindungsstile angesprochen wurden, unternahmen die beiden Sozialpsychologen von der Universität Denver einen kühnen Schritt vorwärts. Die Anwendbarkeit der Bindungsstile auf Erwachsene lässt sich durch verschiedene Parallelen im Bindungsverhalten von Kindern und Erwachsenen begründen. So suchen Erwachsene, genauso wie Kinder die Nähe der Mutter suchen, die Nähe des Partners, wenn sie sich bedroht fühlen, z. B. bei beruflichem Stress oder Krankheit. Eine weitere Parallele besteht darin, dass die Trennung von dem Partner genauso wie die von den Eltern Protest und Verzweiflung auslösen kann. So weit die Gemeinsamkeiten. Ein entscheidender Unterschied zur Eltern-Kind-Beziehung liegt darin, dass Bindungsverhalten und Fürsorgeverhalten in Partnerschaften wechselseitig

Bindungsstile in Partnerschaften (Hazan & Shaver, 1987, aus Feeney, Noller & Roberts, 2000)

	Sicher	**Vermeidend**	**Ängstlich-ambivalent**
Themen der Selbstbeschreibung	Intimität und Abhängigkeit werden angenehm empfunden; keine Angst in der Beziehung	Nähe wird als unangenehm empfunden; Schwierigkeiten, von anderen abhängig zu sein	Wunsch nach extremer Nähe; Ängstlichkeit über die mögliche Unbeständigkeit der Beziehung und fehlende Liebe
Bindungsgeschichte	Warme Beziehungen zu den Eltern; auch die Eltern waren warm zueinander	Mütter wurden als kalt und ablehnend beschrieben	Väter wurden als unfair beschrieben
Schemata über sich selbst und andere sowie über Bindung und Liebe	Einfach zu aktivieren; wenig Selbstzweifel, andere haben gute Absichten; Glaube, dass Liebe lange besteht	Liebe wird als vorübergehend gesehen und verliert an Intensität	Selbstzweifel; fühlen sich missverstanden, wirkliche Liebe gibt es selten; andere sind selten dazu bereit, sich zu binden
Liebeserfahrungen	Glück, Vertrauen, Freundschaft	Furcht vor Intimität; geringe Akzeptanz der Partner	Sorgen; starke sexuelle Attraktion; emotionale Unbeständigkeit

sind. Während in der Eltern-Kind-Beziehung das Kind das Bindungsverhalten zeigt und die Eltern das Fürsorgeverhalten, zeigen in Paarbeziehungen beide Partner sowohl Fürsorge als auch Bindung.

Hazan und Shaver veröffentlichten in einer Lokalzeitung Denvers ein «Liebesquiz», an dem Erwachsene, die in einer Paarbeziehung lebten, teilnehmen konnten. Im Rahmen dieses Quiz wurden drei Bindungsstile vorgegeben, von denen sich die 620 teilnehmenden Leserinnen und Leser für einen entscheiden konnten. Die Häufigkeiten waren: *sicher* 56 %, *vermeidend* 25 % und *ängstlich-ambivalent* 19 %. Diese Prozentwerte der Bindungsstile entsprechen relativ gut jenen, die sich in Studien über Kleinkinder in der Fremden Situation ergeben haben. Die Tabelle auf S. 30 zeigt, durch welche Merkmale diese drei Bindungsstile gekennzeichnet werden konnten.

Hier wird ersichtlich, dass die drei Bindungsstile in den Themen der Selbstbeschreibung, der Bindungsgeschichte, den Schemata und den Liebeserfahrungen unterschiedlich charakterisiert sind. Die Schemata repräsentieren das, was die Personen über ihre Beziehungen denken, aber auch das, was sie in Beziehungen fühlen und wie man sich z. B. in bedrohlichen Situationen verhalten sollte. In der folgenden Tabelle auf Seite 32 zeigen Beispiele, was Personen bei einer vorübergehenden Trennung aus beruflichen Gründen vom Partner denken, was sie fühlen und wie sie sich verhalten. Hier ist der vermeidende Bindungsstil entsprechend der schon oben thematisierten Annahmen von Kim Bartholomew ausdifferenziert worden, weil Personen einerseits aufgrund von Gleichgültigkeit vermeiden können und andererseits aufgrund von Ängstlichkeit.

Ängstlich-ambivalente und ängstlich-vermeidende Personen erleben die Trennung vom Partner als besonderen Stress. Sie beschäftigen sich entweder sehr stark mit der Trennung, indem sie dauernd an den Partner denken und nicht abschalten können, oder sie fangen im Extremfall sogar an, Alkohol und Drogen zu konsumieren. Die konstruktivste Haltung bei einer Trennung vom Partner haben die sicher gebundenen Personen, die, obwohl

Berichtete Emotionen, Kognitionen und Verhaltensweisen bei einer vorübergehenden Trennung vom Partner in Abhängigkeit vom Bindungsstil (Feeney, Noller & Roberts, 2000)

	Emotional	Kognitiv	Verhalten
Sicher	Ich war einsam und vermisste ihn sehr, empfand die Situation jedoch nicht wirklich als stressend.	Ich dachte nicht dauernd darüber nach, dass er nicht da ist. Ich dachte positiv über ihn und wandte mich dann anderen Dingen zu.	Ich rief ihn regelmäßig an, schrieb Briefe und redete mit der Familie und Freunden darüber.
Ängstlich-ambivalent	Ich fühlte mich leer, empfand Schmerz und Unsicherheit. Ich fühlte mich ganz krank ohne ihn.	Ich dachte darüber nach, dass ich wertlos bin, obwohl ich wusste, dass das irrational ist.	Im Gespräch machte ich das Problem schlimmer, als es war, um zusätzlich Aufmerksamkeit zu erhalten.
Gleichgültig-vermeidend	Ich fühlte mich ein wenig einsam, hatte aber auch ein Gefühl der Freiheit, was mir gefiel.	Ich dachte, dass ich ihr Nörgeln und ihren Ärger auf mich nicht vermissen werde.	Mich interessierte das gar nicht so sehr. Ich rief sie zweimal an, und das auch nur, um nach Geld zu fragen.
Ängstlich-vermeidend	Ich empfand Ärger und Kälte ihm gegenüber.	Ich wurde sehr eifersüchtig, sie könnte ja schließlich einen anderen kennen lernen.	Ich trank viel, war häufig betrunken. Ich versuchte, zu vergessen. So musste ich nicht darüber nachdenken, was alles passieren könnte.

In dieser Tabelle werden Auszüge aus Interviews dargestellt, die einmal von männlichen und einmal von weiblichen Befragten stammen.

sie den Partner auch vermissen, in der Lage sind, ihren Alltag normal zu leben, während gleichgültig-vermeidende Menschen auch Vorteile in einer Trennung sehen.

Bindungsstile und Beziehungserfolg

Bindungsstile hängen mit Kriterien des Beziehungserfolgs zusammen. Sichere Partner beschreiben sich als glücklich, an den Partner gebunden, zärtlich und kommunikativ offen. Ängstlich-ambivalente geben an, dass sie sich dauernd mit der Partnerschaft beschäftigen, dass sie sich auf den ersten Blick verliebt haben und dass sie ein Durcheinander ihrer Gefühle erleben. Sie sind die Spezialisten für klammerndes und eifersüchtiges Verhalten, idealisieren den Partner, haben aber wenig Vertrauen in ihn. Ängstlich-vermeidende Partner haben ebenfalls wenig Vertrauen in ihren Partner, sind sich über ihre Gefühle unklar und fühlen sich leicht frustriert. Gleichgültig-vermeidende Partner betonen ihre Selbständigkeit in der Partnerschaft, sind dementsprechend auch wenig bereit, sich an den Partner zu binden, und akzeptieren den Partner oft nicht so, wie er ist. Menschen mit sicherem Bindungsstil gehen kompetenter mit Konflikten in der Beziehung um, indem sie sich kooperativ verhalten und versuchen, einen Kompromiss zu finden (siehe Kapitel 5). Die unsicheren Bindungsstile sind anfällig für ein problematisches Konfliktverhalten, und es ist wahrscheinlicher, dass sich Partner mit unsicherem Bindungsstil eher trennen werden als Partner mit einem sicheren Bindungsstil (siehe Seite 251).

Theoretisch ist die sichere Bindung dadurch gekennzeichnet, dass Ängstlichkeit und Vermeidung gering sind, diese nicht ganz unproblematische Haltung in Beziehungen hier also nicht vorhanden ist. Wir werden weiter unten auch der Frage nach der positiven Kennzeichnung der sicheren Bindung nachgehen, indem wir das Thema des Vertrauens ausführlicher behandeln. Denn ein zentrales Merkmal eines sicheren Bindungsstils ist die Bereitschaft, dem Partner zu vertrauen.

Die unsichere Bindung wird in zwei bzw. drei Formen differenziert, während auf der anderen Seite wie ein monolithischer

Block die sichere Bindung steht. Das folgende Stufenmodell trägt dieser Konstellation Rechnung: Als Erstes entscheidet sich, ob die Bindung sicher oder unsicher ist. Wenn sie unsicher ist, folgt als Zweites die Entscheidung darüber, welche Form der Unsicherheit vorliegt.

Diese Unterscheidung kann als Typologie verstanden werden: sicher oder unsicher, ängstlich-ambivalent, gleichgültig-vermeidend oder ängstlich-vermeidend. Aber Vorsicht: Typologien werden dem Einzelnen nicht gerecht. Die individuelle Vielfalt ist viel größer, als die Klarheit des Bezugssystems erkennen lässt.

Bindungsstile, Kommunikation und emotionales Erleben

Die australischen Beziehungsforscher Judith Feeney, Patricia Noller und Nigel Roberts haben einen aktuellen Überblick über die Ergebnisse zu Bindungen in Beziehungen gegeben. Die Bindungsstile beeinflussen die Zufriedenheit mit der Beziehung sowie die Qualität der Kommunikation und das damit verbundene Vertrauen. Die Bereitschaft zur Selbstöffnung hängt direkt mit der Höhe des Vertrauens in den Partner zusammen. Je größer das Vertrauen ist, desto eher besteht die Bereitschaft, auch über intime Themen mit dem Partner zu sprechen.

Sichere Menschen berichten viel über sich selbst, können gut auf den Partner eingehen, führen mit ihm eine besonders produktive Kommunikation, öffnen sich und fühlen sich wohl dabei. Sie können aber auch den Partner dazu bringen, sich zu öffnen.

Vermeidende Personen zeigen nur eine geringe Neigung, sich selbst zu öffnen, und haben dementsprechend keine außergewöhnlichen, intimen Kommunikationen mit ihrem Partner.

Ängstlich-ambivalente Menschen gehen zwar aus sich heraus, weil sie sich viel mit sich selbst beschäftigen, können jedoch im Gespräch nicht gut auf den Partner eingehen und sind mit ihm auch nicht außerordentlich intim.

Weiterhin erleben sichere Personen häufiger positive Emotionen und drücken diese auch aus, wie z. B. Stolz auf den Partner, Glück oder Liebe.

Vermeidende Personen hingegen neigen eher dazu, ihre Emotionen zu kontrollieren, indem sie z. B. Gefühle der Liebe ihrem Partner gegenüber nicht ausdrücken.

Ändert sich der Bindungsstil in einer Partnerschaft?

Bleibt nun die Bindung an einen bestimmten Partner so wie sie ist oder ändert sie sich im Laufe der Zeit? Ändert sie sich, wenn man einen anderen Partner hat?

Grundsätzlich zeigen verschiedene Untersuchungen, dass 60–70 Prozent der Personen ihren Bindungsstil über einen längeren Zeitraum (z. B. 4 Jahre) beibehalten; entsprechend ändern 30–40 Prozent ihren Bindungsstil. Somit kann gesagt werden, dass sowohl Stabilität des Bindungsstils als auch Instabilität des Bindungsstils möglich ist. Die Mehrheit der Personen scheint den Bindungsstil beizubehalten, die Minderheit ändert ihn; ihre Bindung ist durch Erfahrungen, die sie in der Interaktion mit dem Partner machen, beeinflussbar.

Man kann sich gut vorstellen, dass eine Änderung des Bindungsstils besonders dann erfolgt, wenn jemand von einer unglücklichen Partnerschaft, in der er vom Partner betrogen wurde, in eine glückliche, verlässliche Partnerschaft wechselt. Nach eventuellem am Anfang der Beziehung bestehendem Misstrauen aufgrund der schlechten Erfahrungen in der früheren Partnerschaft ist es sehr gut möglich, dass die Person eine zunehmend sichere Bindung an den neuen Partner entwickelt.

So ist es ratsam, dass jemand, der merkt, dass er in der Partnerschaft unsicher gebunden ist, darüber nachdenkt, warum das so ist. Dazu kann er sich die Frage stellen, ob es an ihm selbst, an dem Partner oder an beiden liegt. Wenn er feststellt, dass es an ihm liegt, weil er aufgrund einer ängstlich-vermeidenden Bindung die Neigung dazu hat, das Verhalten des Partners eher negativ als positiv zu interpretieren, sollte er gezielt versuchen, nach Zeichen der Zuneigung und Liebe des Partners ihm gegenüber Ausschau zu halten. Stellt er fest, dass der Partner eine unsichere Bindung an ihn hat, hilft das zumindest schon mal, den Partner besser zu verstehen. Es besteht auch die Möglichkeit, das problematische Verhalten des Partners im Gespräch zu thematisieren.

Die Erkenntnis daraus kann den Partner dazu bewegen, sein Verhalten zu hinterfragen und es möglicherweise zu ändern. Haben beide eine unsichere Bindung, sollten entsprechend beide daran arbeiten, ihre Interpretationen zu ändern, indem sie die positiven Zeichen der Zuneigung beim Partner betonen.

Was verstehen wir unter Liebe?

Das Bedeutungsspektrum des Begriffs Liebe ist groß. Unter Liebe kann z. B. Anhänglichkeit, Hingabe, Innigkeit, sexuelle Leidenschaft, Zärtlichkeit und Zuneigung verstanden werden. Sicher können Sie selbst noch eine Reihe von sinnverwandten Begriffen anfügen. Liebe wird häufig als eine tief empfundene Emotion thematisiert, die eine Person für eine andere hat. Unterschiedliche Menschen können verschiedene Inhalte mit dem Begriff Liebe verbinden wie z. B. die Bereitschaft, sich langfristig an jemanden binden zu wollen, oder einfach das romantische Verliebtsein, das durch beschwingte Gefühle gekennzeichnet ist. Es gibt also kein eindeutiges oder verbindliches Verständnis von Liebe.

Was unter Liebe verstanden wird, ist auch abhängig von den kulturell-historischen Gegebenheiten. Wir wollen uns nun in unserer zweiten Suchrichtung der Frage zuwenden, inwieweit uns die Kultur und die Gesellschaft eine bestimmte Form der Liebe nahe legen. Dies ist ein Unterschied zu unserer ersten Suchrichtung, in der wir mit der Bedeutung der Eltern-Kind-Bindung und der partnerschaftlichen Bindung universelle Tatbestände thematisiert haben, die überall in der Welt und zu jeder Zeit – ja sogar bei unterschiedlichen Spezies – zutreffen. Der zweite Untersuchungsansatz ergänzt den ersten geradezu, da wir davon ausgehen, dass unterschiedliche Kulturen und Epochen daraufhin betrachtet werden können, welche Liebesvorstellungen vorherrschen.

Kulturen beruhen auf Normen, die mit Rollen verbunden sind. Solche Rollen werden in den einzelnen Kulturen unterschiedlich festgelegt. Die Rolle des Ehemanns kann z. B. die Erwartung des Ernährers oder die des Liebhabers hervorrufen. Da die kulturellen Normen verschieden sind, je nachdem, in welchem Zeitalter oder in welchem Land wir uns befinden, gibt es eine erhebliche Variationsbreite in vielen Normvorstellungen über Kulturen hinweg. Das verdeutlicht im Übrigen, dass Kultur nicht einfach nur die Fortsetzung der biologischen Vorgaben darstellt, sondern ein Eigenleben hat, das sich verselbständigt.

Sowohl eine Zeitreise als auch eine Fernreise produzieren gleichermaßen Hinweise darauf, dass die Modelle der Liebe unterschiedlich sind. Wie schon erwähnt, hat der bedeutende Soziologe Niklas Luhmann (1982) viele Belege gesammelt, die die Kulturabhängigkeit von dem, was wir unter Liebe verstehen, beweisen.

Die kulturellen Vorgaben für Liebe können das individuelle Erleben und Verhalten beeinflussen. Ein Beispiel ist die zunehmende Betonung der romantischen Zuneigung als Grundlage für eine tragfähige Partnerschaft, die in den letzten Jahrzehnten in westlichen Ländern aufgetreten ist. Nach dem romantischen Ideal ist die Liebe zentral für die Anbahnung und Aufrechterhaltung einer Beziehung. Man glaubt, dass es die einzige wahre Liebe mit großer sexueller Anziehungskraft gibt, und wenn man sie gefunden hat, hat man die Kraft, alle Hindernisse und Probleme zu überwinden. Während viele Ehepartner früher damit gelebt haben, dass sie sich nicht oder nach einer gewissen Zeit nicht mehr emotional zugetan waren, reagieren sie nun eher mit Trennung und Scheidung.

Man muss aber bedenken, dass kein Modell der Liebe einen Absolutheitsanspruch hat. Wir hatten schon in der Einleitung darauf hingewiesen, dass Idealvorstellungen von Beziehungen zwar bestehen, aber nicht bedeuten können, dass es einen Standard gibt, an dem sich gute Beziehungen orientieren können. Mehrere Modelle der Liebe existieren in einer Kultur nebeneinander. Auch in einer Zeit, in der das romantische Modell im Vordergrund steht, ist das kameradschaftliche Modell der Liebe akzeptabel, wenn es vielleicht auch eher einen Platz im Hintergrund hat. Oder es kann auch sein, dass Liebe in bestimmten

Gesellschaftskreisen pragmatisch definiert wird, während andere eine Perspektive bevorzugen, die das Hier und Jetzt betont, also sofortige sexuelle Befriedigung ohne jede Verpflichtung.

Solche kulturell oder auch je nach Gesellschaftskreis definierten Modelle der Liebe beinhalten Vorstellungen darüber, wie bestimmte Ursachen zusammenwirken, damit man sich verliebt (z. B. Liebe auf den ersten Blick), wo und wie potenzielle Partner sich begegnen (z. B. im Internet, in der Disco, am Arbeitsplatz, im Theater oder in der religiösen Gemeinschaft) und wie der Verlauf einer Liebesbeziehung aussieht (als sexuelles Abenteuer, als Bund fürs Leben). Die Vielfalt der Vorstellungen, die sich auf diese Weise bilden lässt, ist nahezu unerschöpflich. Daher gilt für den viel beschworenen Ausdruck «Ich liebe dich», dass darunter verschiedene Deutungsmöglichkeiten stehen. Es wäre gut zu wissen, was der Partner meint, wenn er sagt, verliebt zu sein, und wir können es herausfinden, wenn wir ihn einfach danach fragen.

Liebe nach Schema F oder mehrere Stile der Liebe?

Der kanadische Soziologe John Alan Lee (1976) ging der Frage nach, wie in der Literatur und Philosophie Liebe verstanden wird. Er wertete die Schriften vieler bedeutender Autoren wie Platon, Paulus, Freud und Lessing aus, um die Bandbreite der Liebe auszuloten. Auch Texte aus Liebesliedern bezog er mit ein. Texte wie «Can't explain» von The Who oder «She loves you» von den Beatles sind unmittelbar relevant.

Das Resultat ist eine Differenzierung der Liebe in unterschiedliche Liebesstile, deren wichtigste im Folgenden vorgestellt werden. Bevor wir darauf im Einzelnen eingehen, wollen wir noch auf das Bezugssystem verweisen, das von Lee, dem Begründer der Theorie der Liebesstile, verwendet wurde. Er fasste Liebesstile in Analogie zu Farben auf, weshalb er auch von den Farben der Liebe spricht. Genauso wie sich Farben mischen lassen, können sich auch Liebesstile vermischen. Die Farbwahrnehmung beruht auf bestimmten Grundfarben, die in unterschiedlichen Mischverhältnissen alle Farbabstufungen ergeben. Genauso wurde die Liebe auf drei Grundstile zurückgeführt, die mit romantisch (Eros), spielerisch (Ludus) und freundschaftlich (Storge) bezeichnet wurden. Durch Mischung ergeben sich weitere Varianten, besitzergreifend (Mania) als Mischung aus romantisch und spielerisch, pragmatisch (Pragma) als Mischung aus freundschaftlich und spielerisch und altruistisch (Agape) als Mischung aus romantisch und freundschaftlich.

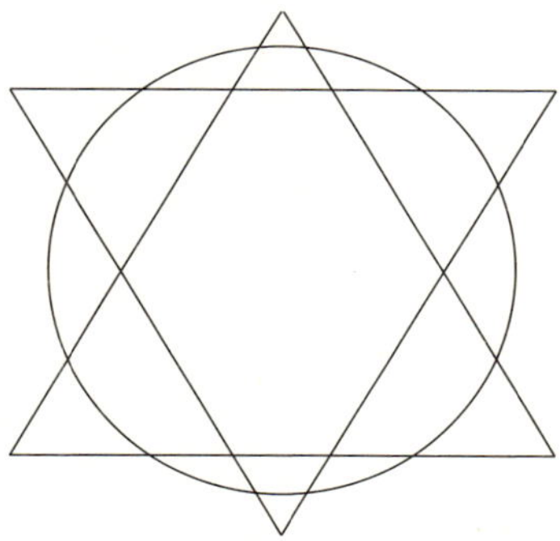

Liebesstile lassen sich als Einstellungen zur Partnerschaft interpretieren. Wie schon für die Bindungsstile lässt sich auch für die Liebesstile feststellen, dass sie sich im Laufe der Biographie ändern können, obwohl in einer gegebenen Partnerschaft die Tendenz zu hoher Stabilität – zumindest über 6 oder 12 Monate – festzustellen ist.

Wir wollen nun die sechs Liebesstile näher kennzeichnen.

Romantische Liebe (Eros): Die geliebte Person ist unmittelbar attraktiv, löst physiologische Erregung und sexuelles Interesse aus und suggeriert Liebe auf den ersten Blick. In der romantischen Liebe ist das Bild eines Partners enthalten, der sich durch hohe physische Attraktivität auszeichnet. Er ist gut aussehend, beeindruckt andere, er ist so großartig, dass man ihn anbeten kann, ohne dass man das so sagen würde. Die romantische Liebe hat eine Bereitschaft, sich auf den anderen einzulassen, sich in ihn hineinzuversetzen und für sich persönlich daraus emotionalen Gewinn zu ziehen. Wie der Begriff «romantisch» richtig verdeutlicht, hat dieser Liebesstil als Grundlage eine starke positive Emotionalität, die sich Bahn bricht, ohne von Bedenken getrübt zu sein. Daher ist er auch mit einer positiven Stimmung verbunden. Wer romantisch liebt, ist sicher an den Partner gebunden und fühlt sich in seiner Nähe wohl.

Besitzergreifende Liebe (Mania): Die geliebte Person beansprucht im Denken und Handeln eine besondere Exklusivität. Sie erscheint einmalig und unersetzbar. Man kann sich nicht vorstellen, ohne sie zu leben oder eine andere Person an ihre Stelle zu setzen, da sie vollkommen zu sein scheint. Auf der negativen Seite ist mit Eifersucht zu rechnen, die diesem Liebesstil eine besitzergreifende Komponente gibt. Ein weiteres Problem besteht darin, dass sie auf einem «Gefühlscocktail» basiert, der Anlehnung und Ängstlichkeit miteinander verbindet. Dieser Liebesstil erinnert daran, dass es im Leben keine ausschließlich positiven Erfahrungen gibt, zumindest dann nicht, wenn sie intensiver ausfallen. Wer besitzergreifend liebt, ist ängstlich-ambivalent an den Partner gebunden, hat entsprechend Angst, verlassen zu werden, und klammert.

Freundschaftliche Liebe (Storge): Storge entsteht aus einer langen Bekanntschaft oder Freundschaft und basiert auf gemeinsamen Interessen und Aktivitäten, die im Mittelpunkt der Beziehung stehen. Es besteht ein Korpsgeist in der Partnerschaft, der in der alternativen Bezeichnung «kameradschaftliche Liebe» gut abgebildet wird. Sexuelle Anziehung entwickelt sich im Laufe der Zeit, möglicherweise wie ein Aha-Erlebnis, das man lange nicht zur Kenntnis genommen oder nicht gekannt hat. Freundschaftliche Liebe erlaubt aufgrund der emotionalen Gelassenheit, die mit diesem Liebesstil verbunden ist, eher, dem Partner gegenüber tolerant zu sein und ihm mit Respekt zu begegnen. Möglicherweise wünscht man sich freundschaftliche Liebe, wenn man durch die emotionalen Höhen und Tiefen romantischer und besitzergreifender Liebe gegangen ist.

Spielerische Liebe (Ludus): Dieser Liebesstil ist durch sexuelle Freiheit und Abenteuer gekennzeichnet. Man erlebt sich als guten Verführer, der beim anderen Geschlecht Erfolg hat. Bei der spielerischen Liebe dreht sich viel um den Erfolg in der Liebe, der quantifiziert wird im Sinne der Anzahl der Partner, über die man Buch führen kann. Ein anderer Drehpunkt ist die Täuschung und das Versteckspiel mit mehreren Partnern gleichzeitig. Auf der negativen Seite sind unangenehme Verwicklungen, Stress und Vorwürfe zu befürchten sowie ein Gesichtsverlust, der die Person in den Status eines Casanovas versetzt, dessen Wert auf dem Partnermarkt sinkt. Jedenfalls wird in der spielerischen Liebe keine feste Bindung beabsichtigt, sondern es geht um Erfüllung von sexuellen Wünschen hier und jetzt. Entsprechend geht spielerische Liebe mit Vermeidung einher. Je mehr jemand spielerisch liebt, desto vermeidender ist er an seinen Hauptpartner gebunden und fühlt sich somit bei Intimität und Nähe unwohl. Zudem geht eine hohe spielerische Liebe mit geringer romantischer Liebe einher, auch wenn die Verführungskünste eines spielerisch Liebenden bei dem Objekt seiner Begierde durchaus romantische Gefühle wecken können. Dies kommt sehr pointiert in Mozarts genialer Oper Don Giovanni zum Ausdruck. Don Giovanni verführt planmäßig eine Frau nach der anderen, er weckt romantische Gefühle, verspricht ihnen zum Teil sogar die Ehe, um sich dann aber gleich wieder der nächsten Eroberung zuzuwenden. Er lebt und handelt unabhängig von jeglichen Moral- und Wertvorstellungen und schafft es aber nicht, wirklich ernsthaften Hass auf sich zu ziehen, obwohl seine Opfer sehr leiden. Vielmehr versucht sogar eine der Frauen, ihn eines Besseren zu belehren. Die planmäßige Verführung ist in der heutigen postmodernen Gegenwart viel einfacher geworden als zu Mozarts Zeiten. Die strengen Moralvorstellungen sind aufgeweicht, und jemand, der parallel verschiedene Beziehungen zu Partnern hat, wird viel weniger kritisiert als früher. Erleichtert und ökonomisiert wird die

Kunst der Verführung heute durch die virtuelle Welt, die neben der realen Welt existiert. Die Don Giovannis der heutigen Zeit können leicht verschiedene virtuelle Beziehungen nebeneinander führen oder anbahnen, bevor sie eine reale sexuelle Beziehung eingehen. Wenn sie ihr Ziel der Eroberung erreicht haben, können sie sich wieder auf eine virtuelle Beziehung zurückziehen oder die Beziehung ganz beenden und sich neuen «Eroberungsobjekten» zuwenden. Diese zu finden, wird auch durch die im Internet bestehenden zahlreichen Partnerbörsen erleichtert. Aber auch die globalisierte Welt, in der viele aus beruflichen Gründen in andere Städte reisen, vereinfacht das Kennenlernen neuer potenzieller Partner. Der Vorteil der virtuellen Welt liegt für spielerisch Liebende unter anderem darin, dass sie, obwohl sie in der realen Welt einen Hauptpartner haben, ganz unproblematisch zusätzliche Beziehungen oder Flirts erleben können. Eine Affäre, ein sexuelles Abenteuer oder auch eine langfristige Beziehung mit einem spielerisch Liebenden kann für den Partner mit großem Leiden verbunden sein, besonders dann, wenn intensive romantische Gefühle bei ihm oder ihr geweckt werden. Der Dauer-Partner muss sich damit abfinden, dass es häufig andere kurzfristige Partner geben wird. Die Kurzzeitpartner erleben nach kurzer und möglicherweise intensiver sexueller Beziehung, die sie womöglich für den Beginn der «großen Liebe» halten, eine Zurückweisung.

Pragmatische Liebe (Pragma): Ist durch das Vorherrschen einer Nutzenorientierung gekennzeichnet. Diese äußert sich in Überlegungen, wonach es sinnvoll ist, einen Partner zu haben, um z. B. eine größere Wohnung zu finanzieren oder Kinder bekommen zu können. Pragmatische Liebe ist also besonders wenig emotional und stattdessen besonders stark durch bewusstes Abwägen gekennzeichnet. Negativ könnte man davon sprechen, dass pragmatische Liebe «berechnend» ist, positiv davon, dass sie «rational» ist, wenn nach einem passenden Partner gesucht wird, der eine längerfristige Beziehung als gewinnbringend erscheinen lässt. Der ideale Partner der pragmatischen Liebe ist solide und brauchbar, etwa um eigene Macht- und Besitzansprüche in der Gesellschaft durchzusetzen. Ein berühmtes Beispiel hierfür ist John F. Kennedy, der Jacqueline Bouvier im Jahre 1953 auch deshalb heiratete, um sein Ansehen als Politiker zu erhöhen und seine politischen Ziele zu erreichen. Neben seiner Ehe hatte Kennedy eine Reihe von Affären. Pragmatisch Liebende können, wie man an diesem Beispiel sieht, durchaus eine Neigung haben, auch spielerisch zu lieben. Einerseits haben sie eine feste Beziehung, Sicherheit und die Möglichkeit, mit einer vorzeigbaren Partnerin ihre persönlichen Ziele zu erreichen. Andererseits verwirklichen sie die leidenschaftliche Komponente der Liebe in sexuellen Abenteuern.

Die Frage, ob pragmatische Liebe eine Fehlbezeichnung ist, da sie keine Liebe enthält, die auf Emotionen gründet, ist akademisch, da sie vielfach als beziehungsstiftend oder beziehungserhaltend anzutreffen ist. Gerade auch die Beibehaltung einer Beziehung aus wirtschaftlichen Gründen, die emotional gescheitert ist, stellt ein weit verbreitetes Beispiel für diesen Liebesstil dar, der nicht unbedingt glücklich macht, aber der Erreichung anderer Ziele im Leben dienen kann. Eine weitere Absicht kann besonders bei älteren Menschen darin bestehen, einen geeigneten Partner für den Lebensabend zu finden.

Altruistische Liebe (Agape): Hier steht das Wohl der geliebten Person im Vordergrund der Aufmerksamkeit. Die eigene Perspektive ist geprägt von der Sichtweise des Partners, in den man sich hineinversetzt, um ihm die Wünsche von den Augen abzulesen. Zumindest momentan hat man das Gefühl, dass die Bedürfnisse des Partners wichtiger sind als die eigenen. Hilfsbereitschaft bis hin zur Opferbereitschaft sind wichtige Komponenten des partnerschaftlichen Zusammenseins. Bei der altruistischen Liebe ist es wichtig, sich ins Gedächtnis zu rufen, dass die Liebesstile Einstellungen darstellen. Altruistische Einstellungen rufen immer die Frage hervor, ob entsprechend gehandelt wird oder ob es sich lediglich um Lippenbekenntnisse handelt. In diesem Bereich kann leicht eine Kluft zwischen Einstellung und Verhalten auftreten, die spätestens dann sichtbar wird, wenn ein Partner z. B. chronisch krank wird.

Wir gehen davon aus, dass eine Person mehrere Liebesstile gleichzeitig zum Ausdruck bringen kann. Liebesstile lassen sich als Einstellungen interpretieren, in die sowohl persönliche Vorstellungen über Liebe als auch kulturelle Vorgaben eingehen. Wie schon erwähnt, sind sie nur geringfügig genetisch determiniert. Liebesstile sind also kein genetisches Schicksal, möglicherweise aber ein kulturelles.

Die Liebesstile unterscheiden sich in der Akzeptanz bei Liebenden. Die höchste Zustimmung findet die romantische Liebe, während die spielerische und pragmatische Liebe besonders wenig erhalten. Freundschaftliche, besitzergreifende und altruistische Liebe erreichen mittlere Zustimmung. Der hohe Durchschnittswert der romantischen Liebe bestätigt, dass sie das wichtigste Modell der Liebe in unserer Zeit darstellt. Die niedrigen Werte für pragmatische und spielerische Liebe lassen erkennen, dass diese Liebesstile in unserer Gesellschaft kontrovers betrachtet werden.

Gegenseitigkeit oder Gegensätzlichkeit der Liebesstile?

In einer Partnerschaft gibt es eine Gegenseitigkeit der Liebesstile, die sich dadurch auszeichnet, dass der Liebesstil des einen Partners positiv mit dem des anderen zusammenhängt. Die Gegenseitigkeit ist besonders ausgeprägt bei der romantischen Liebe. Der hohe Paarzusammenhang lässt nochmals erkennen, dass die romantische Liebe von großer Bedeutung für die Partnerschaft ist, da auf dieser Grundlage eine besonders hohe Passung zwischen den Partnern hergestellt wird.

Niedrige Paarzusammenhänge wurden für die besitzergreifende und spielerische Liebe beobachtet. Möglich ist, dass besitzergreifende Partner aufgrund ihrer gegenseitigen Eifersucht häufig Streit haben. Als Folge davon wird die Stabilität der Beziehung gefährdet. Ähnlich kann man im Hinblick auf spielerische Liebe argumentieren: Beim Aufeinandertreffen von spielerischen Partnern ist eine Beziehung schwer zu führen, weil sich beide immer wieder nach anderen potenziellen Partnern umsehen, wodurch die Stabilität gefährdet wird. Da Affären durch Spannungen in der Beziehung ausgelöst werden können, sodass sie als Flucht vor dem Partner zu verstehen sind, führen sie häufig irgendwann zu einer Beendigung der Partnerschaft.

Liebe oder **Streit? Liebe** und **Streit?**

Wir hatten anfänglich die Frage gestellt, wie sich das partnerschaftliche Erleben beschreiben lässt. Diese Frage zielt auf die Erlebnishorizonte des persönlichen Erlebens in Beziehungen. Liebende können ihre Erfahrungen als sehr positiv, emotional und miteinander verschmelzend kennzeichnen. Gleichzeitig können sie aber vielleicht auch darüber berichten, dass sie sich häufig streiten, weil der eine Partner beispielsweise mehr Nähe haben will, als der andere bereit ist zuzulassen.

In Übereinstimmung mit der Theorie der Liebesstile deutet sich hier an, dass sich das Erleben der Partner nicht auf einen Nenner bringen lässt. Manchmal stellt man sich Partnerschaften so vor, als wenn sie erschöpfend damit beschrieben wären, dass sie «gut», «mittelmäßig» oder «schlecht» verlaufen, wobei den «guten» eine positive Prognose gegeben wird und den «schlechten» eine ungünstige, während man bei den «mittelmäßigen» noch nicht weiß, wie es ausgehen wird. Das sind Vereinfachungen, die nicht greifen, da Partnerschaften mehrere Erlebnishorizonte betreffen. Deshalb ist eine Beziehung nach mehr Kriterien zu bewerten und nicht nur danach, ob sie romantisch ist oder nicht – Beziehungen sind bunter, widersprüchlicher und verwirrender.

Verschiedene Erlebnishorizonte sind in Partnerschaften immer vorhanden, obwohl sie unterschiedlich stark im Vordergrund (oder im Hintergrund) stehen können. Sie müssen auch nicht miteinander im Vorzeichen übereinstimmen. Nehmen wir zwei solcher Horizonte: Liebe und Streit. Eine erste Sichtweise besagt, dass wer sich liebt, sich nicht streitet. Diese Vermutung geht von einem hohen negativen Zusammenhang zwischen Liebe und Streit aus, der aussagt, dass bei viel Liebe wenig gestritten wird. Sie basiert außerdem auf dem Glauben, dass romantische Liebe die bestimmende Erlebnisdimension in Partnerschaften ist, um die sich gewissermaßen alles dreht. Diese Sichtweise scheint im Vormarsch begriffen zu sein. In den letzten zwei oder drei Jahrzehnten hat sich ein völlig neues Verständnis der Liebe verbreitet, das zum Beispiel durch die Erfolge des Liebesromans – gerade auch in Deutschland unter dem Begriff der Frauenliteratur – veranschaulicht wird.

Tatsächlich können Liebe und Streit nebeneinander bestehen, genauso wie fehlende Liebe (Gleichgültigkeit) und kein Streit. Denn die Erlebnishorizonte von Liebe und Streit sind relativ unabhängig voneinander. Wer sich liebt, kann sich streiten, muss es aber nicht. Partner, die sich streiten, können sich intensiv lieben, sich aber ebenso voneinander distanziert haben. In Kapitel 5 werden wir ausführlicher darauf eingehen, was günstige Formen und was ungünstige Formen der Konfliktbewältigung sind. Die Abwesenheit von Konflikt und Streit muss nicht dazu führen, dass die Partnerschaft glücklich ist. Es kann auch sein, dass Partner, die keine Konflikte miteinander ausfechten, sich voneinander distanziert haben und unglücklich sind. Paare, die selten miteinander streiten und wenige Konflikte miteinander austragen, können aber auch glücklich sein. Konfliktvermeidung kann somit funktional für eine Beziehung sein. Sie ist dysfunktional, wenn sich die Partner voneinander emotional distanziert haben und Konflikte aufgrund von Feindseligkeit und Gleichgültigkeit vermeiden.

Erlebnishorizonte

In der Regel hat jeder schon die Erfahrung gemacht, dass in Partnerschaften noch andere Erlebnisinhalte auftreten als nur Liebe und Streit. So haben schon viele erlebt, dass sie eifersüchtig gewesen sind oder zumindest verunsichert darüber, was der Partner oder die Partnerin gerade unternimmt und ob sich eine Bedrohung für die Beziehung abzeichnet. Eifersucht ist eine ganz normale Begleiterscheinung in Partnerschaften. Wenn mögliche Konkurrenten auftauchen, die dem Partner emotional nahe kommen, ist es eine ganz natürliche Reaktion, eifersüchtig zu sein. Die Evolution des Menschen hat auf Eifersucht gesetzt, um Probleme der unsicheren Elternschaft zu minimieren, aber auch um den Partner mit seinen Ressourcen nicht mit anderen teilen zu müssen.

Allerdings unterscheiden sich Menschen darin, wie stark sie Eifersucht erleben. Sehr starke Eifersuchtsgefühle können pathologisch sein. Für viele Menschen ist mit der Partnerschaft das Erlebnis der Sicherheit verbunden. Sie fühlen sich – während sie mit beruflichen oder gesundheitlichen Schwierigkeiten zu tun haben – wie in einem sicheren Hafen. Der Eindruck eines vor Sturm geschützten Ankerplatzes gibt ihnen das Gefühl von Gemeinsamkeit und persönlicher Stärke.

Ein weiterer Erlebnishorizont tut sich auf, wenn ein Paar am Wochenende einkaufen geht, für die Einrichtung der gemeinsamen Wohnung plant oder wenn der Urlaub im Reisebüro vorbereitet wird. Das sind Tätigkeiten, die die Zweierbeziehung mit einer materiellen Grundlage versorgen, etwa dadurch, dass «ein gemeinsames Nest gebaut wird».

Schließlich hat Partnerschaft etwas damit zu tun, dass man für den Partner oder die Partnerin einsteht, sich Sorgen macht, wenn etwas schief läuft, sich in die Notlage des anderen hineinversetzt und tröstet oder ihm hilft, wenn er auf Unterstützung angewiesen ist. Auch hier gilt wieder, dass die Opferbereitschaft individuell sehr unterschiedlich ausgeprägt ist. Manche halten es für nicht nachvollziehbar, wenn man für jemanden anderen etwas aufgibt, es sei denn, dass eine Gegenleistung angekündigt ist. Andere wiederum finden es ganz selbstverständlich, persönliche Einschränkungen für den Partner in Kauf zu nehmen.

Fünf Seiten der Partnerschaft: Liebe, Konflikt, Sicherheit, Investment, Altruismus

Wie wir in dem vorangegangenen Abschnitt erläutert haben, ist die romantische Liebe nicht der einzige Erlebnishorizont in einer Partnerschaft. Es gibt noch sehr viel mehr, um unser Erleben in der Partnerschaft zu beschreiben. Wir gehen im Folgenden auf fünf Erlebnishorizonte ein, die sich in einer Reihe von empirischen Untersuchungen als relevant für die Beschreibung unseres Erlebens in Partnerschaften herausgestellt haben.

Liebe können wir als summarische Bezeichnung für zwei wichtige Beziehungskomponenten auffassen: Leidenschaft auf der einen Seite und Intimität im Sinne von Vertrauen und Bereitschaft zur Selbstöffnung auf der anderen Seite. Liebe meint genau das, was man mit diesem Begriff verbindet: romantische Zuneigung und Zärtlichkeit, viele Gemeinsamkeiten und intime Kommunikation. Eine hohe Ausprägung in dieser Sphäre bedeutet, dass die Person leidenschaftliche Impulse empfindet, liebevoll und zärtlich ist, viele Dinge gemeinsam mit dem Partner unternimmt und ganz generell viel mit ihm zusammen ist und sich mit ihm im Gespräch gut versteht. Eine niedrige Ausprägung bedeutet, dass die Person eher weniger emotionale Beteiligung in der Partnerschaft erlebt, vielleicht kühl oder sogar kalt erscheint, den Partner nur ungern streichelt und kaum Zuneigung zum Ausdruck bringt. Außerdem ist die Kommunikation zwischen den Partnern eher oberflächlich und durch Rückzug bestimmt.

Konflikt spricht ebenfalls für sich: Es geht um belastende Auseinandersetzungen, Meinungsverschiedenheiten, aber auch innere Zerrissenheit der Partner oder sogar Untreue. Bei hoher Ausprägung in diesem Erlebnisbereich dominieren antagonistische Konfrontationen: Die Partner streiten sich regelmäßig, ihre Gefühle sind durch Widersprüche gekennzeichnet, und sie fragen sich, ob sie alles richtig machen oder ob sie nicht mit jemand anderem glücklich werden sollten. Bei niedriger Ausprägung streitet man sich selten oder überhaupt nicht, erlebt den Meinungsaustausch als harmonisch und rücksichtsvoll und verunsichert die Beziehung nicht dadurch, dass man mit anderen potenziellen Partnern flirtet oder fremdgeht.

Man kann zwar nicht gleichzeitig Liebe zeigen und sich gegenseitig streitlustig provozieren, aber in zeitlicher Abfolge ist das gemeinsame Auftreten beider Erlebniswelten durchaus vorstellbar. «Was sich liebt, das neckt sich» sagt der Volksmund und bringt damit zum Ausdruck, was viele Menschen selbst erleben oder in anderen Partnerschaften beobachten. Dem ist hinzuzufügen, dass es so sein kann, aber nicht sein muss. Manchmal ist es tatsächlich so, dass Liebe mit Konflikt abwechselt, manchmal ist es aber auch nur Liebe, ungetrübt durch hässliche Auseinandersetzungen. Denn beide Erlebnisbereiche sind voneinander unabhängig. Sie können gemeinsam auftreten, müssen es aber nicht, genauso wenig wie «echte» Liebe Konflikt ausschließt. Das mag am ehesten in den ersten Wochen einer Partnerschaft der Fall sein, in denen durch die Erfahrung der Verliebtheit alle anderen Erlebnisbereiche verdrängt werden. «Liebe auf den ersten Blick» mag tatsächlich dadurch gekennzeichnet sein, dass romantische und leidenschaftliche Gefühle die Bühne beherrschen, auf der die Partnerschaft angebahnt wird. Manche sind so für einige Wochen verliebt, andere auch für einige Monate, bis sich dann die ganze Bandbreite partnerschaftlicher Erlebnisse bemerkbar macht.

Sicherheit bezeichnet das Ausmaß, in dem sich die Partner aufeinander verlassen oder misstrauen bzw. eifersüchtig sind. Sicherheit erleben bedeutet, dass die Partner ihre Nähe zueinander betonen und ihre emotionale Abhängigkeit akzeptieren. Bei hoher Sicherheit fühlen sich die Partner wohl, wenn sie zusammen sind, und sie machen sich keine Sorgen darüber, dass der andere sie verlassen oder dass die Beziehung zu eng werden könnte. Bei niedriger Sicherheit fühlt sich ein Partner nicht besonders wohl, wenn der andere ihm gefühlsmäßig nahe kommt. Stattdessen überwiegt ein Streben danach, sich nicht in die Karten gucken zu lassen. Die partnerschaftliche Orientierung ist durch Ausweichmanöver und eine gewisse Gleichgültigkeit gekennzeichnet. Dem Partner fällt es schwer, sich dem anderen anzuvertrauen. Er leidet darunter, dass der andere sich Intimität wünscht.

Investment kennzeichnet das Ausmaß, in dem die Partner Ressourcen für die Beziehung bereitstellen, gemeinsam Besitz erwerben, ein Kind bekommen oder gemeinsame Unternehmungen durchführen. Damit wird die Verbindlichkeit der Partnerschaft angesprochen, also inwiefern es sich um eine lose Bindung handelt. Unter Investment verstehen wir die Bereitschaft, materielle und immaterielle Güter in die Beziehung einzubringen sowie die Ausübung von sozialem Einfluss auf bestimmte Entscheidungen wie solche, die sich auf die Berufstätigkeit beziehen. Hohes Investment bedeutet, dass die Partner bereit sind, sich finanziell an den Kosten der gemeinsamen Aktivitäten zu beteiligen, ihre Entscheidungen miteinander abzustimmen und sich gegenseitig darin unterstützen, ihren Lebensstandard zu sichern und zu steigern. Niedriges Investment wird dadurch deutlich, dass die Partner zögern, sich in die Beziehung einzubringen, vielleicht nicht zusammenziehen, weil sie daran interessiert sind, ihre Wohnungen zu behalten, kein gemeinsames Konto einrichten und auch sonst darauf achten, dass ihre materielle Unabhängigkeit erhalten bleibt.

Altruismus bezieht sich auf die Bereitschaft, den Partner oder die Partnerin zu unterstützen und Opfer zu bringen. Altruismus ist eine besonders interessante partnerschaftliche Dimension, die häufig vernachlässigt wird, obwohl sie in doppelter Hinsicht von zentraler Bedeutung sein kann. Zum einen deshalb, weil sich in diesem Bereich verschiedene Schattierungen von Liebeserfahrungen wiederfinden, von Opferbereitschaft über freundschaftliche Zuneigung, sich gegenseitig abstimmen, sich aufeinander verlassen wollen bis hin zu konkreten Hilfeleistungen, die dem Partner das Leben erleichtern. Zum anderen ist diese Dimension zentral, weil sie in Krisensituationen in den Mittelpunkt rückt. Was passiert, wenn einer der Partner schwer erkrankt oder in einer Depression versinkt? An solchen Wendepunkten macht es offensichtlich einen großen Unterschied, wie opferbereit die Partner sind. Bei hoher altruistischer Ausprägung gehen sich die Partner wie selbstverständlich gegenseitig zur Hand, sie sind füreinander da und können sich auf die gegenseitige Unterstützung verlassen. Gerade in Krisensituationen, die durch die Beeinträchtigung eines der Partner zum Ausbruch kommen, zeigt sich die hohe Bereitschaft zur Fürsorge. Bei niedriger altruistischer Ausprägung fällt der Lackmus-Test der Beziehung wesentlich ernüchternder aus. Der Partner zögert, sich in die Krisensituation des anderen hineinziehen zu lassen, und denkt über Alternativen nach, die weniger belastend sind oder sogar einen Ausweg ermöglichen, der weniger anstrengend ist als das, was man sonst tun müsste. Aber auch im Alltag findet sich weniger Gegenseitigkeit und mehr der Standpunkt, dass jeder der Partner seine eigene Tagesordnung hat, die zunächst einmal Priorität besitzt.

Das Besondere an der altruistischen Einstellung ist, dass sie in ihrem Ausmaß anfangs nicht leicht zu erahnen ist. Während sich Liebe und Konflikt unmittelbar beobachten lassen und somit relativ schnell eingeschätzt werden können – Liebe noch bevor Konflikt manifest wird –, bleibt Altruismus die Unbekannte, die erst relativ spät und meist nur in Krisensituationen mit einem Wert belegt wird. Das hängt auch damit zusammen, dass es sozial erwünscht ist, altruistisch eingestellt zu sein. Daher wird kaum einmal ein Partner offen zugeben, dass seine altruistische Neigung in der Beziehung niedrig ist. Vielmehr ist charakteristisch, dass alle mehr oder weniger gleich lautend in ihren Beteuerungen sich als opferbereit oder zumindest sehr hilfsbereit darstellen werden. Die Wahrscheinlichkeit, mit der diese Beteuerung dem Realitätstest standhält, bleibt vielfach ungewiss.

Erlebnishorizonte in Forschung und Paarberatung

Die Erkenntnis, dass sich das Erleben in Partnerschaften auf mehreren Erlebnishorizonten (Liebe, Sicherheit, Altruismus, Investment, Konflikt) beschreiben lässt, hat sowohl große Bedeutung für die Beziehungsforschung im Allgemeinen als auch für die Paarberatung im Besonderen. Die Beziehungsforschung wird durch die Vorgabe der fünf Erlebnishorizonte inhaltlich geordnet. Erkenntnisse, die sich auf den gleichen Erlebnishorizont beziehen, können integriert werden. Da sich die gegenwärtige Forschung zu Partnerschaften durch eine bunte Mischung von Merkmalen auszeichnet, deren Zahl immer größer wird, können Basisdimensionen darüber informieren, welche Merkmalsbereiche sich theoretisch integrieren lassen und welche voneinander unabhängig zu erklären sind. Ein Beispiel sind Untersuchungen zu Fragen des Vertrauens, der Selbstöffnung und der Kommunikation von Gefühlen und Einstellungen. Alle drei Bereiche sind nahe miteinander verwandt, da sie sich der Intimität in Partnerschaften zuordnen lassen. Trotzdem wurden sie häufig voneinander unabhängig betrachtet. Tatsächlich ist es aber so, dass hohes Vertrauen viel Selbstöffnung zur Folge hat. Denn wer dem Partner vertraut, erzählt ihm auch viel über sich. Wer ihm misstraut, tendiert dazu, verschlossen zu sein und defensiv abzuwarten, ohne Intimes zu offenbaren.

In der Paarberatung eignet sich die Verwendung des fünffachen Erlebnishorizontes dazu, ein umfassendes Beschreibungsschema der Erlebnisse in Beziehungen zugrunde zu legen, anhand dessen abgeschätzt werden kann, wie sich die Beziehung für die Partner darstellt. Es ist zum Beispiel ein großer Unterschied, ob eine Beziehung darunter leidet, dass die Partner viele Streite ausfechten, oder daran, dass sie sich nicht lieben.

Testen Sie Ihre Erlebnishorizonte

Zurück zu der anfangs gestellten Frage: Reicht eine Beziehungsdimension bzw. Basisdimension aus, um den grundlegenden Zustand einer Beziehung zu beschreiben? Die Antwort ist nein, weil die grundlegenden Erlebnishorizonte voneinander unabhängig sind. Wenn z. B. feststeht, wie stark in einer Beziehung Konflikte erlebt werden, ist wenig darüber ausgesagt, ob die Partner sich in kritischen Situationen zuverlässig unterstützen. Und auf der Basis des erlebten Altruismus wiederum lässt sich wenig über die Sicherheit der Bindung der Partner erschließen.

Man kann auch nicht aus der Tatsache, dass ein Partner intensiv romantische Liebe erlebt, folgern, dass er besonders viel in die Beziehung investiert. Ein Partner kann im Gespräch viel Intimität vermitteln und leidenschaftlich sein, jedoch kein Interesse daran haben, eine Familie zu gründen oder zusammenzuziehen. Gelegentlich kostet es beispielsweise viel Überredungskunst und Strategien (z. B. selbst erst mal eine große Wohnung beziehen oder den Partner eifersüchtig machen), um den Partner zu einer gemeinsamen Wohnung zu bewegen.

In der Partnerschaftsforschung wurde verschiedentlich vorgeschlagen, «Superfaktoren» des Partnerschaftserlebens zu erfassen. Diesen Vorschlägen ist allen gemeinsam, dass mehrere solcher Superfaktoren empirisch aus den Antworten der Partner abgeleitet werden. Entweder geht man von vorhandenen Fragebogen aus, die auf theoretischer Grundlage entwickelt wurden. Oder man orientiert sich an Begriffen, die in der Beziehungspsychologie verwandt werden. Auch diese Vorgehensweise ist theoriegeleitet. Die dritte Möglichkeit besteht darin, nach Merkmalen erfolgreicher Beziehungen zu suchen, die nach Ansicht der Beurteiler typisch sind. Diese Nennungen werden dann nach Ähnlichkeiten zusammengefasst, um wenige Grunddimensionen aus den genannten Einzelaspekten abzuleiten. Wir konzentrieren uns hier auf den ersten Ansatz, dem wir schon vorgegriffen haben, da wir zentrale Ergebnisse schon in der Darstellung der wichtigsten Beziehungsdimensionen genutzt haben.

Der Sinn der Entwicklung eines übersichtlichen Bezugssystems, in das sich unterschiedliche Begriffe des Beziehungserlebens einordnen lassen, ist unmittelbar einsichtig. Nachdem Hunderte von Fragebogen entwickelt wurden, die für die Selbsteinschätzung (z. B. in Frauenzeitschriften) oder die Paarberatung genauso wie für die Beziehungsforschung zur Verfügung stehen, gilt es, begriffliche Ordnung in das «Durcheinander» zu bringen, das sich leicht ergeben kann, wenn verwandte Verfahren als unterschiedlich aufgefasst werden oder wenn Verfahren, die unterschiedliche Erlebnisbereiche in Beziehungen erfassen, so behandelt werden, als wenn sie denselben Aspekt betreffen würden.

Es ist daher gewinnbringend, mit einem Fragebogen die grundlegenden Dimensionen der Beziehungserfahrung zu messen. Wir stellten 50 Aussagen zusammen, um jede der fünf grundlegenden Beziehungserfahrungen mit 10 Selbsteinschätzungen zu diagnostizieren. Der Fragebogen lässt sich beantworten, indem jede Feststellung mit einer Zahl zwischen 1 und 9 markiert wird. 1 steht dafür, dass die Aussage absolut falsch ist, während 9 dafür steht, dass die Aussage absolut zutreffend ist. Die Zahlen zwischen 1 und 9 bringen unterschiedliche Grade der Passung mit der Aussage zum Ausdruck. In der folgenden Übersicht, die auch zu einem Kurztest genutzt werden kann, steht K für Konflikt, L für Liebe, A für Altruismus, I für Investment und S für Sicherheit. Wenn Sie einen Kurztest machen wollen, kreuzen Sie einfach an, inwieweit Sie den Aussagen zustimmen. Haben Sie beispielsweise der Aussage K1 mit 3 zugestimmt und der Aussage K2 mit 2, addieren Sie die beiden Werte und dividieren Sie die Summe durch 2. Sie haben dann einen durchschnittlichen Konflikt-Wert von 2,5. Gehen Sie bei den anderen vier Erlebnishorizonten genauso vor. Allerdings sind die Antworten für sich genommen noch nicht sehr aussagekräftig, da Vergleichsangaben fehlen. Mit Hilfe solcher Vergleichsangaben, wie sie im Folgenden geliefert werden, kann besser eingeschätzt werden, wo man in der Partnerschaft «steht».

		absolut falsch				**zutreffend**				
K1.	Wenn wir uns streiten, verdreht meine Partnerin meine Aussagen ins Gegenteil.	1	2	3	4	5	6	7	8	9
K2.	Meine Partnerin schränkt mich in meiner persönlichen Freiheit ein.	1	2	3	4	5	6	7	8	9
L1.	Meine Partnerin streichelt mich oft zärtlich.	1	2	3	4	5	6	7	8	9

L2.	Meine Partnerin sagt mir oft, dass sie mich gern hat.	1	2	3	4	5	6	7	8	9
A1.	Ich lasse oft alles stehen und liegen, um meine Partnerin zu unterstützen.	1	2	3	4	5	6	7	8	9
A2.	Für meine Partnerin würde ich alles tun, wenn es für sie wichtig wäre.	1	2	3	4	5	6	7	8	9
I1.	Meine Partnerin beeinflusst meine Pläne, größere Investitionen zu tätigen.	1	2	3	4	5	6	7	8	9
I2.	Meine Partnerin beeinflusst meine Pläne, einen bestimmten finanziellen Lebensstandard zu erreichen.	1	2	3	4	5	6	7	8	9
S1.	Ich finde es relativ leicht, anderen näher zu kommen.	1	2	3	4	5	6	7	8	9
S2.	Ich finde es schwierig, anderen vollkommen zu vertrauen.	1	2	3	4	5	6	7	8	9

Bei der Interpretation ist vor voreiligen Schlüssen zu warnen. Ein hoher Konfliktwert bedeutet nicht unbedingt, dass jemand ein unausstehlicher Beziehungspartner ist. Ein hoher Liebeswert muss nicht bedeuten, dass das Beziehungsverhalten ohne Probleme ist. Das muss durch weitere Analysen überprüft werden, deren Resultate im Folgenden noch dargestellt werden. Außerdem sind – wie schon angesprochen – Vergleichsangaben zu berücksichtigen, um bei der Interpretation wissen zu können, ob ein Antwortmuster durchschnittlich oder ungewöhnlich ist. «Durchschnittlich» meint, dass sehr viele Befragte auf diesem Niveau antworten. «Ungewöhnlich» ist eine Antwort dann, wenn der Wert besonders hoch oder besonders niedrig ausfällt verglichen mit dem Antwortprofil einer Vergleichsgruppe.

In diesem Zusammenhang ist ein erstes Resultat zu berücksichtigen: Die Zustimmungen für die einzelnen Erlebnishorizonte unterscheiden sich deutlich. Daher muss sinnvollerweise beachtet werden, ob ein Erlebnisbereich im Allgemeinen eher stärker oder schwächer erlebt wird. In den schon erwähnten Durchschnittswerten ist ein Anhaltspunkt für die Interpretation des individuellen Antwortprofils enthalten.

Um die Interpretation der individuellen Testprofile zu erleichtern, werden hier Hinweise auf Durchschnittswerte für jeden Erlebnishorizont gegeben. Wie schon erwähnt, bedeutet die Übereinstimmung mit den Durchschnittswerten, die weiter unten im Einzelnen genannt werden, dass viele Partner genauso antworten. Die Antwort liegt also in der Norm. Das muss nicht heißen, dass die Antwort gut ist oder zufriedenstellend. Genauso wenig deutet eine extremere Antwort darauf hin, dass etwas nicht stimmt. Allerdings kann man sich fragen, was das Besondere an den eigenen Beziehungserfahrungen ist, das zu der extremeren Antwort (als sie von der Mehrheit gegeben wird) geführt hat.

Wir besprechen jeden Erlebnisbereich unter Berücksichtigung bestimmter demographischer Gruppen einzeln. Wir beginnen mit dem Thema Konflikt, gefolgt von Liebe, Altruismus, Investment und Sicherheit.

Konflikt: Erfreulicherweise liegt die mittlere Antwortrichtung um den Wert 3, also ziemlich niedrig, wenn man bedenkt, dass eine neunstufige Antwortvorgabe zugrunde liegt. Damit ein solcher Durchschnittswert zustande kommt, müssen viele Befragte angegeben haben, dass sie überhaupt keine Streitereien in ihrer Partnerschaft haben. Zwar kann man sich die Frage stellen, ob solche Antworten immer ganz zutreffend bzw. ehrlich sind. Aber selbst wenn Partner in gut funktionierenden Partnerschaften dazu neigen sollten, ihre Beziehungen durch einen rosaroten Schleier der Milde zu beurteilen, lässt sich doch sagen, dass die Antworten zu den Feststellungen, die sich mit dem Thema Konflikt befassen, bedeutungsvoll sind. Denn wie wir noch sehen werden, hängen sie sinnvoll mit Urteilen über die Zufriedenheit und die Stabilität der Partnerschaft zusammen.

Es hat sich außerdem gezeigt, dass Männer und Frauen sich in ihren Urteilen nicht unterscheiden. Häufig werden Geschlechterunterschiede überbetont, in unserer Untersuchung hat sich allerdings bestätigt, dass Männer und Frauen das Ausmaß der Konflikte in ähnlicher Weise erleben. Der Konfliktwert ist auch nicht davon abhängig, ob die Befragten zusammen oder getrennt wohnen. Das lässt erkennen, dass eine weitgehende Trennung der alltäglichen Lebensabläufe kein geeignetes Mittel ist, um Streitereien zu vermeiden.

Liebe: Hier treffen wir auf einen zweiten erfreulichen Beziehungstatbestand: Die mittlere Erlebnisrichtung liegt bei 7. Da die Antwortvorgabe maximal bis 9 reicht als Antwort für jemanden, der seine Liebe sehr hoch einschätzt, liegt der gefundene Mittelwert nahe an der Obergrenze der Möglichkeiten. Er ist aber nicht in allen Befragtengruppen ähnlich, wenn es auch keine Geschlechterunterschiede gibt. Männer und Frauen sind auf dieser grundlegenden Beziehungsdimension ähnlich lokalisiert. Also nichts, was auf Mars und Venus deutet. Stattdessen spielen Alter und Beziehungsdauer eine wichtige Rolle dabei, wie stark die Liebe in der Partnerschaft ausgeprägt ist. Ältere Menschen bringen im Unterschied zu jüngeren weniger Liebe zum Ausdruck. Das ist eine wichtige Erkenntnis. Wir haben in anderen Analysen, in denen eine Verringerung der romantischen Zuneigung bis zum fünften Lebensjahrzehnt festgestellt wurde, diese Tendenz bestätigt.

Diese Erkenntnis ist zwar wichtig, kann aber nicht verabsolutiert werden. Dafür sprechen drei Überlegungen. Zum einen gibt es große individuelle Unterschiede. Der generelle Trend ist nicht besonders ausgeprägt, und viele Partnerschaften sind davon nicht betroffen. Bei einigen scheint sich die Liebe abzunutzen, während andere es schaffen, auch im Alter verliebt zu sein.

Zum Zweiten ist zu berücksichtigen, dass eine wichtige Grundlage für eine Ehe oder eheähnliche Beziehung die Freundschaft der Partner ist. Aus soziobiologischer Sicht stellt die Freundschaft einen Grundpfeiler der Partnerschaft dar, weil das Leben unserer Vorfahren in kleinen Gruppen am Rande der Savannen auf Freundschaft aufgebaut war (die zusätzlich noch durch Verwandtschaft gefördert wurde). In der verhaltensorientierten Paartherapie wird ebenfalls die Bedeutung der Freundschaft als Grundlage erfolgreicher Beziehungen betont.

Drittens ist Liebe nur eine der fünf zentralen Erlebnisdimensionen in Beziehungen. Diese zum allein ausschlaggebenden Erfolgskriterium einer Beziehung zu machen, greift zu kurz und ignoriert andere Erfolgskriterien.

Der Altersunterschied wird ergänzt durch die Feststellung, dass Personen, die länger in einer Beziehung sind, über weniger Liebe berichten als Personen, die kürzer mit ihrem Partner liiert sind. Darin kommt natürlich zum Teil der schon genannte Altersunterschied zum Ausdruck, da Alter und Beziehungsdauer hoch zusammenhängen. Auch hier gilt wieder, was gerade schon angemerkt wurde: Zu einer Überinterpretation besteht kein Anlass. Andererseits sollte man die Augen vor diesen Zusammenhängen nicht verschließen.

Liebe ist schließlich auch dann in der Tendenz weniger intensiv, wenn Kinder in der Beziehung vorhanden sind. Dieses überraschende Ergebnis deutet darauf hin, dass Kinder gewissermaßen etwas von der Liebe der Partner für sich in Anspruch nehmen, mit der Folge, dass die Liebe der Partner zueinander tendenziell leidet. Wir können uns keine klare Vorstellung davon machen, wie dieser Prozess abläuft. Es scheint aber so zu sein, dass das Vorhandensein eines Kindes nicht nur die Gewichte in dem System Familie verschiebt, indem aus einer Zweier- eine Dreierkonstellation wird, sondern auch die Liebesemotionen neu justiert werden.

Altruismus: Die mittlere Erlebnistendenz liegt bei 5,5, also ziemlich genau in der Mitte des Antwortbereiches, leicht nach oben verschoben. Hier deutet sich eine gesunde Balance zwischen Egoismus und Opferbereitschaft für den Partner an. Vermutlich ist die Herstellung einer solchen Balance tatsächlich empfehlenswert, um einerseits nicht in die Gefahr zu kommen, sich für den Partner aufzugeben, und andererseits auch nicht aufgrund eines einseitigen Egoismus mehr oder weniger beziehungsunfähig zu sein.

Bemerkenswert ist der regelmäßig auftretende Geschlechterunterschied, der im Altruismus zu konstatieren ist, ein Unterschied, der genau dem Stereotyp von den helfenden Frauen und den ignoranten Männern entgegenläuft. Während Frauen es bei einem mittleren prosozialen Engagement in der Partnerschaft auch belassen – ihr Durchschnittswert liegt auf dem Mittelpunkt des altruistischen Kontinuums –, liegen Männer im Durchschnitt einen Skalenpunkt höher. Dass sich die Männer als altruistischer beschreiben als Frauen, ist sehr verwunderlich, wird aber auch durch Ergebnisse aus amerikanischen Studien bestätigt, die durch das Forscherehepaar Clyde und Susan Hendrick von der Texas-Tech-Universität gefunden wurden. Es handelt sich also offensichtlich nicht um ein Zufallsergebnis. Was bedeutet es aber dann? Tatsächlich sind die Geschlechterunterschiede in der Hilfsbereitschaft im Alltag (wenn es etwa darum geht, einem Blinden über die Straße zu helfen) gering. Eine Ausnahme stellen Interventionen in dramatischen Notsituationen dar, bei denen Männer eher eingreifen als Frauen. Aber in «undramatischen» Alltagssituationen sind Frauen genauso zur Stelle wie Männer, wenn einem anderen durch Hilfe das Leben erleichtert wird. Die höhere Antwortausprägung der Männer bezogen auf den Altruismus in der Partnerschaft kann signalisieren, dass sie zumindest symbolisch (als Antwort auf einem Fragebogen) einen Ausgleich dafür schaffen möchten, dass Frauen mehr im Haushalt tätig sind und den Hauptanteil der Beziehungsarbeit leisten, die die Partnerschaft «am Laufen hält». Das wäre eine sprachlich zum Ausdruck gebrachte Hilfsbereitschaft aus einem schlechten Gewissen heraus.

Investment: Auch hier wird im Durchschnitt eine Balance zwischen getrennt und gemeinsam gesucht. Das zeigt die durchschnittliche Erlebnisrichtung, die auf dem Mittelpunkt der Antwortvorgabe liegt. Für Investment lässt sich – nicht ganz überraschend bei diesem Thema – feststellen, dass es pragmatisch justiert wird. Zusammenwohnende Paare tendieren dazu, ihren Wert um eine Skaleneinheit nach oben zu setzen, während getrennt wohnende Paare ihren Wert um eine Skaleneinheit nach unten setzen. Daraus ergibt sich, dass in dem Moment, in dem Paare zusammenziehen, eine deutliche Steigerung des Investments zu erwarten ist. Eine vergleichbare Dynamik geht von der Heirat aus. Vor der Heirat liegt der mittlere Wert für die Investition in die Partnerschaft etwa bei 4, nach der Heirat steigt der Wert auf stattliche 6. Man kann vermuten, dass die größte Veränderung, die für das Erleben in einer Partnerschaft durch eine Heirat hervorgerufen wird, im Bereich der Investitionen liegt, da die Heirat in der Regel einen unterdurchschnittlichen Wert in einen überdurchschnittlichen transformiert.

Sicherheit: Die Erfahrung von Verlässlichkeit dominiert gegenüber der von Unzuverlässigkeit. Das kommt durch die durchschnittliche Erlebnisqualität auf diesem Erlebnishorizont zum Ausdruck, die bei einem Wert von 6 liegt, unabhängig von der Zugehörigkeit zu Geschlechtergruppen, Altersgruppen oder anderen soziodemographischen Gruppierungen. Das stimmt damit überein, dass die Beobachtung der Bindungssicherheit bei Kindern immer wieder gezeigt hat, dass 60 Prozent der Kinder und mehr eine sichere soziale Bindung haben. Dieses Bindungsmuster wird offensichtlich auch in die Bewertung der Sicherheit hineinprojiziert. Sicherheitsgefühle sind – ähnlich wie Konflikterleben, Liebe und Investment – nicht davon abhängig, ob ein Mann oder eine Frau befragt wird. Damit ist Sicherheit der vierte Erlebnishorizont, bei dem keine Geschlechterdifferenzen auftreten. Überhaupt lässt sich konstatieren, dass der Erlebnishorizont der Sicherheit eine relative Konstante darstellt, insofern verschiedene Teilgruppen von Befragten ähnlich antworten.

Der Vergleich zwischen unterschiedlichen Gruppen von Befragten ist aus mehreren Gründen besonders aufschlussreich. Zum einen erleichtert es ein solcher Vergleich, den eigenen Standpunkt realistisch einzuschätzen. Zum anderen ergibt sich dadurch die Möglichkeit, sich aus dem Dilemma zu befreien, dass die Antworten verzerrt sein könnten. Ein Grund dafür könnte sein, dass Verliebte sich scheuen, Konflikte einzugestehen, weil Konflikte nicht dem Bild romantischer Liebe entsprechen. Diese Möglichkeit wurde schon erwähnt, als die Ergebnisse für den Erlebnishorizont Konflikt dargestellt wurden. Sie könnten gleichzeitig geneigt sein, ihre Liebesgefühle besonders hoch einzuschätzen, weil das dem Stereotyp von Verliebten nahe kommt. Wie wäre es, wenn die Verliebten in der Öffentlichkeit und möglicherweise auch vor sich selbst ein glückliches Bild ihrer Beziehung malen, indem sie bestimmte Details des Bildes in Übereinstimmung mit den allgemeinen Erwartungen zeichnen? Dann wären die Durchschnittswerte auf den Antwortvorgaben nur bedingt aussagekräftig. Man könnte immer noch vermuten, dass die Antworten von den tatsächlichen Beziehungserlebnissen etwas widerspiegeln, aber eben schöngezeichnet. Solche Tendenzen sind in der Regel für alle Befragten vorhanden, für solche, die verheiratet sind, und solche, die es nicht sind, für solche mit oder ohne Kinder und auch für Männer und Frauen gleichermaßen. Wenn zwischen bestimmten Gruppen typische Unterschiede zu finden sind, lassen sie sich kaum auf Stereotype zurückführen, sondern an erster Stelle auf Unterschiede in den Erfahrungen, die in der Beziehung gemacht werden. Ein Beispiel ist etwa die verringerte Ausprägung der Liebe bei Partnern, die Kinder haben. Es ist unwahrscheinlich, dass das Vorhandensein von Kindern die Neigung verringert, die Beziehung in einem rosaroten Licht zu sehen. Also müssen konkrete Beziehungserfahrungen dazu beitragen, wie die Liebe eingeschätzt wird.

Wenn keine typischen Unterschiede gefunden werden wie im Beispiel von Konflikt und Sicherheit, gibt es noch eine weitere Chance, die Aussagekraft der Antworten abzuschätzen. Antworten zum Erleben in Beziehungen sind dann aussagekräftig, wenn sie mit bestimmten Kriterien, die die Beziehungsqualität kennzeichnen, systematisch zusammenhängen. Wie schon erwähnt, sind das Kriterien des Beziehungsglücks und der Beziehungsstabilität, denen wir uns im Folgenden zuwenden werden.

Abschließend ein Hinweis, der zeigt, dass die Probleme der Verzerrung der Antworten durch die Tendenz, eine positive Identität in der Öffentlichkeit zu präsentieren, für die hier dargestellten Beziehungsdimensionen eher von geringer Bedeutung sind: Die direkte Messung solcher individuell unterschiedlicher Tendenzen – die einen sind stärker motiviert, sich in ein gutes Licht zu setzen, andere sind ehrlicher in ihrer Selbstbeschreibung – ergibt keine Belege dafür, dass Personen, die mehr an ihrer Selbstdarstellung arbeiten als andere, die Einschätzung der einzelnen Erlebnishorizonte in besonderer Weise manipulieren, um «toll» dazustehen. Zusammengenommen ergibt sich also zum Thema Verfälschung die Schlussfolgerung, dass die Durchschnittswerte nur bedingt aussagekräftig sind, aber doch Perspektiven kennzeichnen, unter denen der Einzelne seine Liebesbeziehung sieht. Das wird im Weiteren noch deutlicher, wenn wir die Erfolgskriterien einer Beziehung zusätzlich in die Betrachtung einbeziehen.

Diese Erfolgskriterien sind vor allem Glück und Stabilität: Sind die Partner miteinander glücklich, dann kann man von hoher partnerschaftlicher Zufriedenheit sprechen, halten sie ihre Beziehung für beständig, kann man von hoher wahrgenommener Stabilität sprechen.

Erlebnishorizonte und Glück

Eine Analyse über den Zusammenhang zwischen den Erlebnishorizonten und dem Glück in der Beziehung ergibt ausführliche Erkenntnisse. Es zeigt sich, dass Liebe erwartungsgemäß positiv und Konflikt negativ mit dem Beziehungsglück zusammenhängen. Investment hat für das Glück eine geringe positive Bedeutung, Sicherheit ist erstaunlicherweise ohne Bedeutung. Was den Altruismus angeht, so ist er zwar positiv mit dem Beziehungsglück assoziiert, aber dieser Zusammenhang überschneidet sich mit dem von Liebe, Konflikt und Investment. Man muss also nur diese drei zuletzt genannten Erlebnishorizonte kennen, um auf das Glück in der Beziehung schließen zu können.

Wie lassen sich diese Erkenntnisse inhaltlich interpretieren? Was bedeuten sie für das Beziehungsglück, das jeder mehr oder weniger intensiv anstrebt? Auffällig ist zunächst einmal, dass Liebe und Konflikt gleichermaßen und in etwa gleich bedeutsam mit dem erlebten Glück zusammenhängen. Glück ist also eine positive Seite der Liebe und eine negative Seite von Konflikten. Es reicht nicht, nur die Liebe zu messen, um das Glück zu bestimmen, denn genauso wichtig ist die Ausprägung von Konflikten, und zwar unabhängig von der Ausprägung der Liebe.

Im Überblick ergeben sich vier typische Konstellationen der partnerschaftlichen Zufriedenheit:

(1) starke Liebe und niedrige Konflikthäufigkeit → hohes Glück,

(2) starke Liebe und hohe Konflikthäufigkeit → Glück und Unglück halten sich die Waage,

(3) schwache Liebe und niedrige Konflikthäufigkeit → Glück und Unglück halten sich die Waage,

(4) schwache Liebe und hohe Konflikthäufigkeit → niedriges Glück.

Diese vier Konstellationen werden noch dadurch im positiven oder negativen Sinne akzentuiert, dass das Investment hinzutritt. Bei hohem Investment wird aus Konstellation (1) sehr hohes Glück. Bei niedrigem Investment resultiert aus (4) sehr niedriges Glück. Investment trägt aber nur noch einen Glücksakzent bei, ohne wirklich gewichtig zu sein. Dieser Glücksakzent ist möglicherweise noch am stärksten in den Konstellationen (2) und (3) zu spüren, die durch entsprechende Ausprägung in Richtung Glück oder Unglück verschoben werden können.

Erlebnishorizonte und Stabilität

Die meisten Partner streben beständige Beziehungen an, Ausnahmen bestätigen dabei die Regel.

Die wahrgenommene Stabilität einer Beziehung, womit der

Glaube daran gemeint ist, dass die Beziehung noch lange bestehen wird, spiegelt sich nur teilweise in der partnerschaftlichen Zufriedenheit wider. Es lohnt sich auf alle Fälle, dieses Kriterium für sich zu betrachten, weil es etwas über die biographische Bedeutung einer Beziehung aussagt. Die Analyse der Zusammenhänge zeigt, dass alle fünf Erlebnishorizonte für den Glauben daran, dass die Beziehung noch länger bestehen wird, eine Rolle spielen. Seltene Konflikte und viel Liebe sind am wichtigsten für die Einschätzung, dass die Beziehung noch lange halten wird, aber auch eine altruistische Orientierung ist wichtig, und hohes Investment und hohe Sicherheit setzen zusätzliche Akzente. Die wahrgenommene Stabilität einer Beziehung wird also nicht nur aufgrund der Intensität von ein oder zwei Beziehungsmerkmalen «abgelesen». Vielmehr benötigt man fünf Kriterien, um genauere Aussagen über die Stabilität von Beziehungen machen zu können.

Jeder der Erlebnishorizonte ist bedeutsam, wenn es um die Frage der Erfolgskriterien von romantischen Beziehungen geht. Zwar sind einige zentraler als andere, aber auch Altruismus, Investment und Sicherheit tragen etwas bei, was einem entgehen würde, wenn man sich nur auf Liebe und Konflikt konzentrieren würde. Damit wird die ursprüngliche Idee bei der Entwicklung der fünf Erlebnishorizonte bestätigt, nach der die Einstellungen der Partner zu ihrer Beziehung möglichst umfassend gemessen werden sollten, und zwar sowohl unter Berücksichtigung von Merkmalen, die mit der Zufriedenheit in der Beziehung zusammenhängen, als auch solchen, die die Beständigkeit der Beziehung betreffen.

Zu Beginn dieses Weges hin zu generellen Erfahrungsbereichen in Partnerschaften gingen wir von wichtigen Theorien enger Beziehungen aus: Bindungsstile und Liebesstile. Erlebnishorizonte, die für die Beziehungsforschung und Paarberatung relevant sind, stehen in einem bedeutsamen Zusammenhang mit Merkmalen, die den Beziehungserfolg kennzeichnen: Bei niedrigem Konflikt, hoher Liebe und hohem Investment sind wir besonders glücklich und schätzen unsere Beziehung als besonders stabil ein.

Die Merkmale Konflikt, Liebe, Altruismus und Investment

werden besonders deutlich durch die Beziehung beeinflusst. Dem liegt eine Koorientierung zwischen den Partnern zugrunde. Das lässt sich für Konflikte gut veranschaulichen, da Auseinandersetzungen im Allgemeinen beide Partner einbeziehen. Aber auch Liebe, Altruismus und Investment sprechen Bereiche an, bei denen die Tendenz zur Gegenseitigkeit deutlich wird. Der mangelnde Altruismus eines Partners wird zum Beispiel durch fehlende Hilfsbereitschaft des anderen gefördert. Wenn der eine Partner nicht in die Beziehung investiert, hält sich der andere auch zurück. Die Zärtlichkeit des einen Partners animiert den anderen, mit Liebe und Zärtlichkeit zu reagieren.

Das große Dilemma: Wem kann ich vertrauen?

Der Erfolg des Menschen hat sich seit der Frühgeschichte aufgrund von Kooperation manifestiert. So war z. B. die gemeinsame Jagd viel effektiver, als wenn sich ein Jäger allein aufmachte, um Beute zu erlegen. Das Zusammenleben in kleinen Gruppen wurde entscheidend durch Kooperation geprägt. Kooperation beruht auf dem Vertrauen, durch andere Gruppenmitglieder geschützt und unterstützt zu werden. Der größte Feind der Kooperation ist die Ausbeutung, die sich in der Evolution als Begleiterscheinung etabliert hat. Da Kooperation Vertrauen voraussetzt, besteht die Möglichkeit, sich einen individuellen Vorteil zu verschaffen, indem man das Vertrauen anderer ausnutzt, von ihrer Arbeit profitiert, sich selbst aber drückt, wenn es um eigene Beiträge geht. Daher steht die kooperationsbereite Person vor einem großen Dilemma: Kann ich dem anderen vertrauen, oder ist Misstrauen erforderlich?

Das Thema des Vertrauens ist auch unmittelbar für partnerschaftliche Beziehungen bedeutsam. Denn diese beruhen ebenfalls auf dem Gedanken der Kooperation, wie er etwa auch einer Freundschaft zugrunde liegt. Auch freundschaftliche Kooperation setzt Vertrauen in die Zuverlässigkeit des anderen voraus.

Bisher wurde das Thema des Vertrauens nur indirekt berührt, als wir über Bindungsstile berichtet haben. Die Beschreibung der sicheren Bindung als wenig ängstlich und nicht vermeidend beinhaltet das Problem, dass der sichere Bindungsstil nicht durch das Vorhandensein positiver Merkmale, sondern durch das Fehlen negativer Merkmale beschrieben wird. Tatsächlich beinhaltet die positive Kennzeichnung eines sicheren Bindungsstils das Vertrauen in die Bezugsperson. Das gilt genauso für die Eltern-Kind-Beziehung, in der ein sicher gebundenes Kind seinen Eltern vertraut, wie auch für die partnerschaftliche Bindung, in der sicher gebundene Partner sich gegenseitig vertrauen. Daher wollen wir abschließend versuchen, diese positive Komponente der sicheren Bindung genauer zu kennzeichnen.

Der viel beachtete britische Soziologie Anthony Giddens, Direktor der London School of Economics and Political Sciences, sagt, dass Vertrauen ein Übertragen von Zutrauen auf eine Person auf der Grundlage eines Vertrauensvorschusses, mit dem wir unsere Unwissenheit überbrücken, darstellt. Wir können zwischen verschiedenen Facetten des Vertrauens unterscheiden. Eine wichtige Voraussetzung für die Entstehung von Vertrauen ist das Fehlen von Kontrolle und Überwachung. Vertrauen ist vor allem deshalb so wichtig für das menschliche Zusammenleben, weil es – oft unbewusst – alltägliche Entscheidungen und Handlungen beeinflusst.

Vertrauen zeigt sich in unterschiedlichen Zusammenhängen. Drei Facetten des Vertrauens lassen sich unterscheiden: Vorhersagbarkeit, Zuverlässigkeit und Glaube an den Partner. Dabei bezieht sich die Vorhersagbarkeit auf das Verhalten des Partners. Wenn der Partner eine gewisse Beständigkeit in seinen Handlungen zeigt, kann man seine zukünftigen Handlungen vorhersagen. Vorhersagbarkeit beruht auf den Erfahrungen, die man mit dem Partner gemacht hat, und wächst mit der Zeit. Wenn der Partner also immer pünktlich zu Verabredungen erscheint, wird man auch in der Zukunft erwarten können, dass er pünktlich kommt.

Während sich die Facette der Vorhersagbarkeit direkt aus dem Verhalten des Partners ableitet, ergibt sich die Zuverlässigkeit aus einer Abstraktion von Qualität und Eigenschaften, die man dem Partner aufgrund seines Verhaltens zuschreibt. Damit ist die Vorhersagbarkeit eine Vorstufe für die Entwicklung der Zuverlässigkeit. Hat der Partner sich in der Vergangenheit konsistent verhalten und ist beispielsweise immer pünktlich gekommen, werden ihm auch positive Qualitäten und Eigenschaften im Sinne der Zuverlässigkeit zugeschrieben. Bei der Zuverlässigkeit kommt allerdings hinzu, dass sie sich vor allem aufgrund von Erfahrungen in Situationen herausbildet, in denen man sich bedroht fühlte oder ein Risiko eingegangen ist und der Partner sich dadurch bewährt hat, dass er sich zuverlässig und fürsorglich verhalten hat.

Die dritte Facette, der Glaube an den Partner, kommt besonders in neuen, nicht vorhersehbaren Situationen zum Tragen. Diese Facette reflektiert die emotionale Sicherheit, die einem erlaubt, fest daran zu glauben, dass der Partner einen weiterhin umsorgen und sich zuverlässig verhalten wird.

Die drei Facetten des Vertrauens bauen hierarchisch aufeinander auf. Mit jeder Facette wird schrittweise mehr vom Verhalten des Partners auf die charakterlichen Eigenschaften abstrahiert. Sind bei der Vorhersagbarkeit noch einzelne Verhaltensweisen wichtig, sind es bei der Zuverlässigkeit Eigenschaften und beim Glauben an den Partner schließlich das Vertrauen in eine gemeinsame Zukunft mit dem Partner.

Wir hatten weiter oben darauf hingewiesen, dass Vertrauen seine Bedeutung als Grundlage kooperativer Beziehungen gewinnt und dass diese durch Gegenseitigkeit gekennzeichnet sind: Was der eine beiträgt, sollte der andere nicht zurückhalten. Dieses Prinzip gilt auch ganz allgemein, wenn es um Vertrauen in Zweierbeziehungen geht. Es ist das Prinzip der Reziprozität des Vertrauens. Untersuchungen über die Entwicklung von Vertrauen zeigen, dass sich Vertrauen zwischen zwei Personen parallel entwickelt. Wie wird dieser Entwicklungsprozess des Vertrauens zwischen zwei Menschen gesteuert?

Der Motor der Vertrauensentwicklung scheint die zunehmende Selbstöffnung der Partner zu sein. Die Selbstöffnung des einen Partners führt zu einem ersten Vertrauen bei dem anderen Partner, der daraufhin ebenfalls mit Selbstöffnung reagiert, die bei der ersten Person das Vertrauen wachsen lässt. Dieser Prozess wird fortgesetzt und führt, wenn er ungestört verläuft, zu einem langsamen Anwachsen des wechselseitigen Vertrauens. In verschiedenen Studien zeigte sich, dass Merkmale des Vertrauens unter den Partnern miteinander zusammenhängen. Wenn man selbst das Verhalten des Partners gut vorhersagen kann, gilt das auch im umgekehrten Fall. Je verlässlicher man selbst ist, desto verlässlicher ist der Partner. Je mehr man selbst dazu neigt, Vertrauen in den Partner zu haben, desto mehr Vertrauen hat auch der Partner in einen. Das schließt nicht aus, dass es Partnerschaften gibt, in denen das Vertrauen unter den Partnern unterschiedlich ausgeprägt ist. So gibt es Partnerschaften, in denen ein Partner hohes Vertrauen ausdrückt, während der andere misstrauisch ist. Das kann natürlich zu Konflikten führen, weil der misstrauische Partner dem hoch vertrauenden Partner möglicherweise böse Absichten unterstellt.

Vertrauen hat mit mehreren Erlebnishorizonten in Partnerschaften zu tun. An erster Stelle ist die Bedeutung des Vertrauens für Liebe und Intimität zu nennen. Die gefühlsmäßige Zuwendung zum Partner erhöht die Bereitschaft, Vertrauen zu haben. Denn Vertrauen trägt gerade dazu bei, dass Unsicherheiten, die sich dadurch ergeben, dass das Verhalten des Partners bzw. der Partnerin nicht wirklich vorhersehbar ist, überbrückt werden können. Im Hinblick auf die altruistische Liebe lässt sich feststellen, dass Opferbereitschaft darauf beruht, dem Partner einen Vertrauensvorschuss zu geben. Damit ist Vertrauen in die wohltätigen Intentionen des Partners angesprochen, welches dadurch bestätigt wird, dass der Partner seinerseits mit Hilfsbereitschaft reagiert, wenn die vertrauende Person in eine Notlage gerät.

An dieser Stelle wollen wir noch eine Spekulation anfügen, die in der Evolutionspsychologie angestellt wird. Das Leben unserer Vorfahren fand unter schwierigen Bedingungen statt, die sich als täglicher Kampf ums Überleben bezeichnen lassen. Diese Härte des Daseins brachte es mit sich, dass Annahmen über das Vertrauen eines Kooperationspartners nahezu täglich unter Beweis gestellt werden konnten, weil viele Notlagen auftraten, in denen die Gruppenmitglieder auf die Hilfe anderer angewiesen waren. Wenn ein Tiger zum Angriff ansetzte, konnte man nur dann überleben, wenn man sich auf die Hilfsbereitschaft seines Nachbarn verlassen konnte. Diejenigen, die sich auf die falschen Nachbarn verließen, wurden im Kampf ums Überleben vorzeitig eliminiert. In dieser ökologischen Situation konnte schnell verifiziert werden, wer verlässlich war und wer nicht. Außerdem gaben hauptsächlich diejenigen ihre Gene an die nächste Generation weiter, die sich auf die «richtigen» Gruppenmitglieder verließen.

Diese Situation hat sich in modernen Industriegesellschaften vollständig geändert. Durch die technischen und kulturellen Fortschritte wurden die meisten Lebensrisiken unter Kontrolle gebracht, sodass sie nur noch selten konkret in Erscheinung treten. Das Dasein ist durch eine hohe Sicherheit und Gewährleistung von Stabilität gekennzeichnet. Unter diesen Umständen treten echte Notlagen im Leben des Einzelnen nur selten auf. Während unsere Vorfahren vermutlich täglich mit schwierigen Situationen konfrontiert wurden, in denen sie sich auf die Unterstützung anderer verlassen mussten, ist die Häufigkeit solcher Bedrohungen in modernen Gesellschaften minimalisiert. Daher kann Vertrauen nur noch selten auf seine Tragfähigkeit überprüft werden. Unsere Vorfahren waren vermutlich Experten darin, herauszufinden, wem sie vertrauen konnten und wem nicht, weil davon ihr Überleben abhing. Wir haben zwar immer noch das evolutionäre Erbe, das es uns ermöglicht, darauf zu achten, ob eine Bezugsperson Vertrauen verdient oder nicht. Aber wir haben nur selten Gelegenheit, das Vertrauen zu testen. Unglücklicherweise ist es aber so, dass Bedrohungen aus dem Leben in einer hoch entwickelten Kultur des 21. Jahrhunderts nicht gänzlich verschwunden sind. Ein Beispiel ist die Arbeitslosigkeit, die jeden irgendwann ereilen kann. Viele, die vor der Notlage noch viele Freunde hatten, machen dann die Erfahrung, dass die Zahl ihrer Freunde plötzlich sehr begrenzt ist und gegen null tendiert. In solchen Situationen ist der Partner eine besonders wichtige Stütze. Wenn er einen im Stich lässt, hat er das Vertrauen, das in ihn gesetzt wurde, nicht bestätigt. Wir werden später sehen, dass schwierige ökonomische Bedingungen die Beständigkeit einer Beziehung bedrohen können (siehe Kapitel 5). Ein Partner in glücklichen Tagen ist nicht immer als Partner in unglücklichen Tagen geeignet. Trotzdem steht die Partnerschaft unter der Annahme, dass sie in glücklichen und unglücklichen Zeiten harmoniert.

Diese Lage ist natürlich problematisch, wenn es um die Partnerwahl geht. Was ist zu tun? Die Evolutionspsychologie verweist auf eine Möglichkeit, die man nutzen kann, um einen geeigneten Partner zu finden, der sich voraussichtlich als verlässlicher «Fels in der Brandung» erweisen wird. Man kann solche Partner bevorzugen, die eine Biographie von Verlässlichkeit aufweisen, wie sie sich in einer altruistischen Persönlichkeit konkretisiert. Menschen, die im Allgemeinen dazu neigen, andere nicht im Stich zu lassen und Opfern in schwierigen Situationen beizustehen, werden diesen angenehmen Verhaltenszug vermutlich auch in der Partnerschaft an den Tag legen.

KAPITEL 2

Das lose Band, das Partner bindet

Wenn man die Partnerschaft positiv sieht, wird die Belastbarkeit der Beziehung erhöht: Sie läuft dann einfach besser. Das kanadische Forscherteam Sandra Murray und John Holmes von der University of Waterloo in Ontario hat dafür viele Beweise geliefert. Die Eindrucksbildung kann ein loses Band schaffen, das die Partner aneinander bindet. Sie erfolgt sehr schnell, oft in wenigen Minuten des ersten Kennenlernens, aber ihre Nachwirkungen sind lange zu spüren.

Sabine ist Grundschullehrerin, und ihr Ehemann Heinz arbeitet als Angestellter in der EDV-Abteilung einer Versicherung. «Warum tust du das?», fragt Heinz seine Partnerin Sabine, die ihn wieder lange hat warten lassen. «Weil du die Kontrolle verloren hast!», fährt Heinz fort, ohne die Antwort von Sabine abzuwarten. Neben der Eindrucksbildung ist auch die Erklärung des Partnerverhaltens von fundamentaler Bedeutung für das Glück in der Partnerschaft. Menschen verhalten sich im Alltag manchmal ähnlich wie Wissenschaftler: Sie erklären das Handeln des Partners (wenn Sabine zu spät kommt) und geben ihm einen Sinn (im Beispiel, das «Zu-spät-Kommen» auf Kontrollverlust zurückführen). Handlungen anderer sind besonders erklärungsbedürftig, wenn die Ereignisse negativ sind. So wird Heinz keinen Grund finden, sich zu fragen, warum Sabine pünktlich ist. Mit ihrer Pünktlichkeit erfüllt sie seine Erwartung im Hinblick auf eine «funktionierende» Partnerin.

Eindrucksbildung und die Suche nach Erklärungen folgen psychologischen Gesetzmäßigkeiten. Die Eindrucksbildung und die Verhaltenserklärung werden durch vorgefertigte Schemata gefärbt. Das können Wahrnehmungsschemata sein (z. B. «Blonde Frauen sehen gut aus»), Erwartungsschemata («Frauen lassen Männer gerne warten») oder Selbstschemata («Ich bin zuverlässig»).

Wenn die Partner den Eindruck haben, dass sie seelenverwandt sind, kann sie das glücklich machen. Das oben vorgestellte Forscherduo Murray und Holmes hat die besondere Freude betont, die mit Seelenverwandtschaft verbunden ist. Das kann man auch in der Beziehung von Heinz und Sabine nachvollziehen. Trotz mancher Auseinandersetzungen hat Heinz das Gefühl, dass ihn mit Sabine eine Seelenverwandtschaft verbindet. Er macht das z. B. daran fest, dass sich Sabine genauso für Musik begeistert, wie er es kann. Sabine hat ihrerseits genauso das Gefühl, dass sie und Heinz die gleiche Wellenlänge haben. Wenn sie darüber nachdenkt, empfindet sie Glück und Zufriedenheit, weil es ihre Partnerwahl bestätigt.

Murray und Holmes konnten belegen, dass Seelenverwandtschaft überwiegend auf subjektiven Eindrücken beruht. Jeder der Partner stellt sich Gemeinsamkeiten vor, indem er von seinem Selbstbild ausgeht. Heinz liebt z. B. klassische Musik über alles, während Sabine Popmusik hört. Heinz erkennt die Seelenverwandtschaft, weil er sich sagt, dass sie sich beide für Musik begeistern. Wenn er aber betonen würde, dass die Musiksparten, denen sie sich zuwenden, unterschiedlich sind, würde er die Seelenverwandtschaft unterminieren. Wenn alles gut läuft, erscheint der Partner als Spiegelbild der eigenen Eigenschaften und Einstellungen. Da es unmöglich ist, die Gefühlswelt des Partners objektiv zu fotografieren, kann man sie nur subjektiv deuten. Und oft tut man das nach dem Bild von sich selbst, und das ist gut so.

Wie sehen wir unseren Partner, und welche Rolle haben positive Illusionen für eine glückliche Partnerschaft? Ist es gut für die Beziehung, wenn wir unseren Partner möglichst positiv sehen, oder sollten wir ihn besser möglichst realistisch sehen? Wenn wir diese Fragen beantwortet haben, machen wir den nächsten Schritt und beschreiben, wie wir das Verhalten des Partners erklären und welche Erklärungsstile günstig für eine glückliche Partnerschaft sind.

Schwächen als Stärken deuten

Eine Strategie in erfolgreichen Partnerschaften besteht darin, dass man Schwächen in Stärken umdeutet. Dadurch können aus möglichen Fehlern wahrgenommene Tugenden werden. Ein Beispiel wäre etwa, dass der Partner impulsiv auf einen Konflikt reagiert, was im Rückblick positiv gedeutet wird: «Mein Partner sagt eben, was er denkt.» Dadurch findet eine Aufwertung des Partners statt; das Vertrauen in die Partnerschaft wird erhöht.

Aufwertung kann ein Schlüssel zu einer zufriedenen Partnerschaft sein. Sie ist deshalb möglich, weil die Eindrucksbildung vom Partner nur teilweise die Realität widerspiegelt, teilweise aber auch die Vorannahmen (Schemata und Erwartungen), die in die Eindrucksbildung hineinspielen. Was der Partner tut, wird interpretiert und mit einer bestimmten Bedeutung versehen, die eine subjektive Vorstellung über den Charakter des Partners darstellt. In diese persönliche Konstruktion fließt teilweise auch das wirkliche Wesen des Partners ein, zum anderen Teil (und oft auch zum größeren Teil) kann darin aber auch eine Aufwertung des Partners oder eine spiegelbildliche Übertragung eigener Eigenschaften auf den Partner zum Ausdruck kommen, was uns wieder zu dem Phänomen der Seelenverwandtschaften zurückführt.

Da die Bedeutung von Handlungen nicht eindeutig feststeht und in der Realität nicht auf ihre Richtigkeit in objektiver Weise überprüft werden kann, besteht eine relativ große Freiheit darin, sich das Bild vom Partner zu machen, das man haben möchte. Wie wir schon gesehen haben, zeigt die Paarforschung, dass die Partner diese Freiheit auch in Anspruch nehmen. Der Eindruck, den der Partner hinterlässt, kann eine Funktion des Selbstbildes oder der Wunscherfüllung sein, die auf der Grundlage einer Idealisierungstendenz stattfindet. Daneben kann in der Eindrucksbildung auch der Wunsch erkennbar werden, Eigenschaften im Partner zu finden, von denen man sich selbst wünscht, dass man sie hätte. Das wäre beispielsweise dann der Fall, wenn man selbst gerne eine musikalische Person wäre, ersatzweise aber den Partner für sehr musikalisch hält.

Eine nahe liegende Annahme besteht darin, dass Partnerschaften dann glücklicher sind, wenn der Partner idealisiert wird und wenn diese Idealisierung gegenseitig stattfindet. Dadurch kann ein Klima positiver Gedanken und Gefühle zustande kommen, das mit der Partnerschaft verbunden wird. Der Partner kann als Verwirklichung des Ideals erscheinen, das man seit langem angestrebt hat. Wenn der Partner durch sein konkretes Verhalten unterhalb dieses Ideals bleibt und z. B. zu spät kommt, obwohl er das im Idealfall nicht tun sollte, kann durch eine beschönigende Wahrnehmung versucht werden, diese mögliche Beeinträchtigung des Ideals zu widerlegen. Heinz und Sabine haben, wie wir sehen konnten, einen Konflikt über Sabines Unpünktlichkeit, der häufig zu heftigen Auseinandersetzungen führt. Nachdem Sabine wieder einmal zu spät gekommen ist, stellt Heinz fest: «Seit den Pisa-Reformen an den Schulen hat sie viel mehr zu tun als früher!» Daher kann er ein nicht besonders günstiges Ereignis, das ihn früher stark aufgebracht hat, so interpretieren, dass Sabine am Ende sogar noch gewinnt: «Wie schwer sie es doch hat!» Auf diese Weise bleibt der positive Eindruck von Sabine unbeschädigt, und Heinz schätzt sie sogar noch mehr als früher. Durch diese Eindrucksbildung steigt seine Zufriedenheit mit der Partnerschaft, und Sabine fühlt sich auch erleichtert, weil sie schon den nächsten Streit wegen der Unpünktlichkeit erwartet hatte.

Viele empirische Ergebnisse zeigen, dass die Eindrucksbildung diesen subjektiven Konstruktionen unterliegt. Dabei werden eigene Stärken und Schwächen auf den Partner übertragen, und es entsteht das Gefühl von Seelenverwandtschaft. Außerdem besteht die Tendenz, einen positiven Filter in der Eindrucksbildung vom Partner vorzuschieben.

Da Heinz positiv über sich selbst denkt, ist es für ihn selbstverständlich, Sabine günstig zu beurteilen. Tatsächlich ist es so, dass er ihr vor allem dann Vorwürfe macht, wenn er unter Selbstzweifeln leidet. Der Zusammenhang ist der folgende: Je günstiger eine Person über sich selber denkt, desto höher sind die Idealvorstellungen, die auf den Partner übertragen werden.

Das Phänomen der Seelenverwandtschaft zeigt, dass viele einen Eindruck von ihrem Partner bilden, der mehr durch ihre eigene Selbstwahrnehmung und ihre Ideale bestimmt wird als durch die Eigenschaften des Partners, wie er sie selbst wahrnimmt. Diese hohe Bedeutung der subjektiven Konstruktionen für die Wahrnehmung des Partners kann dazu führen, dass der Partner positiver eingeschätzt wird, als er sich selbst beurteilt. Das ist ein beeindruckendes Zeugnis von positiven Illusionen, das spezifisch für Partnerschaften ist. Denn andere Personen als der Partner werden weniger positiv eingeschätzt und nicht gleichermaßen idealisiert.

Die positive Illusion konzentriert sich auf den Partner und hat die Funktion, die Partnerschaft aufzuwerten. Sie ist darin auch erfolgreich, denn sie wirkt sich günstig auf die partnerschaftliche Zufriedenheit aus. Je idealisierter die Eindrucksbildung, desto größer fällt das Glück in der romantischen Beziehung aus. Das gilt auch in dem Sinne, dass die Zufriedenheit von Heinz steigt, wenn er Sabine idealisiert. Man kann sich gut vorstellen, was hier abläuft. Es kommt einerseits in der Redewendung «sich geschmeichelt fühlen» gut zum Ausdruck. Heinz baut einen idealisierten Eindruck auf, der von Sabine als Kompliment aufgefasst wird, das ihr Freude bereitet. Daraufhin erhält Heinz eine positive Rückmeldung, die sein emotionales Befinden verbessert. Das stimmt andererseits wiederum überein mit Befunden aus der Forschung zum «Sich-beliebt-Machen», die zeigen, dass sich kaum jemand dem positiven Einfluss von Schmeicheleien entziehen kann. Selbst wenn man weiß, dass ein Kompliment nur um des Komplimentes willen gemacht wird, fühlt man sich besser, als wenn man nicht mit einem Kompliment bedacht worden ist. Auch positive Rückmeldungen, die mit keinem Wahrheitsanspruch verbunden sind, wirken als positive Verstärkungen beflügelnd auf das emotionale Wohlbefinden. Das ist vermutlich ein Teil des Geheimnisses, das sich hinter der Tatsache verbirgt, dass charmante Mitmenschen gut bei ihren Gesprächspartnern ankommen. Man weiß zwar, dass der andere die eigenen Eigenschaften schönredet und positive Illusionen verbreitet, aber man mag es trotzdem und meldet zurück, dass man den anderen nett findet. Das gilt zumindest in dem Sinne, dass mittlere Diskrepanzen in die positive Richtung einen schmeichelhaften Effekt ausüben.

Voraussetzung für diesen Effekt ist, dass der Partner im Großen und Ganzen positiv über sich denkt. Wenn ein Partner chronisch von Selbstzweifeln geplagt und in seinem Selbstwertgefühl beeinträchtigt ist, kann es sein, dass Komplimente ihre Wirkung verlieren oder sogar einen gegenteiligen Effekt auslösen, weil die Diskrepanz zwischen dem Kompliment und der eher düsteren Gefühlslage zu groß wird.

Angekommen in der Realität

Eine Idee, die von Norman Vincent Peale in seinem Buch «Die Kraft positiven Denkens» vertreten wird, besteht darin, dass positive Erwartungen konsistente Ergebnisse inspirieren, also positive Erfahrungen. Allerdings ist zu berücksichtigen, dass positive Erwartungen eine größere Anfälligkeit für Enttäuschungen mit sich bringen. Je höher die Erwartungen sind, desto wahrscheinlicher werden Enttäuschungen.

Führen also positive Erwartungen zu positiven Ergebnissen, oder führen sie hauptsächlich zu Enttäuschungen? Eine wichtige Einschränkung besteht darin, dass positive Erwartungen zwar zu positiven Erfahrungen führen können, aber nur dann, wenn sie nicht durch regelmäßige negative Auseinandersetzungen, in denen Schuldzuweisungen ausgetauscht werden, in Frage gestellt werden. Generell kann man sagen, dass Partner, die besonders fähig in der Kommunikation und Problemlösung sind, besser geeignet sind, positive Erwartungen zu bestätigen als Partner, die schnell dabei sind, Schuldzuweisungen zu verwenden, wenn es Probleme gibt.

Partner, die gute Kommunikationsmöglichkeiten in der Konfliktlösung haben und die sich bei Schwierigkeiten konstruktiv verhalten, sind über die Zeit zufriedener als Partner, die diese Kompetenzen nicht haben. Diese Fähigkeiten können von entscheidender Bedeutung sein, wenn es um die Bestätigung von positiven Erwartungen geht. Für Partner, die weniger gute Kommunikationsfähigkeiten besitzen, können positive Erwartungen ein Problem darstellen. Daher kann es für sie günstiger sein, von vornherein weniger positive Erwartungen zu entwickeln, weil sie dann aufgrund ihrer kommunikativen Lücke auch nicht enttäuscht werden können. Wenn jemand hohe Erwartungen an die Sexualität mit dem Partner stellt, können diese Erwartungen nur dann mit einiger Wahrscheinlichkeit erfüllt werden, wenn er sie dem Partner kommuniziert. Kommuniziert er die Erwartungen nicht, werden sie vermutlich unerkannt bleiben und nicht erfüllt.

Neben den Kommunikationsfähigkeiten spielt auch eine Rolle, wie man das Verhalten des Partners interpretiert. Es kann ja sein, dass es zu Konflikten kommt, die sich als unangenehm erweisen. Es kommt vor allen Dingen darauf an, inwieweit die Partner uneindeutiges Verhalten, das man positiv oder negativ deuten kann, positiv wahrnehmen. Immer dann, wenn Partner bei einer Ungewissheit im Hinblick auf die Bedeutung eines Ereignisses in der Partnerschaft die positive Deutung bevorzugen, bestätigen sie die positive Erwartung. Die Auswirkungen von negativen Verhaltenszügen des Partners können dadurch gemildert werden, dass sie wohlwollend erklärt werden. Wohlwollende Erklärungen ermöglichen ein Verzeihen (siehe Kapitel 5). Das Verzeihen ist in einer Partnerschaft, in der Seelenverwandtschaft und positive Illusionen bestehen, besonders wichtig. Wenn die Partner nicht so gut verzeihen können, ist es vermutlich günstiger, wenn sie eher niedrige Erwartungen haben, da dann negative Erklärungen des Verhaltens eher mit diesen abgesenkten Erwartungen übereinstimmen.

Wie entstehen Erwartungen?

Wie ist es zu erklären, dass Menschen unterschiedliche Erwartungen an eine Partnerschaft haben, und warum ändern wir unsere Erwartungen an einen Partner mit zunehmender Lebenserfahrung? Zunächst ist festzustellen, dass wir unsere Erfahrungen mit dem Partner mit den Erwartungen in Beziehung setzen, die in unserem Gedächtnis gespeichert sind. Die Erwartungen stellen einen Vergleichsstandard dar und sind das Resultat aus unseren Erfahrungen mit früheren Beziehungen sowie der Erfahrungen, die wir in anderen Partnerschaften beobachten. Waren wir beispielsweise früher mit einem perfekten Liebhaber zusammen und haben zudem viele Hollywood-Filme gesehen, in denen perfekte Liebhaber auftreten, dann wird der Vergleichsstandard eher hoch ausfallen, und als Folge davon treten Schwierigkeiten auf, die hoch gespannten Erwartungen zu erfüllen. Waren wir jedoch früher nur mit mäßigen Liebhabern zusammen und hören auch von Freundinnen und Freunden, dass ihre Bedürfnisse nach Zärtlichkeit und Sexualität nicht immer vollständig erfüllt werden, wird das Vergleichsniveau eher niedrig ausfallen, und unser Partner wird es leichter haben, die Erwartungen zu erfüllen.

Die Zufriedenheit der Partner scheint manchmal schwer nachvollziehbar zu sein. Es gibt aber eine einfache Regel, an der man sich orientieren kann. Wenn unsere Erfahrungen, die wir mit dem Partner machen, unterhalb des Vergleichsniveaus liegen, resultiert daraus Unzufriedenheit. Wenn die Qualität der Erfahrungen über dem Vergleichsniveau liegt, sind wir zufrieden. Da eine hohe Erwartung ein hohes Vergleichsniveau schafft, steigt die Wahrscheinlichkeit, dass die konkreten Beziehungserfahrungen darunter liegen, sodass Frustration eher auftreten kann. Bei einem niedrigen Vergleichsniveau hingegen werden die tatsächlichen Erfahrungen mit dem Partner häufiger oberhalb des Vergleichsniveaus liegen, sodass Zufriedenheit eher erlebt wird. Hier werden mögliche Risiken deutlich, die mit einer überhöhten Erwartung bzw. mit einem sehr hohen Vergleichsniveau verbunden sind. Denn wenn man feststellt, dass man hohe Erwartungen oder auch Ideale hat, die in der Partnerschaft nicht eingelöst werden, ist man besonders frustriert. Erwartungen, die so idealistisch sind, dass sie etwas Irrationales an sich haben, bergen die große Gefahr, dass sie nicht erfüllt werden können.

Fluch oder Segen von positiven Illusionen

Vielfach wird der Standpunkt vertreten, dass positive Illusionen von Vorteil sind (siehe Kapitel 3). Vereinfacht kann man diese Position mit der Annahme beschreiben, dass positive Erwartungen zu positiven Erfahrungen führen (siehe S. 83). Diese Überlegung ist in vielen Partnerschaften – wie der von Heinz und Sabine, die wir oben beschrieben haben – zutreffend. Sie kann aber auch – weil sie eine vereinfachte Sicht beinhaltet – in die Irre führen. Denn die Auswirkungen der hohen positiven Erwartungen auf das Wohlbefinden in der Partnerschaft hängen davon ab, ob die Partner Kompetenzen zur Verfügung haben, die die Erfüllung ihrer hohen Erwartungen gewährleisten. Solange hohe positive Erwartungen einen Prozess der Bestätigung inspirieren, ist alles problemlos: Positives Denken führt dann zu positiven Erlebnissen. Wenn aber positive Erwartungen zum Fanal werden, weil sie nicht erreicht werden können und weil sie dadurch signalisieren, dass die Beziehung weniger als ideal verläuft, ergibt sich ein bedrohliches Enttäuschungspotenzial.

Eine bewährte Forschungsmethode, um das Kommunikationspotenzial der Partner zu erfassen, besteht darin, ein Streitgespräch zu führen. Angenommen, die Partner sprechen über Probleme bei der Verteilung der Hausarbeit: In einer solchen Diskussion kommt es darauf an, wie jeder der Partner auf kritische Anmerkungen des anderen reagiert. Konstruktives Verhalten ist beispielsweise dann gegeben, wenn eine Lösung des Konflikts durch Einsicht oder einen Kompromissvorschlag vorangetrieben wird. Ein Partner könnte z. B. anmerken, dass er sich nicht bewusst gewesen ist, dass sich der andere durch zu viel Hausarbeit benachteiligt fühlt und dass er das gerne ändern möchte. Vermeidendes Verhalten hingegen, das als weniger konstruktiv zu kennzeichnen ist, liegt dann vor, wenn der Partner beispielsweise das Thema wechselt oder auf andere Art und Weise versucht, dem Konflikt aus dem Wege zu gehen. Das wäre etwa dann der Fall, wenn ein Partner sagt: «Lass uns das ein anderes Mal besprechen.» Die Reaktion kann im negativsten Fall aus Schuldzuschreibungen und

Angriffen bestehen, die den Partner herabsetzen, oder auch aus indirekter Kritik, wie sie etwa in feindseligen Fragen und Unterstellungen zum Ausdruck kommt, wie etwa, wenn der Partner sagt: «Du willst dich doch nur vor deinen Pflichten drücken.»

Der Dreh- und Angelpunkt ist, ob die Erwartungen mit den Fähigkeiten der Partner, die ihnen zur Verfügung stehen, um Beziehungsprobleme zu bewältigen, in Einklang stehen. Die beiden amerikanischen Beziehungsforscher James McNulty und Benjamin Karney haben sich in einer Untersuchung, die über einen Zeitraum von vier Jahren durchgeführt wurde und an der 77 neu verheiratete Paare teilnahmen, mit Erwartungseffekten und Kommunikationsfähigkeiten befasst. Vier Jahre sind eine lange Zeit in einer Partnerschaft, in der man sich hundertmal streiten und versöhnen kann, aber auch hundertmal einfach glücklich sein kann. Die männlichen Teilnehmer an der Studie waren zu Beginn im Durchschnitt 25 Jahre alt, die weiblichen Teilnehmer 24 Jahre.

Um die Bedeutung der kommunikativen Fähigkeiten zu verdeutlichen, gibt die Art und Weise Aufschluss, wie sich die Partner in der Diskussion eines Problems verhielten, die mit einer Videokamera aufgezeichnet wurde. Das Diskussionsverhalten kann eher positiv im Sinne von konstruktiven Reaktionen oder eher negativ im Sinne von vermeidenden Reaktionen oder Schuldzuschreibungen ausfallen.

Zunächst wurde die Veränderung der Zufriedenheit über vier Jahre erfasst. Tatsächlich – und das kann als eine generelle Tendenz in Partnerschaften interpretiert werden – fand sich unter allen Bedingungen eine Reduzierung der Zufriedenheit. Das ist zwar traurig, aber gut verständlich. Die sehr hoch angesiedelten Einschätzungen der Ehe, wie sie unmittelbar nach der Trauung naheliegenderweise bestehen, werden durch die alltäglichen Ereignisse in der Folgezeit etwas nach unten korrigiert. Damit stellt sich die Frage, wann diese Korrektur der Zufriedenheit stärker ausfällt und wann sie nur geringfügig ist. Die Zufriedenheit der Ehepartner wurde nach vier Jahren stärker beeinträchtigt, wenn anfangs eher negative Reaktionsmuster im Diskussionsverhalten auftraten und wenn von Anfang an hohe Erwartungen über den Erfolg der Beziehung bestanden. Wenn also eine optimistische Sicht dominierte («Alles wird schön»), gleichzeitig aber in der Diskussion Vermeidung und Schuldzuweisungen vorherrschten, war die Enttäuschung mehr oder weniger unvermeidlich. Hingegen verloren die Optimisten, die sich in der Diskussion mit dem Partner als konstruktiv erwiesen, nur wenig an Zufriedenheit über die vier Jahre. Positive Illusionen erweisen sich also dann als günstig, wenn das Partnerschaftsverhalten unterstützend ist.

Betrachten wir nun diejenigen, die geringe Erwartungen hatten: Diejenigen, die niedrige Erwartungen hatten, sich aber in der Diskussion als kompetente Gesprächspartner erwiesen, waren nach vier Jahren besonders unzufrieden. Jedoch büßten diejenigen, die ebenfalls von vornherein skeptisch waren, aber zugleich über unzureichende Kommunikationsfähigkeiten in der Diskussion mit dem Partner verfügten, nur wenig an Zufriedenheit ein! Das Fehlen von positiven Illusionen bzw. hohen Erwartungen kann also durchaus funktionieren.

Da in dieser Untersuchung alle Befragten zum ersten Zeitpunkt der Erfassung der Erwartungen jung verheiratet waren, kann man zusammenfassend sagen, dass die Erwartungen der frisch verheirateten Paare sich in Abhängigkeit von ihren tatsächlich vorhandenen zwischenmenschlichen Fertigkeiten auf die spätere Zufriedenheit in der Ehe auswirkten.

Schon häufig wurde die Frage gestellt, ob entweder eine richtige und genaue Einschätzung der Realität oder eine positiv verschobene Einschätzung der Realität günstiger ist, was die nachfolgenden Erfahrungen angeht. In diesem Zusammenhang wurde die Meinung vertreten, dass positive Illusionen sich günstig auf den Lebenserfolg auswirken. Wie die Untersuchungsergebnisse aus dem Bereich der Partnerschaft zeigen, spricht auch einiges für die These der Genauigkeit. Denn positive Erwartungen erweisen sich nur dann als förderlich, wenn sie durch entsprechende Kompetenzen unterfüttert sind. Das gilt insbesondere, wenn sich die Erwartungen auf konkrete Partnerschaftserfahrungen beziehen und nicht auf einen allgemeinen goodwill. Ganz allgemein daran zu glauben, dass man den richtigen Partner gefunden hat, wird sich positiv auf die Partnerschaft auswirken. Ob es allerdings auch gut ist, daran zu glauben, dass Konflikte verständnisvoll ausdiskutiert werden, ohne dass eine Abwertung des Partners eintritt, hängt davon ab, ob die Partner entsprechende soziale Kompetenzen besitzen, die ihnen dazu verhelfen, aggressive Interaktionen und gegenseitige Vorwürfe zu vermeiden.

Da der Einfluss von hohen Erwartungen davon abhängig ist, welche sozialen Kompetenzen zur Verfügung stehen, ergibt sich auch ein Hinweis darauf, wie dieses Thema in partnerschaftlichen Beratungen behandelt werden sollte. Es wäre verfehlt, wenn der Berater oder die Beraterin generell dazu auffordern würde, die eigene Partnerschaft in einem rosaroten Licht zu sehen und sich optimistische Vorstellungen über den weiteren Verlauf zu machen. Bei den Partnern, die über geringe soziale Kompetenzen in der Kommunikation verfügen, wird dieser Ratschlag schnell Enttäuschung herbeiführen, weil die hohen Erwartungen häufig nicht erreicht werden. Daher kann es eher eine sinnvolle Empfehlung sein, die Partner darauf aufmerksam zu machen, dass sie nur moderate Erwartungen aufbauen sollten. Dann besteht die Möglichkeit, dass die tatsächlichen Erlebnisse die Erwartungen übertreffen, sodass sich ein vorsichtiger Optimismus auf der Basis der Erfahrung bilden kann.

Unrealistisch hohe Erwartungen stellen ein Problem dar, das gerade auch für Personen greifbar wird, die zu depressiven Gedanken neigen. Denn depressive Verstimmung ist vielfach damit verbunden, dass man sich unrealistisch hohe Standards setzt, die man dann nicht erreicht. Diese selbst erzeugten Misserfolge intensivieren die pessimistischen Grübeleien, die bei depressiver Verstimmung häufig anzutreffen sind. Bei depressiven Neigungen ist es daher besonders problematisch, zu hohe Erwartungen nahe zu legen, da die Gefahr besteht, dass damit Misserfolgserlebnisse programmiert werden und das Grübeln intensiviert wird.

Zusammenfassend lässt sich festhalten, dass Erwartungen an den Partner, wie «Mein Partner wird mich immer glücklich machen», «Mein Partner wird mich niemals enttäuschen» oder «Mein Partner wird immer gut mit meinen Eltern auskommen», möglicherweise ein guter Start sind, der die Entwicklung einer glücklichen Beziehung ermöglicht. Insofern sind positive Illusionen am Anfang, etwa wenn geheiratet wird, eine gute Sache. Man darf nur nicht denken, dass man durch positive Illusionen konkrete Schwierigkeiten wie das Auftreten von heftigen Streitereien oder die Verwendung von Schimpfworten verhindern kann.

Die empirischen Resultate weisen darauf hin, dass sich ein glückliches Beziehungsleben allein auf positiven Illusionen nicht aufbauen lässt. Dazu bedarf es zum einen, dass die Partner ein entsprechendes Verhandlungsgeschick besitzen, und zum anderen, dass sie über persönliche Qualitäten wie Gelassenheit und Weisheit verfügen. Es ist natürlich viel einfacher, die Erwartungen hochzuschrauben, als die Kompetenzen zu erwerben. Daher kann man nachvollziehen, dass das Fördern von positiven Illusionen als «Schnellschuss» verwendet wird, um eine Krise zu überwinden oder einen momentanen Pessimismus zu vertreiben. Dagegen ist auch nichts zu sagen, solange man sich der Tatsache bewusst bleibt, dass die momentane Überwindung einer Beziehungs- oder Lebenskrise nicht gleichzusetzen ist mit dem Erwerb von Kompetenzen und Ressourcen, die es ermöglichen, Probleme effektiv zu bewältigen.

Sich selbst erfüllende Prophezeiungen

Ob positive Erwartungen an den Partner in einer konkreten Situation auch zu positiven Erfahrungen mit dem Partner führen, hängt von unserem eigenen Verhalten ab. Erwarten wir, dass der Partner uns anlächelt, ist es sehr wahrscheinlich, dass wir uns entsprechend verhalten, damit er uns anlächelt, indem wir ihm beispielsweise freundlich und entspannt begegnen. Erwarten wir hingegen, dass der Partner beim Frühstück mürrisch ist, werden unsere Erwartungshaltung und die daraus folgenden nonverbalen und verbalen Äußerungen Signale setzen, die ihn dazu bringen können, dass er sich tatsächlich mürrisch verhält.

Erwarten wir Negatives vom Partner, sehen wir ihn auch negativ und begegnen ihm auch negativ, sodass er sich in der Folge wahrscheinlich tatsächlich negativ verhält. Wir provozieren das Verhalten des Partners durch unsere Erwartungen an ihn, wodurch diese bestätigt werden.

Wir haben im ersten Kapitel thematisiert, dass Erwartungsschemata das Nähe-Distanz-Verhalten zwischen Partnern regulieren. Hat man die Erwartung, dass der Partner sich abweisend bzw. distanziert verhält, kann das bei einer ängstlich-ambivalenten Person dazu führen, dass sie klammert und den Partner mit ihrem starken Nähebedürfnis unter Druck setzt, sodass er sich tatsächlich abweisend und distanziert verhält. Das ist besonders wahrscheinlich, wenn derjenige auch noch einen vermeidenden Bindungsstil hat. Das ängstlich-ambivalente Erwartungsschema wird durch das distanzierte Verhalten eines vermeidenden Partners bestätigt und verfestigt sich noch mehr. Diese Erwartung steuert dann wiederum das Verhalten in Richtung Klammern, was wiederum dazu führen kann, dass sich der Partner distanziert, was erneut das Erwartungsschema bestätigt.

Um diesen Teufelskreis zu durchbrechen, kann man versuchen, die eigene ängstlich-ambivalente Grundhaltung in Frage zu stellen, also nicht im Voraus zu erwarten, dass der Partner einen nicht genug liebt. Eine Möglichkeit dafür, das ängstlich-ambivalente Schema zu verändern, könnte darin bestehen, sich die Bekundungen der Zuneigung, die der Partner gezeigt hat, bewusst zu machen und zu versuchen, die Wahrnehmung auf das Verhalten des anderen zu lenken, das Zuneigung ausdrückt. Gleichzeitig wäre einiges gewonnen, wenn man weniger häufig unterstellen würde, dass der Partner einen ablehnt und die eigenen Wünsche nicht erfüllt worden sind. Wenn er beispielsweise wenig mitteilsam ist, kann das daran liegen, dass er Stress mit Kollegen hatte oder dass er gerade über ein berufliches Problem nachdenkt. Wenn der Partner ein kommunikativer Typ ist, mit dem man darüber reden kann, was sein Verhalten in einem selbst auslöst, wäre es empfehlenswert, mit ihm ein Gespräch zu führen, um zu klären, was los ist. Wenn es optimal läuft, könnten die beiden Partner auf der Basis des gegenseitigen Verstehens die Verunsicherung des einen bewältigen und eine für beide angemessene Nähe-Distanz-Balance finden.

Erklärungsstile in Partnerschaften

Wie wir in dem vorherigen Abschnitt mehrfach gesehen haben, gibt es unterschiedliche Antwortmöglichkeiten auf die Frage, warum sich der Partner in einer bestimmten Art und Weise verhält. Ist er wortkarg, weil er mich nicht genug liebt, weil er eifersüchtig auf die Kinder oder die Schwiegermutter ist, weil er einen schweren Tag hatte oder weil er ein introvertierter Mensch ist, der sich gerne in sich zurückzieht? Die Erklärungsmöglichkeiten sind zahlreich.

Manche Erklärungen kommen der wirklichen Ursache näher, andere sind völlig unbegründet. Einige sind milde und loyal, andere sind abwertend und vernichtend. Eine besonders ungünstige Erklärung für die Wortkargheit könnte darin bestehen, dem Partner zu unterstellen, dass er mich mit seiner Schweigsamkeit ärgern will. Diese Erklärung ist deshalb für die Partnerschaft ungünstig, weil sie dem anderen eine böse Absicht unterstellt. Damit wird einer vernichtenden Kritik der Weg gebahnt, die die Harmonie in der Partnerschaft in Frage stellt.

Wir möchten in unserer Beziehung sehr gerne von dem Partner verstanden werden. Zudem geht es aber auch darum, das Verhalten des Partners zu verstehen, besonders dann, wenn er sich in einer überraschenden Weise verhält. Wie schon erwähnt, regen vor allem unerwartete und negative Verhaltensweisen des Partners die Suche nach einer Ursache an. Wie wir das Verhalten unseres Partners erklären, wirkt sich auf die Zufriedenheit mit der Partnerschaft aus. Was ist, wenn wir erleben, dass unser Partner unpünktlich zu einer Verabredung erscheint, obwohl wir fest davon ausgehen, dass er pünktlich sein wird? Was denken wir dann? Dass er sicher einen triftigen Grund für seine Verspätung hat oder dass er absichtlich zu spät kommt, weil er uns eins auswischen will? Vielleicht sind wir selbst früher schon mal verspätet gewesen und glauben nun, dass der Partner uns eine kleine Lektion erteilen will. Dieses Interpretationsschema beinhaltet wieder ein für die Partnerschaft inkompatibles Streben, da Strafen in einer romantischen Beziehung keinen Platz haben, wohl aber in der Beziehung zwischen Feinden.

Die Verspätung kann wohlwollend und milde oder abwertend und vorwurfsvoll interpretiert werden. Wohlwollende Erklärungen bestehen beispielsweise darin, dass wir die Verspätung auf einen Stau zurückführen oder darauf, dass seine Uhr nachging. Eine abwertende Ursachenzuschreibung ist es, wenn wir seine Verspätung als eine Schlamperei auffassen, die damit zu tun hat, dass er uns ignoriert.

Die Konsequenzen dieser verschiedenen Ursachenzuschreibungen liegen vor allem im emotionalen Bereich. Die Auswirkungen gehen in zwei Richtungen: Einerseits beeinflusst die Art der Ursachenzuschreibung die Qualität der Beziehung. Wenn dem Partner für sein Problemverhalten eine böse Absicht unterstellt wird, verschlechtert sich die Beziehung, weil negative Emotionen wie Hass oder Wut ausgelöst werden, die die gemeinsame Zeit überschatten. Andererseits sind unzufriedene Partner dadurch gekennzeichnet, dass sie Problemverhalten des anderen abwertend und in der Tendenz vernichtend interpretieren. Aus abwertenden Ursachenzuschreibungen können leicht weitere Konflikte entstehen, die ihrerseits wieder dazu führen, dass sich die Beziehung verschlechtert.

Welche Ursachenzuschreibungen lassen sich in Partnerschaften unterscheiden? Wir wollen uns hier auf die Unterschiede in der Personalisierung der Ursache, ihrer Stabilität und ihrer Globalität beziehen. Die amerikanischen Psychologen Lynn Abramson, Martin Seligman und ihr englischer Kollege John Teasdale haben festgestellt, dass Menschen die Erklärung von Erfolg und Misserfolg anhand dieser drei Dimensionen vornehmen. Zudem hat sich gezeigt, dass sich die Erklärungen, die Menschen für ihr eigenes Verhalten suchen, ebenfalls anhand der drei Dimensionen Richtung, Stabilität und Globalität einordnen lassen.

Menschen können ihr eigenes Verhalten eher optimistisch oder eher pessimistisch interpretieren. Denken wir noch einmal an den anfangs dargestellten Konflikt zwischen Sabine und Heinz, der mit ihrer Unpünktlichkeit zu tun hatte und der von Heinz als Kontrollverlust interpretiert wurde. Sabine fühlte sich zudem nach dem Konflikt von Heinz zurückgewiesen, weil er ihre Zuneigung nicht erwiderte und sich zurückzog. Nun bieten sich verschiedene Möglichkeiten der Erklärung an. Sabine könnte sich sagen, dass er sie nicht genügend mag. Diese Erklärung entspricht einer Ursache, die in seiner Person liegt. Diese Personalisierung der Zuschreibung nennen wir internal. Sabine könnte aber auch eine externale Ursachenzuschreibung vornehmen, indem sie sich sagt, dass Heinz aufgrund seines beruflichen Stresses durch die Umstellung der EDV-Systeme an seinem Arbeitsplatz gerade überfordert ist und sich deswegen von ihr zurückzieht. Dann würde sie die Personalisierung vermeiden.

Ganz gleich, ob Sabine personalisiert oder nicht, die gewählte Ursache kann stabil oder instabil sein. Eine stabile Ursachenzuschreibung würde vorliegen, wenn sie sich sagt, dass Heinz ein unflexibler Mensch ist, der deshalb nicht fähig ist, auf ihre Bedürfnisse angemessen zu reagieren. Eine instabile Ursachenzuschreibung auf Heinz wäre dann gegeben, wenn sie sich sagen würde, dass er gerade schlechter Stimmung ist. Die schlechte Stimmung kann sich bald ändern, während Unflexibilität ein Persönlichkeitsmerkmal ist, das sich schwerlich ändern lässt.

Die Globalität der Ursachenzuschreibung bezieht sich schließlich darauf, ob durch die Erklärung gleich mehrere Bereiche der Partnerschaft betroffen sind oder nur ein spezifischer Bereich. Wenn Sabine Heinz eine unflexible Persönlichkeit unterstellt, betrifft das viele Aspekte seines Verhaltens in der Partnerschaft, wie den Austausch von Zärtlichkeit, seine Reaktion auf unvorhergesehenes Verhalten seiner Partnerin, die Starrheit der Zeitplanung usw. Wenn man glaubt, dass jemand eine unflexible Persönlichkeit hat und deshalb nicht auf das eigene Bedürfnis nach Streicheleinheiten eingeht, impliziert das auch, dass er nicht auf andere Bedürfnisse eingehen kann. Der Gipfel dieser Art der Generalisierung, die wir mit dem Merkmal der Globalität ansprechen, ist erreicht, wenn Sabine Heinz in seinem Verhalten Mitmenschen gegenüber überhaupt als absolut rigide einstuft.

Erinnern wir uns noch einmal daran, wie Heinz auf die Unpünktlichkeit reagierte. Er fragte, warum sie das tue, und antwortete selbst, weil sie die Kontrolle verloren habe. Damit hat er die Art von internaler, stabiler und globaler Erklärung gewählt, die problematisch ist. Wir haben aber gesehen, dass Heinz und Sabine insgesamt eine glückliche Beziehung haben und dass es Heinz gelungen ist, bei anderer Gelegenheit eine günstigere Erklärung für die Unpünktlichkeit Sabines zu finden, die externaler und weniger stabil ist. Wenn gelegentlich negative Erklärungsmuster in der Partnerschaft auftreten, darf man das nicht überbewerten.

Unglückliche Partnerschaften sind aber dadurch gekennzeichnet, dass negatives Verhalten des Partners immer wieder internal, stabil und global interpretiert wird, während positives Verhalten des Partners regelmäßig external, instabil und spezifisch interpretiert wird. Die Quintessenz dieser Partnerabwertung lautet: Für negatives Verhalten ist die problematische Persönlichkeit des Partners verantwortlich, positiv verhält er sich nur, weil die äußeren Umstände es ihm ermöglichen oder ihn dazu zwingen. Das Endresultat ist Pessimismus im Hinblick auf die Verträglichkeit des Partners.

Glückliche Partnerschaften zeichnen sich dadurch aus, dass negatives Verhalten des Partners in der Regel external, instabil und spezifisch interpretiert wird, während positives Verhalten meist als internal, stabil und global verursacht wahrgenommen wird. Für positives Verhalten ist z. B. die Zuneigung des Partners verantwortlich, negativ verhält er sich deshalb, weil die äußeren Umstände ihn dazu bringen. In diesem Sinne wird eine optimistische Interpretation des Partner-Verhaltens verwendet.

Anhand eines Beispiels erläutern wir die Kombination der drei

Dimensionen zur Erklärung von Ereignissen in der Partnerschaft. Christian bringt Lisa Blumen mit. Lisa hat nun verschiedene Möglichkeiten, das Verhalten von Christian zu interpretieren.

Partner: internal, stabil, global: Er liebt mich wirklich.

Partner: internal, instabil, global: Er liebt mich manchmal.

Partner: internal, stabil, spezifisch: Er liebt mich, deshalb gibt es Blumen.

Partner: internal, instabil, spezifisch: Er liebt mich, wenn er gute Laune hat, und deshalb gibt es Blumen.

Partner: external, stabil, global: Ein Freund hat ihm den Tipp gegeben. Immer versucht er, mich zu manipulieren.

Partner: external, instabil, global: Ein Freund hat ihm den Tipp gegeben, und aufgrund der Gehaltserhöhung ist er gut gelaunt, jetzt versucht er, mich zu manipulieren.

Partner: external, stabil, spezifisch: Ein Freund hat ihm den Tipp gegeben. Er selbst weiß doch gar nicht, was er von mir will, aber Blumen schenkt er mir schon mal.

Partner: external, instabil, spezifisch: Ein Freund hat ihm den Tipp gegeben, und aufgrund seiner Gehaltserhöhung hat er gute Laune, weshalb er mir Blumen schenkt.

Erklärt Lisa das Verhalten von Christian damit, dass sie sich sagt: «Er liebt mich wirklich», handelt es sich um eine optimistische Erklärung, die sich auch positiv auf ihr Verhalten Christian gegenüber auswirken wird. Erklärt sie sich das Verhalten von Christian damit, dass sie sich sagt: «Ein Freund hat ihm den Tipp gegeben. Immer versucht er mich zu manipulieren», handelt es sich um eine pessimistische Erklärung, was sich negativ auf ihr Verhalten Christian gegenüber auswirken wird.

Anhand des folgenden Beispiels erläutern wir die optimistische und pessimistische Erklärung von negativem Verhalten. Alexander kommt unvorhergesehenerweise eine Stunde zu spät nach Hause, obwohl er weiß, dass Tanja ein Essen vorbereiten wollte.

Partner: internal, stabil, global: Er scheint wirklich kein Interesse an mir zur haben.

Partner: internal, instabil, global: Manchmal scheint er sich absolut nicht für mich zu interessieren.

Partner: internal, stabil, spezifisch: Abends scheint ihm das gemeinsame Essen egal zu sein.

Partner: internal, instabil, spezifisch: Wenn er schlechte Laune hat, ist ihm das gemeinsame Essen abends einfach egal.

Partner: external, stabil, global: Der Chef hält ihn eben immer auf, wovon unsere Beziehung generell betroffen ist.

Partner: external, instabil, global: Der Chef hält ihn eben manchmal auf, wovon unsere Beziehung dann generell betroffen ist.

Partner: external, stabil, spezifisch: Der Chef hält ihn immer abends auf, wodurch unser gemeinsames Abendessen dann nicht mehr möglich ist.

Partner: external, instabil, spezifisch: Der Chef hält ihn eben manchmal auf, wodurch unser gemeinsames Abendessen dann nicht mehr möglich ist.

Die optimistischste Interpretation besteht in der Erklärung: «Der Chef hält ihn eben manchmal auf, wodurch unser gemeinsames Abendessen dann nicht mehr möglich ist.» Die pessimistischste Interpretation besteht in der niederschmetternden Erklärung: «Er scheint wirklich kein Interesse an mir zu haben.» Werden negative Verhaltensweisen des Partners pessimistisch erklärt, wird die Qualität der Beziehung gefährdet. Optimistische Erklärungen für negatives Verhalten des Partners hingegen neutralisieren das Konfliktpotenzial, das in negativen Verhaltensweisen liegt.

Die wahrgenommene Absichtlichkeit des Verhaltens ist von großer Bedeutung für die Zuschreibung von Verantwortung und Schuld. Unterstellt man dem Partner beispielsweise, dass er absichtlich nicht aufräumt oder die Wäsche wäscht, schreibt man ihm die Verantwortung und die Schuld für die Unordnung und die fehlende frische Wäsche im Kleiderschrank zu. Schuldvorwürfe des einen erzeugen wiederum Schuldvorwürfe des anderen, sodass ein Kreislauf von negativer Gegenseitigkeit entsteht (siehe auch Kapitel 5).

Generell besteht natürlich die Möglichkeit, die Ursache für das Verhalten des Partners auf sich selbst zurückzuführen, indem Lisa sich zum Beispiel sagen würde: «Er bringt mir Blumen mit, weil ich so eine tolle und attraktive Frau bin», oder im Fall von Tanja: «Ich bin einfach so uninteressant, dass er mich warten lässt.» Während Lisas Erklärung auf einem hohen Selbstwertgefühl beruht, das durch die Interpretation des Partnerverhaltens stabilisiert und gesteigert werden kann, ist Tanjas Erklärung das Gegenteil einer selbstwertdienlichen Interpretation und kann auch Element eines depressiven Erklärungsstils sein. Sieht man sich selbst als Ursache des negativen Verhaltens des Partners, kann die Beziehungsqualität beeinträchtigt werden. Die Beeinträchtigung kommt dann dadurch zustande, dass man sich selbst für wertlos oder uninteressant hält. Die daraus resultierende internale, stabile und globale Ursachenzuschreibung ist Teil eines pessimistischen Erklärungsmusters, das die Stimmung in der Partnerschaft belastet.

Des Weiteren kann das Verhalten des Partners auch auf die Partnerschaft oder auf die Umstände zurückgeführt werden. Das wäre dann der Fall, wenn sich Tanja sagen würde, dass Alexander deshalb zu spät kommt, weil er aufgrund des beiderseitigen Stresses und der damit verbundenen geringen Zeit noch ein paar Erledigungen machen musste.

Besonders wichtig ist die Erkenntnis, dass die regelmäßige Verwendung des optimistischen Erklärungsmusters eine erfolgreichere Partnerschaft eher ermöglicht als der Routine-Rückgriff auf das pessimistische Erklärungsmuster. Kann man das Erklärungsmuster ändern? Diese Frage stellt sich für diejenigen, die chronisch pessimistisch interpretieren und damit wahrscheinlich Probleme erzeugen. Glücklicherweise lautet die Antwort, dass Erklärungsmuster kein unentrinnbares Schicksal sind. Das Training von Erklärungsmustern stellt besonders darauf ab, optimistisch in die Zukunft zu blicken. Damit wird das Prinzip der Hoffnung verwendet. Denn wer optimistisch in die Zukunft blickt, ist hoffnungsvoll. Diese Hoffnung wirkt sich in der Partnerschaft günstig aus, da sie mit mehr Zufriedenheit verbunden ist. Sie wirkt sich aber genauso im Berufs- und Gesundheitsbereich positiv aus. Wenn jemand pessimistisch denkt, besteht der Startpunkt für den Erwerb einer hoffnungsfroheren Denkweise darin, dass die pessimistischen Erklärungsmuster hinterfragt werden. Da Erklärungen für das eigene Verhalten und das des Partners subjektiv ausgedacht sind, zeichnen sie sich durch eine gewisse Willkürlichkeit aus. Pessimistische Erklärungen beruhen häufig auf übertriebenen Schlussfolgerungen oder vereinfachender Schwarz-Weiß-Malerei, deren Irrationalität durchschaubar gemacht werden kann.

Allerdings sollte man sich das auch nicht zu einfach vorstellen. Es handelt sich um gewohnheitsmäßig verankerte Urteilstendenzen, die quasi automatisch ablaufen. Sie sind verdeckt vorhanden, und besonders unter Stress wird auf sie zurückgegriffen. Wer ein Missgeschick pessimistisch erklärt, tut es im Allgemeinen ohne lange über die Erklärungsweise nachzudenken, denn er verwendet ein Schema. Da solche negativen gedanklichen Schemata oft über viele Jahre entwickelt worden sind und häufig auf Wurzeln zurückgehen, die in der Kindheit liegen, ist der Widerstand gegen Änderung erheblich. Schemata verleihen den Ereignissen Bedeutung und sind deshalb unverzichtbar. Wenn man sich daran gewöhnt hat, auf negative Schemata zurückzugreifen, steckt man in einem Dilemma, wie es vielfach in Depressionen repräsentiert ist. Der amerikanische Psychiater Aaron Beck von der Universität von Pennsylvania ist der Begründer der kognitiven Therapie. Er war ursprünglich nach Freud ausgebildet worden, hatte sich aber aufgrund von Behandlungsmisserfolgen von der Psychoanalyse abgewandt und seine eigene Gesprächstherapie entwickelt, die heute vielfach bei depressiven Verstimmungen angewandt wird. Beck hat die häufigsten negativen Fehlschlüsse zusammengestellt:

Willkürliche Schlussfolgerungen: Aus einem positiven Ereignis eine negative Schlussfolgerung ziehen. Beispiel: Er hat mir Blumen mitgebracht, um mich zu manipulieren.

Selektive Abstraktion: Bei der Schlussfolgerung ein Detail aus einem größeren Kontext herausgreifen, auch wenn es unbedeutend ist. Beispiel: Eigentlich tut der Partner alles für einen. Heute ist er aber spät gekommen, deshalb fühle ich mich zurückgewiesen.

Übergeneralisierung: Aus einem Ereignis alles Mögliche andere ableiten. Beispiel: Weil er zu spät gekommen ist, liebt er mich nicht mehr.

Maximieren und Minimieren: Die Bedeutung eines Ereignisses falsch einschätzen. Beispiel: Weil er zu spät gekommen ist, wird er mich immer warten lassen.

Personalisierung: Externale Ursachen mit persönlichen Ursachen verwechseln. Beispiel: Er ist zu spät gekommen, weil seine Besprechung länger gedauert hat. Ich meine aber, dass er einen unzuverlässigen Charakter hat.

Absolutistisches Denken: Schwarz-Weiß-Malerei, sodass ein Ereignis entweder gut oder schlecht ist. Beispiel: Wenn er zu spät kommt, ist das ein Beweis für seinen schlechten Charakter.

Gegen solche Fehlschlüsse hilft eine Immunisierung gegen die Verwendung negativer Schemata, die die Vermeidung von voreiligen Anklagen gegen den Partner beinhaltet. Negative Schemata können sich sowohl auf das Selbst als auch auf den Partner beziehen. Wir konzentrieren uns auf negative Schemata, die auf den Partner gerichtet sind. Natürlich ist es auch wichtig, negative Schemata zu verändern, die sich auf das Selbst richten (wie: «Wenn etwas schief geht, dann zeigt das nur, dass ich unfähig bin»). Wie man vorgehen kann, um negatives Denken über den Partner in Frage zu stellen, wird an einem Beispiel erläutert:

Zu erklärendes Ereignis: Der Partner kommt zum zweiten Mal zu einer Verabredung zu spät.

Was bedeutet das Ereignis für mich? Ich fühle mich frustriert und bin genervt!

Wie kann ich die subjektiven Konstruktionen, die mir dieses Gefühl vermitteln, verändern? Es handelt sich nur um ein Detail, wenn auch eines, das sich wiederholt hat. Aber es gibt viele andere positive Eigenschaften, die ich an dem anderen schätze. Es hat keinen Sinn, wenn ich Unpünktlichkeit zu einem 100-%-Kriterium für die Wertschätzung einer Person mache. Es gibt noch viele andere Qualitäten, von denen mir manche wichtiger sind als Pünktlichkeit. Pünktlichkeit ist besonders wichtig im Dienstleistungsbereich, z. B. bei der Deutschen Bundesbahn. Aber mein Partner ist nicht mein Servicemitarbeiter. Da hat Pünktlichkeit nicht diese Alles-oder-nichts-Qualität. Unpünktlichkeit ist zwar nicht schön, aber es gibt Schlimmeres. Wie würde ich es z. B.

finden, wenn mein Partner untreu wäre? Außerdem: Er war unpünktlich, weil eine Sitzung länger als erwartet gedauert hat. Daran kann er nicht viel ändern. Er kann nicht zu anderen sagen, sie sollen sich kürzer fassen, weil er gleich eine Verabredung hat. Die Tatsache, dass er oft unter Zeitdruck steht, ist nicht damit zu verwechseln, dass er einen unzuverlässigen Charakter hat. Man neigt dazu, die Persönlichkeit des Partners als Ursache für alles zu sehen, was mit ihm schief geht, aber es gibt auch noch alternative Erklärungen, wenn man genauer darüber nachdenkt: Er steht genauso unter Druck wie ich, also versetze ich mich einmal in seine Lage hinein.

Achten Sie einmal darauf, wie Sie sich das Fehlverhalten Ihres Partners erklären. Bei der nächsten Gelegenheit, bei der Sie feststellen, dass etwas schief gelaufen ist und dass Sie daraufhin Ihren Partner angeklagt haben (entweder durch das Aussprechen von Vorwürfen oder das bloße Denken daran), können Sie sich darin üben, das zugrunde liegende negative Schema in Frage zu stellen. Beachten Sie die einzelnen Fehlschlüsse, die Sie jetzt kennen gelernt haben, und geben Sie dazu Kontra (und gleichzeitig ein Pro für den Partner).

Fundamentaler Erklärungsfehler

Ein fundamentaler Erklärungsfehler, der in unserem Alltag eine Rolle spielt, besteht darin, dass wir dazu neigen, das Verhalten anderer mit ihrer Persönlichkeit in Verbindung zu setzen, während wir unser eigenes Verhalten eher auf Umweltbedingungen zurückführen. Beobachten wir unseren Partner zufällig, während er Kaffee auf dem Tisch verschüttet, sind wir schnell dabei zu denken: «Er ist wirklich ungeschickt.» Wenn uns dasselbe passiert, haben wir schmeichelhaftere Interpretationen parat, wie «Ich bin zu spät ins Bett gekommen und deshalb etwas fahrig» oder «Die Tasse war wirklich ziemlich voll».

Diese Neigung, das Verhalten anderer auf ihre Persönlichkeit zurückzuführen, während wir unser eigenes Verhalten eher mit der Umwelt erklären, wird durch die unterschiedlichen Blickwinkel von Akteur und Beobachter verursacht. Für den Beobachter steht der Akteur im Vordergrund, für den Akteur hingegen das Handlungsfeld bzw. die Umweltbedingungen. Somit wird das Verhalten des Akteurs aus der Perspektive des Beobachters mit der Persönlichkeit interpretiert, während das Verhalten des Akteurs aus der Perspektive des Akteurs auf das Handlungsfeld, nämlich die Situation, zurückgeführt wird. Wir erklären uns unser eigenes Verschütten des Kaffees damit, dass die Kaffeetasse besonders voll war, weil das Handlungsfeld im Vordergrund steht. Wenn der Partner den Kaffee verschüttet, steht er als Akteur für uns im Vordergrund, wodurch wir geneigt sind, sein Verhalten auf seine Person, beispielsweise seine Ungeschicklichkeit, zurückzuführen.

Egozentrische Verzerrung

Der fundamentale Erklärungsfehler beinhaltet, dass unerwartetes Verhalten des Partners eher auf seine Persönlichkeit als auf die Situation zurückgeführt wird. Er wird durch egozentrische Interpretationen ergänzt. Diese kommen beispielsweise darin zum Ausdruck, dass beide Partner ihre Beiträge zur Partnerschaft systematisch überschätzen. Fragt man Paare danach, wie viel sie zu verschiedenen Aktivitäten beitragen (z. B. Post erledigen, Hausaufgaben der Kinder betreuen, Freizeitaktivitäten planen usw.), überschätzt jeder von beiden seinen Anteil. Wir glauben also, dass wir übertrieben viel für die Partnerschaft tun. Der Partner sieht es für sich genauso.

Geht es also direkt um Handlungen, die für den Partner oder für die Partnerschaft durchgeführt werden, schreiben wir uns einen besonders großen Anteil zu. Der egozentrische Fehler hängt vermutlich damit zusammen, dass wir ein selektives Gedächtnis für unser eigenes Verhalten haben und daher unsere eigenen Beiträge im Vergleich zu denen des Partners besser erinnern.

Selbstbegünstigende Verzerrung

Glückliche Partner zeichnen sich dadurch aus, dass sie sich selbst und dem anderen gleichermaßen mehr positive als negative Eigenschaften und Verhaltensweisen zuschreiben. Unglückliche Partner hingegen begünstigen sich selbst, werten den anderen jedoch relativ dazu ab. Dann wird negatives Verhalten des anderen Partners seiner Person zugeschrieben. Solche Ursachenzuschreibungen werden besonders von Geschiedenen verwendet. Die Tendenz, den anderen anzuklagen und sich selbst zu rechtfertigen, ist nach einer Scheidung besonders ausgeprägt.

Die Neigung, sich selbst aufzuwerten und den Partner abzuwerten, tritt vor allem bei der Zuschreibung von Verantwortung zutage, an der ein Vergleich des Verhaltens mit sozialen Normen, Erwartungen und Rechtfertigungsgründen beteiligt ist. Der selbstbegünstigende Fehler ist darauf zurückzuführen, dass wir unser Selbstkonzept schützen wollen. Ihm liegt ein moralisches Urteil zugrunde, das beinhaltet: «Der Partner ist nicht o.k.», aber «Ich bin o.k.». Wer möchte schon gerne der Schuldige sein, wenn es große Probleme in der Partnerschaft gibt? Für das Selbstwertgefühl ist es viel günstiger, die ganze Verantwortung und Schuld von sich zu weisen, indem man den Partner für die negative Entwicklung verantwortlich macht.

Die wohlwollende Sicht des Partners

Welche Wahrnehmung des Partners ist förderlich für die Harmonie in der Beziehung? Zum einen gilt, dass positive Illusionen dann günstig sind, wenn sie zumindest annäherungsweise mit dem tatsächlichen Erleben übereinstimmen. Positive Illusionen über den Partner, die er nicht einlösen kann, können zu einer bitteren Enttäuschung führen. Bei hohen Erwartungen ist wichtig, dass sie auch kommuniziert werden, sodass eine realistische Chance besteht, dass die Erwartungen erfüllt werden können, vorausgesetzt, der Partner hört zu. Stellt man fest, dass der Partner die Erwartungen nicht erfüllen kann, ist man gut beraten, die Erwartungen zu relativieren. Ansonsten läuft man Gefahr, enttäuscht zu werden.

Welche Erklärungsmuster stehen zur Verfügung, um die Höhepunkte und die Tiefpunkte im Verhalten des Partners zu erklären? Günstig für eine Partnerschaft sind wohlwollende und schmeichelhafte Erklärungen für das Verhalten des anderen. Kommt er unvorhergesehenerweise zu spät, ist es für das Partnerglück günstig, die Verspätung auf äußere Umstände zurückzuführen. Schenkt er mir Blumen, ist es günstig für das Partnerglück, sein Verhalten darauf zurückzuführen, dass er mich liebt und mir eine Freude machen will. Für die Perspektive einer glücklichen Partnerschaft lohnt es sich, das Verhalten des Partners optimistisch zu erklären. Warum nicht bis zum Beweis des Gegenteils davon ausgehen, dass Fehler auf die Umstände zurückzuführen sind, während Freuden, die er mir macht, durch ihn selbst erklärt werden können?

KAPITEL 3

Die Solidarität der Herzen

In diesem Kapitel geht es um das alte Streitthema, ob es günstiger ist, mit einem Partner zusammen zu sein, der einem ähnlich ist oder der sich deutlich von einem unterscheidet. In welchen Bereichen wirkt sich Ähnlichkeit vorteilhaft in der Partnerschaft aus? Gibt es Fälle, in denen Gegensätzlichkeit besser für eine zufriedene Beziehung ist? Darüber hinaus geht es auch um die Gleichheit oder Ungleichheit der Beiträge der Partner in der Beziehung. Ist man zufrieden mit der Beziehung, wenn man weniger investiert, als man vom anderen zurückbekommt? Zahlt es sich aus, fair zu sein, oder ist Fairness ein für das Beziehungserleben irrelevantes Anliegen?

Wie entstehen Sympathien?

Ich hörte einmal im Lokal am Nachbartisch unfreiwillig, wie sich zwei Frauen in ihrer Mittagspause über Bekannte unterhielten. Das Gespräch war lebhaft und laut. Innerhalb einer kurzen Zeitspanne fragte eine der beiden mehrfach danach, ob die andere Frau die Person, von der gerade die Rede war, mögen würde. Ob die Antwort ja oder nein lautete, ist nicht wichtig, sondern allein, dass die Person sofort eine Antwort gab. Anhand dieser kleinen Anekdote möchten wir zeigen, dass sich Menschen automatisch eine Meinung darüber bilden, ob sie ihre Bekannten sympathisch finden oder nicht. Worauf beruht das Gefühl der Sympathie oder Antipathie? Warum können wir uns schnell eine Meinung darüber bilden, ob wir jemanden sympathisch finden oder nicht? Welche Merkmale sind entscheidend dafür, ob wir Menschen mögen oder nicht? Und haben sie etwas mit uns selbst zu tun?

Ein wichtiger Aspekt für die Erklärung von Sympathie ist Ähnlichkeit. In Experimenten kann festgestellt werden, inwiefern eine hohe oder geringe Ähnlichkeit die Sympathie beeinflusst. Auf diese Weise können Ursachen identifiziert werden, die die zwischenmenschliche Zuneigung bestimmen. Daher können wir von dem Gesetz der interpersonellen Attraktion bzw. zwischenmenschlichen Anziehungskraft sprechen.

In den sechziger Jahren des vorigen Jahrhunderts hatte der amerikanische Sozialpsychologe Donn Byrne eine zündende Idee, mit der er die Forschung zur interpersonellen Attraktion entscheidend voranbrachte. Er entwarf ein Forschungsdesign, mit dem sich die Ursachen von Sympathie weitgehend aufklären ließen.

Studierende (und später auch Menschen aus vielen unterschiedlichen Bevölkerungsschichten) füllten einen Einstellungsfragebogen aus, in dem sie angeben sollten, inwieweit sie klassische Musik mögen, gerne Sport treiben, für die Erhöhung der Sozialhilfe sind, Krieg für die Lösung internationaler Probleme als notwendig erachten, wie sie zur Kindererziehung eingestellt sind und welche Meinung sie zur Scheidung haben. Ein paar Wochen später erhielten dieselben Studierenden unter einem Vorwand einen bereits beantworteten Fragebogen mit den gleichen Fragen, der angeblich von einem «anonymen Fremden» ausgefüllt worden war. In Wirklichkeit wurde der Fragebogen von Donn Byrne und seinen Mitarbeitern ausgefüllt, und zwar so, dass die Antworten mit den Einstellungen der Versuchsteilnehmer stark, mittel oder wenig übereinstimmten. Die ganze aufwendige Prozedur wurde durchgeführt, um den Studierenden Gelegenheit zu geben, den «anonymen Fremden» im Hinblick darauf zu beurteilen, ob sie ihn mögen oder nicht. Die Ergebnisse des Experiments waren eindeutig: Die Befragten mochten den «anonymen Fremden» mehr, wenn sie annehmen konnten, dass er ähnliche Einstellungen vertrat wie sie selbst. Dieser Zusammenhang war ganz systematisch: Jeder zusätzliche Prozentpunkt an Ähnlichkeit brachte ein Plus an Sympathie. Ähnlichkeit erweist sich gewissermaßen als eine Münze, die eins zu eins gegen interpersonelle Attraktion getauscht wird. Wenn also ein Mensch einen Unbekannten trifft, dann folgt die Bewertung einer einfachen Regel: «Je ähnlicher du mir bist, umso mehr mag ich dich.»

Diese Regel wurde in weiteren Experimenten immer wieder bestätigt, und zwar in unterschiedlichen Kulturen, verschiedenen Bevölkerungsgruppen wie z. B. bei Kindern, Jugendlichen, Erwachsenen, bei Angestellten und Studierenden sowie bezogen auf Personen des eigenen und des anderen Geschlechts. Es muss auch nicht nur die Ähnlichkeit der Einstellung sein. Die Ähnlichkeit der Persönlichkeit hat einen vergleichbaren Einfluss. Spätere Experimente haben auch gezeigt, dass die Ergebnisse nicht von dem speziellen Verfahren des «anonymen Fremden» abhängig sind. Übereinstimmung bestimmt auch die Attraktion von konkreten Gesprächspartnern, von denen man noch viele andere Eindrücke hat, an denen man sich bei der Bewertung orientieren könnte.

Ähnlichkeit funktioniert wie eine zwischenmenschliche Belohnung: Je mehr eine Person davon «abliefert», desto stärker ist der «Empfänger» der Ähnlichkeit angetan, sodass er schließlich ganz begeistert reagiert, wenn er 100 % Ähnlichkeit angeboten bekommt. Je größer die Bedeutung des Themas ist, bei dem Übereinstimmung erlebt wird, desto höher die Belohnung: Gemeinsamer Ärger darüber, dass die Busse häufig unpünktlich fahren, ist für die meisten Menschen weniger wichtig bei der Sympathiebildung als ähnliche Ansichten in Bereichen, die eine hohe persönliche Relevanz haben, z. B. für Eltern das Thema Kindererziehung.

Ein weiterer Faktor, der die Gegebenheiten dynamisch gestaltet, ist zu beachten: Wenn wir von einer Person wissen (oder zu wissen glauben), dass sie eine andere Einstellung hat als wir, erwarten wir oftmals von ihr, dass sie uns auch nicht mag. Wenn wir jedoch glauben, dass die Person eine uns ähnliche Einstellung hat, erwarten wir auch, dass sie uns ebenfalls mag. Somit können Voranname über ähnliche oder unähnliche Einstellungen eines Gegenübers wie selbst erfüllende Prophezeiungen wirken (s. Kapitel 2). Denn wenn ich erwarte, dass mich Peter nicht mag, verhalte ich mich ihm gegenüber eher abweisend. Wenn ich Peter gegenüber abweisend bin, hat das die Folge, dass Peter mich nicht mag.

Welche Rolle spielt Ähnlichkeit bei der Begegnung zwischen Mann und Frau?

Wie wir gesehen haben, weist das Ähnlichkeitsgesetz der interpersonellen Attraktion eine nahezu unbegrenzte Gültigkeit auf. Es gilt auch für Mann und Frau, die sich in einer Situation kennen lernen, in der sich potenziell eine Beziehung zwischen ihnen anbahnen könnte. In solchen Situationen ruft große Ähnlichkeit viel Sympathie hervor und lässt körperliche Nähe leicht möglich werden. Wer sich ähnlich ist, rückt näher zusammen. Verliebte versuchen Ähnlichkeiten herzustellen, sie suchen direkt danach, z. B. in den Interessen wie Musik, Kunst, Sport oder auch hinsichtlich ihrer Persönlichkeitseigenschaften.

Die im Gespräch mitgeteilte Ähnlichkeit ist allerdings nicht immer mit den inneren Überzeugungen gleichzusetzen. Gerade in Situationen, in denen beide Seiten einer Beziehung gegenüber offen sind, ist damit zu rechnen, dass Menschen das Ähnlichkeitsgesetz der interpersonellen Attraktion strategisch einsetzen. Sie stimmen dem anderen zu, um anziehend zu wirken, ohne Rücksicht darauf, ob sie mit dem vertretenen Standpunkt tatsächlich übereinstimmen. Häufig ist es natürlich so, dass die Äußerung einer übereinstimmenden Einstellung auch auf die gleiche innere Überzeugung schließen lässt. Wenn man jemanden als Partner gewinnen will, können Äußerung und innere Überzeugung jedoch auch zwei verschiedene Paar Schuhe sein.

Die strategische Nutzung des Ähnlichkeitsgesetzes der interpersonellen Attraktion wird dadurch erleichtert, dass der Zusammenhang intuitiv plausibel ist. Die Wissenschaft hat also einen Tatbestand exakt beschrieben, den viele Menschen bei der Verwirklichung ihrer Handlungsziele implizit zugrunde legen. Ob jemand die Abweichung zwischen innerer Überzeugung und nach außen gezeigter Zustimmung in einer Zweierbeziehung längere Zeit durchhält, hängt von verschiedenen Faktoren ab. Es besteht die Möglichkeit, dass jemand, der dem anderen nach dem Mund plappert, langsam seine innere Überzeugung ändert, da er die Diskrepanz zwischen seinen Äußerungen und dem, was er wirklich denkt, nicht mehr aushält. Um eine Übereinstimmung zwischen Denken und Verhalten zu erreichen, bringt er seine inneren Überzeugungen mit den geäußerten Einstellungen in Einklang. Diese Lösung ist zumindest weniger anstrengend, als wenn man immer weiter Einstellungen zustimmt, die man ablehnt, oder eine Persönlichkeit darstellt, die man nicht wirklich besitzt.

Die eigene Einstellung wird vielfach durch den Partner bestätigt. Das ist für die Partnerschaft sehr wichtig. Unsere Meinungen und Einstellungen sind ein Teil unseres Selbstkonzeptes, über das wir uns definieren. Da Einstellungen nicht objektiv sind, wir sie also nicht an einem objektiven Maßstab messen können wie z. B. an einem Thermometer oder einer Stoppuhr, sind wir für die Beurteilung der Frage, ob die von uns vertretenen Einstellungen richtig oder falsch sind, auf andere Personen angewiesen. Wenn unser Partner unseren Ansichten zustimmt, fühlen wir uns in der Richtigkeit unserer Einstellung bestätigt. Da die Einstellung in unserem Selbstkonzept verankert ist, wird somit die Gültigkeit unserer Selbstdefinition bestätigt, also das, von dem wir glauben, dass wir so sind.

Partnerschaften sind eine wichtige Quelle, wenn nicht sogar die wichtigste Quelle für die Rückmeldung, die die meisten von uns so dringend benötigen, damit wir uns sicher und anerkannt fühlen können. Selbstbestätigung durch unsere Bezugspersonen ist zudem in der postmodernen Zeit immer wichtiger geworden. Wenn die Traditionen verblassen, wenn gilt, «everything goes», entsteht ein großes Bedürfnis nach Meinungssicherheit. Vor 100 Jahren war die Kultur so eindeutig und der gesellschaftliche Konsensus so stark, dass man keine individuelle Bestätigung für jede Einstellung, die man für richtig hielt, benötigte. In einer Gesellschaft, in der viele Traditionen fragwürdig geworden sind, in denen das religiöse Leitbild seine Kraft verloren hat und von Generation zu Generation die Weltsicht neu erfunden wird, gewinnt die persönliche Bestätigung durch die Zustimmung wichtiger Bezugspersonen wesentlich an Gewicht. Das hatte der Soziologe David Riesman schon in den fünfziger Jahren des letzten Jahrhunderts erkannt, als er das Nahen eines durch andere beeinflussten, «außengelenkten» Menschen prognostizierte, der dadurch gekennzeichnet ist, dass er sich hauptsächlich an seinen Mitmenschen orientiert, wenn es um seine Werte und Einstellungen geht. Wir können feststellen: Die Prognose der fünfziger Jahre ist eingetroffen. Die Menschen der heutigen Zeit sind in hohem Maße von der Legitimation ihrer Weltsicht durch ihre Bezugspersonen abhängig. Wer könnte diese Funktion besser erfüllen als der Partner oder die Partnerin?

Die Bestätigung der eigenen Meinungen und Einstellungen ist für die Selbstwahrnehmung wichtig. Aus der Wahrnehmung von uns selbst erschließen wir unsere Einstellung. Wir bilden unser Selbstbild durch das, was wir tun und was wir an uns beobachten. Selbstkonzeptionen betreffen die Frage, wie wir uns selbst sehen und konstruieren. Halten wir uns für musikalisch, künstlerisch, sportlich, intelligent oder schön? Menschen streben danach, dass ihre Selbstkonzeptionen durch andere bejaht werden, und fühlen sich häufig von Menschen angezogen, die sie in dieser Weise bestätigen. Es ist nahe liegend und entspricht auch unserer Erfahrung, dass wir Beziehungen, in denen wir uns nicht bestätigt fühlen, weniger positiv beurteilen als solche, in denen wir uns anerkannt fühlen. In einer US-Studie von Jennifer Katz und Thomas Joiner zeigte sich genau dieser Zusammenhang: Personen, die sich in ihrer Selbstidentität durch ihren Partner bestätigt fühlten, erlebten in ihrer Beziehung mehr Intimität und fühlten sich stärker an sie gebunden als diejenigen, die eine solche Anerkennung nicht erfahren hatten.

Norbert und Marlene wohnen seit drei Jahren in einer gemeinsamen Wohnung. Während er Lehrer an einer Gesamtschule ist, studiert sie Französisch und Spanisch. Beide sind mit ihrer Partnerschaft sehr zufrieden. Ihr Glück beruht sowohl darauf, dass Marlene von ihrem Partner in ihrer Selbstidentität verstärkt wird, als auch darauf, dass ihr Freund sie in einem positiven Licht sieht. Marlene hat in ihrer Kindheit oftmals von den Eltern gehört, dass ihre Schwester schlauer, ehrgeiziger und hübscher sei als sie, und dadurch eine negative Sicht von sich selbst entwickelt. In der Folge fühlte sie sich eher inkompetent, hässlich und wertlos. Für

Marlene ist es besonders wohltuend, dass Norbert sie ganz generell wertvoll und liebenswert findet. Da er Marlene positiver sieht als sie sich selbst, wird ihr Bedürfnis nach maximaler Selbstwertschätzung erfüllt. Hinsichtlich ihrer intellektuellen, sprachlichen und sozialen Fähigkeiten findet es Marlene erstrebenswert, von Norbert möglichst genau wahrgenommen zu werden. Sie hat das Gefühl, dass es sie nicht weiterbringt, wenn sie ein Kompliment für ihr Französisch erhält, das beinhaltet, sie wäre schon perfekt, obwohl sie dieses Ziel noch nicht erreicht hat.

Marlene schätzt also sowohl allgemeine positive Wertschätzung als auch konkrete Selbstbestätigung. Die Unterscheidung zwischen zwei Ebenen der Rückmeldung ermöglicht es, ein Problem zu lösen, das in der psychologischen Forschung zur Bewertung durch andere aufgetaucht ist: Bevorzugen Menschen positive Rückmeldung (auch dann, wenn sie selbst sich negativ beurteilen), oder bevorzugen sie genaue Rückmeldung, also z. B. eine negative Bewertung, die mit ihrer negativen Sichtweise übereinstimmt? Es gibt sowohl Hinweise auf Positivitätseffekte (angenehme Gefühle aufgrund von Schmeicheleien) als auch auf Genauigkeitseffekte (man will wissen, wo man steht, und schätzt entsprechende Ratschläge). Wir können eine Brücke zwischen diesen unterschiedlichen Befunden bauen, indem wir feststellen, dass eine positive Rückmeldung sich besonders dann günstig auswirkt, wenn sie eine allgemeine positive Wertschätzung vermittelt. Darüber hinaus ist aber auch wichtig, genaue Informationen von anderen über konkrete Fähigkeiten und Neigungen zu erhalten.

In welcher Beziehungsform können diese beiden Erfordernisse besser erfüllt sein als bei frisch verheirateten Paaren? In einer US-Studie von Lisa Neff und Benjamin Karney, in der frisch vermählte Paare, die besonders glücklich mit ihrer Beziehung waren, sowohl nach ihrer Selbstidentität als auch nach der Einschätzung des Partners befragt wurden, zeigte sich, dass die Partner sich gegenseitig bestärkten: Wenn die Ehefrau sich selbst für intellektuell, schön, sportlich, sozial kompetent und interessiert an Kunst und Musik hielt, schrieb der Ehemann ihr ebenfalls diese Fähigkeiten und Eigenschaften zu. Und wenn der Ehemann sich für weniger intellektuell, schön, sportlich, sozial kompetent und interessiert an Kunst und Musik hielt, schätzte die Ehefrau ihn in diesen Bereichen genauso wenig fähig oder interessiert ein. Sie bestätigte ebenfalls das Selbstbild ihres Partners. Zudem zeigten die frisch Vermählten gegenseitig ein hohes Ausmaß an positiver Wertschätzung. Hochzufriedene Paare sind also dadurch gekennzeichnet, dass sie ihren Partner in spezifischen Bereichen genau wahrnehmen, nämlich seiner Kompetenz und seinem Interesse entsprechend, während sie ihn gleichzeitig in hohem Maße wertschätzen und sogar positiver beurteilen, als er sich selbst bewertet.

Hier wird deutlich, wie leicht oder wie schwer es ist, eine glückliche Beziehung zu führen. Die Regel lautet: Im Allgemeinen positiv und im Besonderen genau sein, auch dann, wenn das eine negative Rückmeldung beinhaltet. Diese Regel ist nicht einfach der Ausdruck von «common sense», wie er in dem Ähnlichkeitsgesetz der interpersonellen Attraktion enthalten ist. Sie hält vielmehr eine neue Botschaft bereit, die dazu aufruft zu differenzieren. Gerade wenn das Bedürfnis besteht, sich weiterzuentwickeln, etwa hinsichtlich der eigenen Fähigkeiten, ist es wichtig, dass der Partner auch konstruktive Kritik übt. Wenn man beispielsweise Klavier spielt, ist es für die persönliche Weiterentwicklung bereichernd, von dem Partner eine kritische und kompetente Rückmeldung über das Spiel zu bekommen (bei gleichzeitiger Wertschätzung der Musikalität). Das ist einerseits eine leichte Übung, aber sie wird dadurch erschwert, dass sie eine Inkonsistenz beinhalten kann (allgemein eine positive, im Einzelnen eine negative Rückmeldung geben), die nicht ganz so einfach zu kontrollieren ist, da sie Aufmerksamkeit, Zuwendung und Differenziertheit im Gespräch erfordert.

Anpassung der Einstellungen

Wenn die Partner unterschiedliche Einstellungen haben, kann durch Ausdiskutieren der Differenzen ein Anpassungsprozess eingeleitet werden. Dadurch erklärt sich teilweise, dass sich zwischen Ehepartnern ausgeprägte Übereinstimmungen in vielen Einstellungen, Werten und Interessen, sei es bezogen auf Politik, Religion, Gleichberechtigung oder Musikgeschmack, zeigen.

Außerdem kommt hier das subjektive «Schönreden» des Partners hinzu, das sich als «wahrgenommene Ähnlichkeit» bezeichnen lässt. Man stellt sich den anderen so vor, wie er am besten sein sollte. Diese Entwicklung lässt sich bildlich als Treppe mit zwei Stufen darstellen. Auf der ersten Stufe tritt eine gewisse Ähnlichkeit auf, die auf der zweiten Stufe durch künstliche Liftung vollendet wird. Auf der ersten Stufe hat man eine ähnliche Einstellung wie der Partner. Das würde auch ein objektiver Beobachter so sehen. Auf der zweiten Stufe macht man gedanklich die Einstellungen ähnlicher, als sie sind. Das tritt z. B. bei Verliebten in Äußerungen wie «Er ist genauso wie ich» oder «Sie denkt genauso wie ich» oder «Wir haben die gleiche Wellenlänge» zutage.

Der Unterschied zwischen tatsächlicher und wahrgenommener Ähnlichkeit liegt darin, dass bei Ersterer die beiden Partner in der Tat Einstellungen haben, die zusammenpassen. Bei der wahrgenommenen Ähnlichkeit handelt es sich um den Glauben daran, dass der Partner die eigenen Ansichten teilt, ohne dass diese Wahrnehmung notwendigerweise damit übereinstimmt, was der Partner wirklich denkt.

Die tatsächliche Ähnlichkeit beruht auf dem, was beide Partner denken, also auf den Bereichen, in denen sie übereinstimmen. Die wahrgenommene Ähnlichkeit betrifft das, was ein Partner glaubt, dass der andere denkt. Beide Ähnlichkeiten bauen aufeinander auf, sodass die auf der zweiten Stufe höher ist als die auf der ersten Stufe. Fassen wir zusammen: Sowieso sind Ehepartner sich schon relativ ähnlich, sei es aufgrund des gleichen kulturellen Hintergrunds, der Zugehörigkeit zur gleichen sozialen Schicht oder aufgrund der Annäherung, die durch Ausdiskutieren stattgefunden hat. Den Rest von Unähnlichkeit eliminieren sie dadurch, dass sie sich eine Illusion über die gegenseitige Übereinstimmung aufbauen.

Nehmen wir zur Erläuterung der beiden Stufen sieben Beispiele, die ihre Allgemeingültigkeit belegen und auch ihre Grenzen aufzeigen (nämlich im letzten Beispiel). Das erste dreht sich um den Dogmatismus, also die Neigung, die soziale Welt in festgelegter und einseitiger Weise einzuschätzen. Stufe 1: Wenn der eine Partner dogmatisch denkt und redet (z. B. sehr starke religiöse Überzeugungen hat, die unumstößlich sind), tut es der andere in der Tendenz auch. Stufe 2: Die gegenseitige Übereinstimmung im dogmatischen Denken wird subjektiv weit übertrieben. Das zweite Beispiel bezieht sich auf politische Parteien. Stufe 1: Beide Partner tendieren dazu, linke politische Ansichten zu vertreten. Stufe 2: Der politische Gleichklang wird als extrem groß angesehen, obwohl der eine Partner am Wahltag SPD wählt und der andere PDS. Betrachten wir die zwei Stufen der Ähnlichkeit auf der Ebene von partnerschaftlichen Zielen: Stufe 1: Es besteht eine gewisse Einigkeit darüber, was man gemeinsam anstrebt. Stufe 2: Man glaubt, weitgehend übereinzustimmen, obwohl manche Details nicht ausdiskutiert sind.

Die folgenden Beispiele beruhen auf empirischen Grundlagen, die in Kapitel 1 dargestellt wurden. Die romantische Liebe bezeichnet die Zuneigung zum Partner, die auf seiner erotischen Ausstrahlung beruht und sexuelles Interesse einschließt. Auf der Stufe 1 besteht empirisch gesehen eine mittlere tatsächliche Ähnlichkeit der romantischen Gefühle der Partner zueinander. Auf der Stufe 2 wird die Übereinstimmung subjektiv deutlich überschätzt, sodass perfekte sexuelle Harmonie unterstellt wird. Betrachten wir schließlich die Bindungsabsicht, die dadurch definiert ist, dass man vorhat, sich langfristig mit ihm zusammenzutun. Stufe 1: Die empirischen Ergebnisse zeigen, dass die tatsächliche Übereinstimmung schon sehr hoch ist. Stufe 2: Die wahrgenommene Übereinstimmung fällt noch höher aus. Bei der freundschaftlichen Liebe hingegen gibt es tatsächlich keine Übereinstimmung zwischen den Partnern auf Stufe 1. Die freundschaftliche Liebe des einen hat nichts mit der des anderen zu tun. Auf Stufe 2 nehmen die Partner die freundschaftliche Liebe jedoch recht ähnlich wahr. Jeder Partner denkt, dass der andere Ähnlichkeit in der freundschaftlichen Liebe aufweist. Warum in der freundschaftlichen Liebe keine tatsächliche Ähnlichkeit vorliegt, ist noch nicht hinreichend geklärt. Eine Möglichkeit besteht darin, dass freundschaftliche Neigungen wenig beachtet werden, weil sie in einer Liebesbeziehung für unwichtig gehalten werden. Das siebte Beispiel verweist wie angekündigt auf die Grenzen des Zwei-Stufen-Prozesses: In der Neigung zur Untreue stimmen die Partner auf Stufe 1 bis zu einem gewissen Ausmaß überein, wenn auch nicht allzu hoch. Stufe 2 entfällt, da die subjektive Einschätzung der Übereinstimmung nicht höher ist als die objektive Übereinstimmung.

Dogmatisches Denken, politische Orientierung, partnerschaftliche Ziele, romantische Gefühle und die Bindung an den Partner sind Kristallisationspunkte für die Bildung positiver Illusionen, die einem das Leben erleichtern können (siehe Kapitel 2). Durch das subjektive «Schönreden» des Partners steigert man seinen Wert. Diese Tendenz ist geeignet, die Beständigkeit einer Partnerschaft zu erhöhen. Illusorische Angleichung kann sogar auftreten, wenn es objektiv keine Übereinstimmung gibt, wie das Beispiel der freundschaftlichen Liebe zeigt. Hier wird die Ähnlichkeit subjektiv aus dem Nichts erfunden. Man hält den Partner für freundschaftlich, einen Kumpel, mit dem man durch dick und dünn gehen kann, auch wenn er tatsächlich nicht so eingestellt ist. Die illusorische Annäherung findet bezeichnenderweise nicht statt, wenn es um beziehungsgefährdende Tendenzen geht, wie das Beispiel der Neigung zur Untreue zeigt. Untreue bedroht die Partnerschaft im Kern. Bezogen darauf kann man sagen, dass die Bildung von negativen Illusionen nichts bringt und dementsprechend auch nicht stattfindet.

Die Tatsache, dass Partner ihre Übereinstimmung in beziehungsdienlichen Merkmalen beträchtlich überschätzen, zeigt, dass wir unsere Beziehung so konstruieren, wie wir sie gerne hätten. Wir möchten unserem Partner in wichtigen Merkmalen der Partnerschaft (z. B. romantische Liebe) möglichst ähnlich sein, um uns wohl zu fühlen. Man kann sich gut vorstellen, dass bei dem Willen, eine bestimmte Partnerschaft zu führen oder aufrechtzuerhalten, die subjektiven Konstruktionen von Gemeinsamkeit eine besonders große Rolle spielen. Wenn ein Verliebter den Partner «toll» findet und ihn auf jeden Fall «haben will», werden seine subjektiven Konstruktionen von Gemeinsamkeit sehr stark ausfallen, wenn er ihn dann endlich sicher hat, weil er sich für diese Partnerschaft schon besonders angestrengt hat.

Subjektive Konstruktionen von Gemeinsamkeit hängen vermutlich auch damit zusammen, dass der Ehepartner zu einem Teil der Selbstidentität geworden ist. Mann und Frau definieren sich teilweise über ihre Partnerin bzw. über ihren Partner. Das macht es subjektiv leichter, miteinander zu verschmelzen und bei dieser Gelegenheit gleich auch die Einstellungen des anderen so zu berichtigen, dass sie sich bruchlos an die eigenen anfügen lassen.

Die Solidarität der Herzen ist also zum Teil wirklich, zum Teil auch eingebildet. Der eingebildete Teil der Gemeinsamkeit passt häufig gut zu der Tatsache, dass Gemeinsamkeit in der Tendenz tatsächlich vorliegt, wie bei der romantischen Liebe. Deshalb kann man sich so gut davon überzeugen, dass man sich in der romantischen Liebe so ähnlich ist. Es ist schwerer, sich Harmonie vorzumachen, wo keine gegeben ist. Aber selbst dafür gibt es Beispiele, wie die freundschaftlichen Gefühle zeigen, da darauf bezogen sogar eine Selbsttäuschung auftritt, die keine objektive Basis hat. Das unterstreicht die Macht der subjektiven Konstruktion der Paarwirklichkeit.

Allerdings kann diese im Allgemeinen für das Glück der Paarbeziehung förderliche Illusionsbildung auch einen Preis haben. Der wird häufig dann gezahlt, wenn es mit der Beziehung nicht so gut läuft, sodass sie in Frage gestellt wird. In Phasen der Kritik brechen die Illusionen möglicherweise zusammen. Das kann erklären, wieso viele Trennungen derart desillusionierend verlaufen: Aus einem hoch gelobten Partner wird über Nacht ein Schuft.

Der illusionäre Hintergrund könnte auch erklären, warum ein Teil der Partnerberatungen zu Trennungen führt. Der Berater oder Therapeut kann leicht die verbliebenen Illusionen von Gemeinsamkeit erschüttern, sodass als Folge wieder die Desillusionierung eintritt. An die Stelle von liebevollen Gefühlen tritt zumindest Ernüchterung, wenn nicht sogar eine negative Gegenreaktion, die vorhandene Ähnlichkeiten leugnet und mehr oder weniger alles am Partner verdammt.

Wichtig ist in einer solchen Situation, dass die Partner lernbereit sind. Der Schweizer Paarpsychologe Jürg Willi schreibt in seinem Buch «Psychologie der Liebe» (S. 219): «Man kann den anderen gar nicht anders wahrnehmen als nach der subjektiven Konstruktion des Bildes, das man auf ihn projiziert. Entscheidend ist jedoch, ob man bereit ist, das Bild, das man sich vom anderen macht, laufend zu überprüfen und zu korrigieren. Eine Partnerbeziehung ist ein ununterbrochener Prozess des Einander-Suchens und Sich-einander-Erklärens.»

Abschließend stellt sich noch einmal die Frage, ob positive Illusionen ein Fluch oder ein Segen sind (siehe Kapitel 2). Sie können helfen, sich wohl zu fühlen, weil man alle Geschehnisse etwas günstiger wahrnimmt, als es ohne positive Illusionen der Fall wäre. Shelley Taylor von der Universität von Kalifornien in Los Angeles betont, dass positive Illusionen den Optimismus fördern, der wiederum eine beschwingte Lebensweise erleichtert. Viele Menschen kennen das Phänomen, dass es angenehm ist, wenn man die Zukunft rosig sieht. Diese günstige Einschätzung positiver Illusionen wird durch zwei Faktoren relativiert. Zum einen kommt es auf das Ausmaß der positiven Illusion an. Starke Abweichungen von realistischen Erwartungen gefährden die Zukunftsplanung, weil sie mit hoher Sicherheit verfehlt werden. Wer einen notorisch untreuen Partner hat, kann noch so optimistisch sein im Hinblick auf die zukünftige Treue des Partners. Die Realität des Partnerverhaltens wird dieser positiven Illusion nicht folgen. Zum anderen machen positive Illusionen verletzlich, wenn sie auf Schwächen aufgebaut sind. Ein frisch verheiratetes Paar, das Konflikte nicht lösen kann, läuft Gefahr, enttäuscht zu werden, wenn es optimistisch in die Zukunft blickt. Das ändert aber nichts daran, dass eine gesunde Dosis positiver Illusionen die Zufriedenheit im Allgemeinen und die partnerschaftliche Zufriedenheit im Besonderen erhöht. Schließlich noch ein letzter Punkt, der durch einen Buchtitel von Martin Seligman zum Ausdruck gebracht wird: «Pessimisten küsst man nicht». Positive Illusionen, die Optimismus anregen, machen denjenigen, der sich davon beeinflussen lässt, zu einem attraktiveren Partner.

Warum bevorzugen wir ähnliche Partner?

In der bisherigen Analyse haben wir die Bedeutung der Ähnlichkeit zugrunde gelegt, ohne die Gründe dafür zu beleuchten. Diesem Thema wenden wir uns im Folgenden zu. Wie kann die tatsächliche Ähnlichkeit von Partnern erklärt werden? Bevor wir auf diese Frage eine Antwort geben, zunächst ein Hinweis auf die Relativität aller Ähnlichkeitsbetrachtungen: Die Bereiche, in denen die Ähnlichkeit wichtig ist, sind bei jedem Paar verschieden. Wenn z. B. die Ehefrau gerne klassische Musik hört, der Ehemann jedoch nicht, wissen wir noch nicht, ob es der Ehefrau wichtig ist, gemeinsam mit dem Ehemann klassische Musik zu hören. Sie kann einerseits ihrem Hobby alleine oder mit Freunden nachgehen oder andererseits auch endlose Streitereien darüber mit ihrem Partner führen, wie viele Klassik-CDs gespielt werden. Die Bedeutsamkeit von Interessen, Eigenschaften und Einstellungen kann individuell ganz unterschiedlich sein: Die einen streiten sich über die viel zitierte Zahnpastatube, für die anderen ist dieses Thema völlig unwichtig. Die zentralen Aspekte können je nach Persönlichkeit sehr verschieden sein. Die einen finden es wichtig, dass der Partner ähnliche Einstellungen zu politischen Fragen hat. Jemand, der so denkt und der sich in der PDS engagiert, wird eher keinen Partner haben, der CDU-Mitglied ist. Wenn jemand ausschließlich klassische Musik hört, wird er nicht unbedingt mit einem Schlagzeuger einer Hard-Rock-Band zusammen sein wollen. Oder gläubige Katholiken werden selten mit überzeugten Atheisten glücklich werden. Wenn in solchen wichtigen Bereichen Ähnlichkeit gegeben ist, fällt es einem leichter, Unähnlichkeit in anderer Hinsicht zu tolerieren. Außerdem: Wenn der Partner uns in einigen wichtigen Aspekten ähnlich ist, kann die Hoffnung darauf, dass er uns immer ähnlicher werden wird, aufrechterhalten werden.

Nun zu den Ursachen, die das Prinzip der Ähnlichkeit in Partnerschaften durchsetzen. Kurz zusammengefasst liegen die Gründe dafür in dem Auswahlprozess, der Verfügbarkeit, dem Konkurrenzkampf auf dem Partnermarkt und der Verträglichkeit. Jede dieser Erklärungen, die wir nacheinander vorstellen werden, hat ihre besonderen Implikationen.

Auswahlprozess

Das Prinzip der Ähnlichkeit ist zum Teil auf den Auswahlprozess zurückzuführen, der schon beim Kennenlernen stattfindet. Jemand, der zu esoterischem Denken neigt, versteht sich besser mit jemandem, der in dieser Hinsicht ähnlich ist. Ein rational denkender Mensch hingegen findet Gespräche mit spirituell interessierten Menschen unergiebig. Diese wiederum neigen dazu, die Rationalität des anderen als kleinlich und haarspalterisch zu empfinden.

Man sucht sich für eine Partnerschaft eher Menschen, mit denen man gut reden kann und mit denen die Gespräche angenehm und freundlich verlaufen. Weiterhin gilt, dass Ähnlichkeit eine Verstärkung der eigenen Sichtweisen mit sich bringt. Wenn die Partner ähnliche Auffassungen vertreten, bestätigen sie ihre Weltbilder (s. oben).

An dieser Stelle soll nicht unerwähnt bleiben, dass das Streben von Menschen, sich in ihren Einstellungen durch andere bestätigen zu lassen, auch zu Problemen führen kann. Wenn beispielsweise ein Partner der Meinung ist, dass man sich in einer Beziehung niemals streiten sollte und der andere das ebenso sieht, dann bestätigen und stabilisieren sie sich gegenseitig in dieser Einstellung (siehe Kapitel 5).

Dieses Phänomen der Einigung auf abwegige Vorstellungen kann auch ein Problem bei ungünstigen Einstellungen den eigenen Kindern gegenüber sein. Wenn ein Partner meint, Kindern sollte man möglichst wenig Freiraum einräumen, und der andere bestätigt ihn in dieser Haltung, dann wird das dysfunktionale Einstellungssystem gegenüber den Kindern bei beiden Partnern immer rigider. Andere, pädagogisch gehaltvollere Informationen werden nicht aufgenommen. Probleme mit den eigenen Kindern sind dann programmiert.

Verfügbarkeit

Ein weiterer Grund für die Ähnlichkeit von Partnern liegt in der hohen Verfügbarkeit ähnlicher Partner. Die Chance, einen Partner aus der gleichen sozialen und beruflichen Schicht kennen zu lernen, ist besonders hoch. Weiterhin wird die Chance des Kennenlernens nicht unwesentlich durch räumliche Nähe bestimmt, indem man sich etwa immer wieder an einem bestimmten Ort begegnet (Arbeitsplatz, Universität, Sportverein). So lernen Studierende in der Regel Studierende kennen, die an der gleichen Universität eingeschrieben sind.

Ausnahmen sind Beziehungen, die über das Internet hergestellt werden, das Menschen aus unterschiedlichen Teilen der Welt verbindet, wenn sie nur die gleiche Sprache sprechen. Allerdings besteht oft der Wunsch, sich auch persönlich kennen zu lernen, wenn eine Internet-Beziehung gut läuft. Auf diese Weise können Online-Beziehungen langfristig in reale transformiert werden. Ein Problem von Internetkontakten besteht darin, dass die Teilnehmer besonders leicht schummeln können, was bestimmte Personenmerkmale angeht (z. B. sich attraktiver darstellen, als sie sind, oder sogar ihr Geschlecht falsch angeben). Ein weiteres

Problem besteht darin, dass Menschen, die sich im Internet als mögliche Partner annoncieren, im wirklichen Leben schon eine Beziehung haben können, die sie verheimlichen und auch nicht aufgeben wollen.

Konkurrenzkampf

Unter Personen des gleichen Geschlechts besteht eine Konkurrenz im Hinblick auf das Finden eines guten Partners. Dieser Konkurrenzkampf, der als Teil der menschlichen Natur angesehen werden kann, ist eine weitere Ursache für die Ähnlichkeit von Partnern. Er ist dadurch gekennzeichnet, dass ein Partnermarkt entsteht, auf dem danach gestrebt wird, den attraktivsten Partner mit den besten Eigenschaften zu bekommen. Dieses Streben führt dazu, dass ein Auswahlprozess in Gang gesetzt wird, der einem Heiratsmarkt gleichkommt. Auf diesem Marktplatz herrschen die üblichen Marktmechanismen des Tauschhandels. Bei großer eigener Attraktivität sind die Chancen groß, einen sehr attraktiven Partner zu finden. Bei mittlerer eigener Attraktivität wird man eher einen durchschnittlich attraktiven Partner finden. Der Tausch von Eigenschaften muss nicht auf ein bestimmtes Merkmal fixiert sein, wie dann, wenn Schönheit mit Schönheit verglichen wird. Es kann auch ein Tausch sein, der unterschiedliche Eigenschaften einbezieht. Damit kann teilweise erklärt werden, dass ältere Männer für junge, attraktive Frauen anziehend sind, wenn sie einen hohen sozialen Status haben. Alan Feingold von der Yale-Universität fasst die Ergebnisse zusammen: Frauen führen ihre Partnerwahl eher unter dem Gesichtspunkt des sozialen Status durch, während die Partnerwahl von Männern eher durch die physische Attraktivität der Frau gesteuert ist.

Verträglichkeit

Die Vorteile der Verträglichkeit sind ein weiterer Grund für die Ähnlichkeit von Partnern. Ähnliche Partner kommen besser miteinander aus, weil sie sich weniger häufig aufgrund unterschiedlicher Werte, Einstellungen und Interessen streiten. Gemeinsame Interessen und Einstellungen haben eine belohnende Wirkung, da man sich bestätigt fühlt und die Interessen mit dem Partner zusammen verwirklichen kann.

Schwieriger für die Partnerschaft ist es, wenn der eine Partner mit den Hobbys des anderen wenig anfangen kann und auch kein Interesse dafür zeigt: Verbringt etwa ein Partner am liebsten jede Minute seiner Freizeit auf dem Tennisplatz, während der andere sich überhaupt nicht für diesen Sport interessiert, muss über die Art und Weise der gemeinsamen Freizeitaktivitäten verhandelt werden sowie über die Zeit, in der diesen Interessen nachgegangen werden kann. Wenn man allerdings immer wieder neu verhandeln muss, kann Stress entstehen, der die Partnerschaft negativ beeinflusst.

Wann ist Ähnlichkeit wichtig?

Der Entwicklungsverlauf einer Beziehung kann in verschiedene Phasen gegliedert werden: die Anbahnungsphase, die darauf folgende Phase der neuen Liebe und die Phase der festen Beziehung. In welcher Phase ist die Ähnlichkeit zum Partner besonders wichtig?

Betrachtet man die Phase der Anbahnung einer Liebesbeziehung, dann kann gesagt werden, dass die Partner noch nicht viel über die Persönlichkeit und Wertvorstellungen des anderen wissen können. Da das Aussehen unmittelbar sichtbar ist, wird in dieser frühen Phase die Ähnlichkeit der physischen Attraktivität ein wichtiges Kriterium. Darüber hinaus besteht die Tendenz, dass frisch Verliebte spontan Ähnlichkeit in vielen Bereichen unterstellen.

In der nachfolgenden Phase der Liebe ist die Ähnlichkeit in den Werten, Meinungen und Einstellungen ein wichtiger Beziehungsfilter. Wenn man feststellt, dass der physisch attraktive Partner in vielen Themenbereichen eine abweichende Meinung vertritt, treten die ersten Auseinandersetzungen auf. In späteren Phasen der Beziehung wird dann zunehmend die Ähnlichkeit in der Auffassungsgabe (z. B. Intelligenz, Komplexität des Denkens) und in der Persönlichkeit wichtig. In dieser Phase beginnen die Partner auch darüber nachzudenken oder zu diskutieren, ob ihre Rollenvorstellungen in der Partnerschaft zusammenpassen.

An dieser Stelle können wir auf den Hinweis zurückkommen, dass die Wichtigkeit der Themen, über die man sich streiten könnte, für jeden unterschiedlich ist. Es gibt nämlich auch individuelle Unterschiede in der Bedeutung, die einem bestimmten Thema zugeschrieben wird. Das hängt nicht zuletzt von der Persönlichkeit der Partner ab.

Die Stichworte sind hier Selbstbeobachtung und Selbstdarstellung. Menschen unterscheiden sich darin, inwieweit sie sich selbst in ihrem Verhalten im Alltag beobachten und sich dabei an den sozialen Kontext anpassen. Weniger intensive Selbstbeobachter sind dadurch gekennzeichnet, dass sie ihren Einstellungen und Überzeugungen entsprechend handeln, egal, in welcher sozialen Situation sie sich befinden. Sie äußern z. B. die Einstellung, dass sie die Gleichberechtigung von Mann und Frau befürworten, sowohl ihren fortschrittlichen Freunden als auch ihrem konservativen Chef gegenüber. Intensivere Selbstbeobachter hingegen passen sich je nach Situation ihrem Gesprächspartner an und ändern ihre Meinung mehr oder weniger chamäleonartig. Sie versuchen, sich möglichst positiv darzustellen und einen guten Eindruck zu hinterlassen, indem sie sich in die jeweilige soziale Situation einfügen und den Gesprächspartner bestätigen.

Auch bei der Partnerwahl ist es für intensive Selbstbeobachter wichtig, einen Partner zu finden, der vorzeigbar ist. Daher ist ihnen die physische Attraktivität sehr wichtig sowie das Vorhandensein von ähnlichen Freizeitinteressen, während weniger intensive Selbstbeobachter eher auf die Persönlichkeitseigenschaften des anderen achten und darauf, dass der Partner ihnen in seinen Überzeugungen ähnelt.

Ziehen sich Gegensätze an?

Für die These, dass sich Gegensätze anziehen, lassen sich verschiedene Argumente finden: In heterosexuellen Beziehungen gibt es den fundamentalen Gegensatz der Geschlechter. Einige Bedürfnisse des Menschen sind so angelegt, dass sie sich in einer Partnerschaft am besten befriedigen lassen, wenn die Partner sich darin ergänzen: Der eine Partner hat das Bedürfnis, dominant zu sein, der andere Partner ordnet sich gerne unter. Oder der eine Partner hat das Bedürfnis, fürsorglich zu sein, während der andere Partner gerne umsorgt wird. Einige Rollen, die Menschen innehaben, lassen sich besser verwirklichen, wenn der Partner oder die Partnerin komplementäre Rollen besetzt: Wenn ein Partner berufstätig ist und viel Zeit mit der Arbeit verbringt, trifft es sich gut, wenn der andere gerne zu Hause bleibt und den Haushalt versorgt. Die komplementäre Rollenverteilung schließt zudem nicht aus, dass man sich in anderen Merkmalen ähnlich ist.

In den empirischen Studien konnte die Gegensätzlichkeit von Partnern – jenseits der Rollenverteilung von Mann und Frau – in zufriedenen Partnerschaften in der Regel allerdings nicht belegt werden. Natürlich gibt es auch Gegenbeispiele, die aber Ausnahmen sind. Beispiele der Gegensätzlichkeit von Partnern werden von Psychoanalytikern dargestellt. Jürg Willi verweist auf die Gegensätzlichkeit von Partnern in der «Zweierbeziehung». Er beschreibt auf anschauliche Weise Ungleichheiten in einer Partnerschaft: Ein Partner übernimmt die meisten Entscheidungen, redet mehr, stellt sich besser dar. Er ist der «progressive» Partner. Der andere ist sehr zum progressiven Partner hin orientiert, lässt sich alle Entscheidungen abnehmen, ordnet sich unter, erscheint kindhafter. Er ist der «regressive» Partner. Der regressive Partner scheint nach außen hin abhängiger von der Beziehung zu sein, sucht die Nähe des anderen, während der progressive Partner unabhängiger erscheint und mehr Distanz sucht. In der Tiefenpsychologie wird auch häufig auf gegensätzliche Persönlichkeitsstrukturen verwiesen. Nehmen wir das Beispiel des Gegensatzpaares Dominanz und Nachgiebigkeit. Unter Dominanz versteht man, dass eine Person gerne Führungsrollen einnimmt, über andere bestimmt oder Entscheidungen trifft. Nachgiebigkeit bedeutet, dass man sich gerne unterordnet, Anweisungen befolgt und gerne von Führungspersonen abhängig ist. Wenn etwa eine Frau durch eine dominante Persönlichkeitsstruktur gekennzeichnet ist und wenn sie mit einem Mann zusammen ist, der einen nachgiebigen Charakter hat, dann scheint das gut zusammenzupassen.

In empirischen Studien, die zum Teil sehr aufwendig durchgeführt wurden, zeigt sich jedoch, dass bei glücklichen Paaren mehr Ähnlichkeiten als Gegensätzlichkeit hinsichtlich der Persönlichkeit und der Interessen der Partner auftritt. Das wird empirisch untersucht, indem beide Partner ihre Persönlichkeit und Interessen anhand eines Fragebogens getrennt voneinander einschätzen, durch den Merkmale wie Extraversion, psychische Stabilität, Ehrgeiz, Religiosität und Kunstinteresse gemessen werden. Bringt man die Einschätzungen beider Partner in einer Vielzahl von Paaren miteinander in Verbindung, kann statistisch festgestellt werden, inwieweit sie relativ ähnlich sind oder sich in den untersuchten Charakterzügen unterscheiden.

In einer US-Befragung von frisch verheirateten Paaren haben Peter Bentler und Michael Newcomb von der Universität von Kalifornien in Los Angeles neben demographischen Merkmalen (wie Alter und Bildung) auch Persönlichkeitsmerkmale und Interessen erfasst. Im Wesentlichen ging es um die Vorhersage der Beständigkeit der Ehe über einen Zeitraum von vier Jahren, nach dem sich 24 von 77 Paaren getrennt hatten. Die befragten Männer waren zum Zeitpunkt der Heirat im Durchschnitt 27 Jahre alt, die befragten Frauen 24 Jahre. Im Durchschnitt hatten sich die Paare vor der Heirat zwei Jahre gekannt.

Betrachten wir zunächst die Ähnlichkeitskonstellation über alle Paare. Ehemänner und Ehefrauen waren sich hinsichtlich Alter,

Bildung, früherer Scheidung sowie im Hinblick auf das Einbringen von Kindern aus früheren Beziehungen ähnlich. Das Ausmaß der Ähnlichkeit hinsichtlich des Alters war allerdings bei denjenigen, deren Ehe über vier Jahre Bestand hatte, größer als bei denjenigen, die sich getrennt hatten. Was Persönlichkeit und Interessen angeht, fand sich bei allen Paaren Ähnlichkeit bezüglich Ehrgeiz, Konservativität-Liberalität, Religiosität und Reise-Interesse. Die Paare, die zusammengeblieben waren, ähnelten sich von Beginn an in mehr Merkmalen als jene, die sich getrennt hatten. Sie waren sich zusätzlich zu den schon genannten Merkmalen in der Einschätzung der eigenen Extraversion, der Großzügigkeit, Sparsamkeit, Objektivität, ihres angenehmen Wesens, ihrer selbst eingeschätzten Attraktivität und ihres Kunstinteresses ähnlich bzw. ähnlicher als die, die sich getrennt hatten. Es sei hier betont, dass es bei dieser Fragestellung nicht darum ging festzustellen, ob die zusammengebliebenen oder getrennten Paare absolut gesehen großzügiger oder sparsamer sind, sondern darum, ob sie sich ähnlicher in diesen Eigenschaften sind. D.h., das Ausmaß der Großzügigkeit der beiden Partner kann sowohl gering als auch hoch sein. Unabhängig davon bleiben die Paare eher zusammen, die sich in der Großzügigkeit ähnlicher sind.

Der Vollständigkeit halber sei erwähnt, dass in zwei Bereichen sich nur die getrennten Paare ähnlich waren: in der Vertrauenswürdigkeit und in der Frage, wie viel Wert sie auf Kleidung legen. Diese Ergebnisse sind schwer interpretierbar und bedürfen einer weiteren Klärung. Hingegen ist ein weiteres Resultat in seiner Aussagekraft klar und deutlich: Bei den getrennten Paaren lag hinsichtlich der psychischen Stabilität der Persönlichkeit Gegensätzlichkeit vor. Beschrieb sich z. B. der Ehemann als ausgeglichen und gelassen, bezeichnete sich die Partnerin als spannungsgeladen und nervös. Gegensätzlichkeit wurde nur in diesem einen Merkmal festgestellt und auch nur bei denjenigen, die sich innerhalb von vier Jahren getrennt hatten. Das verweist darauf, dass Gegensätzlichkeit in der Persönlichkeit der Partner, wenn sie auftritt, eher ein Problem darstellt, das zur Trennung führen kann, als einen Vorteil, der Partnerschaften zusammenhält. Wir werden auf diese Fragen in Kapitel 6 in Zusammenhang mit der Trennungsproblematik zurückkommen.

Das muss nicht heißen, dass sich alle Paare, die sich in der psychischen Stabilität ihrer Persönlichkeit unterscheiden, trennen. Wichtig ist, wie man mit komplementären Eigenschaften, Einstellungen, Interessen usw. als Paar umgeht. Aus Unterschieden müssen nicht notwendigerweise Konflikte entstehen, wenn man einen konstruktiven Umgang damit entwickelt. Dieser kann etwa darin bestehen, dass man die Persönlichkeit des anderen akzeptiert, sich gegenseitig abstimmt und Kompromisse eingeht. Diskussionen über schwierige Themen, in denen man nicht die gleiche Einstellung vertritt wie der Partner und die bereits in der Vergangenheit wiederholt zu Streitereien geführt haben, sollte man vermeiden oder einen Kompromiss schließen. Im günstigsten Fall begreift man die komplementäre Eigenschaft als eine Bereicherung für beide Partner, die gegenseitig Interesse füreinander weckt.

Eng mit der Persönlichkeit verbunden ist der Bindungsstil, den sich die Partner im Laufe ihrer Kindheit – hauptsächlich in ihrer Ursprungsfamilie – angeeignet haben. Bindungsstile haben ihren Ursprung in der Kindheit und sind einerseits stabil über den gesamten Lebensverlauf, können sich aber auch durch neue Erfahrungen mit relevanten Bezugspersonen ändern (siehe Kapitel 1).

Der Bindungsstil hat einen großen Einfluss darauf, ob wir in der Partnerschaft Nähe suchen oder uns distanziert verhalten. Auf der Grundlage der bindungstheoretischen Annahmen, die für Partnerschaften gemacht werden, kann geprüft werden, inwieweit sich Paare in ihrem Bindungsstil ähnlich und inwieweit sie gegensätzlich sind.

Wir können an diesem Punkt auch auf eigene Forschungsergebnisse zurückgreifen. Bevor wir inhaltlich darauf eingehen, beschreiben wir die empirischen Grundlagen. Wir untersuchten 182 Paare mittleren Alters (das Durchschnittsalter betrug 32,2 Jahre), deren mittlere Beziehungsdauer 8 Jahre betrug. 55 % der Paare waren verheiratet. Wir befragten die Partner getrennt voneinander nach vier Bindungsstilen. Anhand eines Fragebogens schätzten sie ein, inwieweit sie eine sichere Bindung an ihren Partner hatten und seine Nähe angenehm fanden. Weiterhin befragten wir sie, inwieweit sie die Bindung an den Partner als eher ängstlich-ambivalent einschätzten. Die Nähewünsche der ängstlich-ambivalenten Personen tendieren dazu, gelegentlich überzogen auszufallen, da sie dazu neigen, sich stark an den Partner zu klammern. Ängstlich-ambivalente Personen werden durch Angst vor Ablehnung angetrieben und durch Furcht vor Trennung. Außerdem schätzten die Befragten auch das Ausmaß ihrer ängstlich-vermeidenden Bindung an den Partner ein. Ist man ängstlich-vermeidend, dann fällt es einem sehr schwer, selbst Nähe herzustellen, obwohl man es gerne möchte. Der Grund dafür liegt darin, dass man kein Vertrauen zu anderen aufbauen kann und entsprechend Angst davor hat, viel Nähe zuzulassen. Die fehlende Nähe zu einem solchen Beziehungspartner kann auch nicht durch die Betonung eines eigenen Autonomiegefühls kompensiert werden. Man vermisst das Gefühl, vom Partner geliebt zu werden. Bei der gleichgültig-vermeidenden Bindung, nach der wir auch fragten, wird wie bei der ängstlich-vermeidenden Bindung wenig Nähe zum Partner erlebt, jedoch kann die fehlende Nähe zum Partner durch das Gefühl der eigenen Autonomie kompensiert werden (siehe Kapitel 1).

Unsere Befunde zeigen, dass der Bindungsstil des Mannes mit dem Bindungsstil seiner Partnerin systematisch zusammenhängt. Konstellationen, die häufig vorkamen, sind die Kombinationen sicher/sicher, ängstlich-vermeidend/ängstlich-vermeidend und gleichgültig-vermeidend/gleichgültig-vermeidend. Diese Untersuchungsergebnisse, die auch in Einklang mit anderen Untersuchungsergebnissen zur Ähnlichkeit von Bindungsstilen bei Paaren stehen, zeigen, dass eine Tendenz in Richtung Ähnlichkeit in drei der vier Bindungsstile besteht.

Einzige Ausnahme ist der ängstlich-ambivalente Bindungsstil, der sich überzufällig mit dem gleichgültig-vermeidenden Bindungsstil paarte. Diese Gegensätzlichkeit war von dem Geschlecht der Partner abhängig. Denn gleichgültig-vermeidende Männer waren überzufällig häufig mit ängstlich-ambivalenten Frauen zusammen. Wie kann eine solche Gegensätzlichkeit erklärt werden?

Personen, die einen unverarbeiteten Konflikt mit sich herumtragen, finden vermutlich unbewusst einen Partner anziehend, der in einem bestimmten Merkmal wie z. B. dem Bedürfnis nach Nähe gegensätzlich ist. Die Partner gleichen sich darin, dass sie sich beide mit einem inneren Konflikt beschäftigen, der sich um die Frage von Nähe und Distanz dreht (Wie viel Nähe kann ich zulassen? Wie viel Nähe brauche ich?), verhalten sich aber gegensätzlich, da der eine Partner in einem übertriebenen Ausmaß die Nähe des anderen sucht, während der andere sich sehr distanziert verhält. Der Psychoanalytiker Jürg Willi spricht in diesem Zusammenhang von einem unbewussten Zusammenspiel zwischen einem Vertreter der Nähe und einem Vertreter der Distanz.

Nähe-Distanz-Probleme können auch noch einer anderen Dynamik folgen. Eine zu Beginn der Beziehung bestehende geringfügige Unähnlichkeit in dem Wunsch nach Nähe kann erst im Laufe der Zeit zu einer Unterschiedlichkeit entwickelt werden, bei der der eine Partner die Rolle des Nähesuchenden und der andere die des Distanzsuchenden übernimmt. Die Verwirklichung traditioneller Geschlechterrollen, nach der Männer nach Individualität, Unabhängigkeit und persönlicher Freiheit streben, während Frauen eher, dem weiblichen Stereotyp entsprechend, abhängig an den Partner gebunden sind, kann als weiterer Grund dafür angeführt werden, dass Partnerschaften reüssieren, bei denen die Frau ängstlich-ambivalent und der Mann gleichgültig-vermeidend ist.

Bei einer solchen Konstellation der Bindungsstile ist allerdings der Konflikt schon programmiert. Der Mann geht aufgrund seiner gleichgültig-vermeidenden Bindung eher auf Distanz, während die Frau, die sowieso schon ängstlich-ambivalent ist und ein starkes Nähebedürfnis hat, aufgrund des distanzierten Verhaltens ihres Partners besonders stark klammert, um seine Nähe zu erlangen. Das kann dem gleichgültig-vermeidenden Mann auf die Nerven gehen, sodass er sich weiter zurückzieht, wodurch sich die Frau wiederum zurückgewiesen fühlt und noch mehr klammert. In einer solchen Paarkonstellation entsteht ein anstrengender Kreislauf, in dem die Frau im Extremfall alles daran setzt,

Nähe zu erhalten, während der Mann alles daran setzt, Distanz entstehen zu lassen.

Zusammenfassend halten wir fest, dass Partnerschaft auf Ähnlichkeit aufbaut. Das zeigt sich z. B. im Bildungsniveau, in der Persönlichkeit, in Bindungsstilen, in Interessen an Reisen und Kunst und in der physischen Attraktivität. Die Passung zwischen Partnern muss sich nicht nur auf einzelne Merkmale beziehen, sondern kann auch auf komplexe Weise umgesetzt werden, indem z. B. ein Partner in einem Merkmal sehr viel beiträgt (z. B. einen hohen Status hat), während der andere Partner in einem anderen Merkmal sehr viel beiträgt (z. B. gut aussieht). Gegensätzlichkeit ist bei Partnern eher die Ausnahme und kann die Stabilität der Beziehung bedrohen, wie im Beispiel der psychischen Stabilität, oder auch zu einer spannungsreichen Auseinandersetzung führen, wie im Beispiel des ängstlich-ambivalenten Bindungsstils der Frau, der sich an einem gleichgültig-vermeidenden Mann abarbeitet. Wie steht es aber mit der Ähnlichkeit der Einstellung im Hinblick auf Geschlechterrollen? Das ist das Thema des folgenden Abschnitts.

Wie stehen die Partner zur Rolle der Hausfrau und des Ernährers?

Eine brisante Frage in Partnerschaften bezieht sich darauf, inwieweit Partner in ihren Geschlechterrolleneinstellungen übereinstimmen. Inwieweit sollten Frauen die gleichen Positionen in der Gesellschaft und im Beruf einnehmen wie Männer? Was spricht für das traditionelle Modell, nach dem Frauen an Kinder, Küche und Kirche gebunden sind, Männer aber nicht? Um diese Einstellung zu messen, werden Fragen gestellt wie «Frauen sollten sich auf ihre Pflichten, Kinder zu gebären und den Haushalt zu führen, konzentrieren statt auf Bestrebungen nach beruflichen Karrieren» und «Generell sollten Väter beim Großziehen der Kinder die größere Autorität haben als die Mutter». Die Übereinstimmung der Partner in diesem Einstellungsbereich ist bedeutsam dafür, ob Frauen und Männer sich im privaten Alltag eher harmonisch oder konfliktträchtig verhalten. Wenn beide Partner der Meinung sind, dass Frauen Haushalt und Kinder versorgen sollten, während Männer die Ernährerrolle übernehmen, führt das zu komplementärem Verhalten: Der Mann ist berufstätig, weil er für den Unterhalt der Familie verantwortlich ist, die Frau ist Hausfrau und versorgt die Kinder. Diese verschiedenen Rollen von Frauen und Männern sind mit unterschiedlichen Persönlichkeiten verbunden, die für die Rollen ideal sind. Im Berufsleben ist es wichtig, durchsetzungsstark, strategisch und zielorientiert zu sein, wenn man Erfolg haben will. In der Sorge um die Familie ist es wichtig, auf die Bedürfnisse der einzelnen Familienmitglieder einzugehen und somit eher emotionale und fürsorgliche Qualitäten, wie etwa Einfühlungsvermögen, zu besitzen.

Einstellungsähnlichkeit bei traditionellen Männern und Frauen im Hinblick auf die Einstellung zu den Geschlechtsrollen kann Partnerkonflikte verhindern und Harmonie fördern. Aber auch bei progressiven Partnern kann die Übereinstimmung in der Einstellung zu den Rollen von Frauen und Männern die Zufriedenheit erhöhen. Die Botschaft lautet: Wenn es um das partnerschaftliche Glück geht, kommt es nicht darauf an, ob die Partner traditionelle oder progressive Einstellungen im Hinblick auf die Rolle der Geschlechter in der Familie haben. Was zählt, ist ihre Übereinstimmung in diesen Einstellungen. Jennifer Aube und Richard Koestner von der McGill-Universität in Montreal befragten 104 kanadische Paare. Die Frage war, ob Ähnlichkeit oder Gegensätzlichkeit in Einstellungen zu Geschlechtsrollen das partnerschaftliche Glück steigert. Die Ergebnisse sind eindeutig: Hohe Ähnlichkeit in der Einstellung zu Familienrollen – beide Partner halten traditionelle Familienrollen für richtig, oder beide Partner halten egalitäre Familienrollen für richtig – erhöht die partnerschaftliche Zufriedenheit.

In der gesellschaftlichen Wirklichkeit wird allerdings bislang nur die Ähnlichkeit in der Berufstätigkeit von Mann und Frau realisiert, während es viele Belege dafür gibt, dass die Hausarbeit immer noch an der Frau hängen bleibt. Somit lässt sich sagen, dass Hausarbeit in den meisten Partnerschaften ungleich verteilt ist. Während sich der Ehemann nach getaner Arbeit beim Fernsehen entspannt oder seinen Hobbys nachgeht, kümmert sich die Ehefrau wie selbstverständlich um den Haushalt und die Kinder.

Dieses Problem der Doppelbelastung der Frau durch Beruf und Familie zieht in vielen westlichen Gesellschaften einen starken Geburtenrückgang nach sich, was von der Politik erst verspätet erkannt wurde. Viele Frauen entscheiden sich aufgrund von mangelnden Betreuungsmöglichkeiten für Kinder dagegen, Nachwuchs zu bekommen. Das Fortschreiten dieser negativen Entwicklung wurde in einigen skandinavischen Ländern, aber auch in Frankreich und Großbritannien erfolgreich vermieden. In diesen Ländern besteht ein Geburtenüberschuss (bezogen auf das Jahr 2000), obwohl die Erwerbstätigkeit von Frauen weit verbreitet und normal ist. Ein wesentlicher Unterschied im Vergleich zu Deutschland scheint zu sein, dass öffentliche Institutionen oder Betriebe Betreuungsangebote für Kinder haben und dass die Ganztagsschule als Regelschule eingerichtet worden ist. Zudem mag es auch immer noch eine Rolle spielen, dass in Deutschland konservative Werte bezogen auf die Familie fest verankert sind. Das geht so weit, dass eine Frau, die ihr Kind betreuen lässt, bei manchen als Rabenmutter gilt.

Nicht erst im Jenseits, sondern schon im Diesseits findet ein Ausgleich statt

Inwieweit ist das, was Partner in eine Beziehung einbringen, ausgeglichen, sodass beide Partner in gleicher Weise von der Partnerschaft profitieren? Das ist die Frage nach der partnerschaftlichen Gerechtigkeit. «Die Liebe erduldet alles» steht schon in der Bibel geschrieben. Ist das so? Die Antwort lautet: Nein. Vielmehr ist es den Menschen, die in einer Partnerschaft leben, wichtig, dass sie gerecht behandelt werden. Eine romantische Verklärung der Beziehung lässt keinen Raum für die Frage, ob ein Ausgleich zwischen den Partnern stattfindet. Wenn aber die ersten Träume geträumt sind, ergibt sich eine andere Perspektive.

Gerechtigkeit in Partnerschaften

Zunächst stellt sich die Frage, was denn gerecht ist in einer Partnerschaft. Ist es gerecht, wenn jeder Partner dem anderen die Bedürfnisse (nach Liebe, Zuwendung, Sexualität, Selbstbestätigung, Geld, Hobbys) erfüllt? Ist es gerecht, wenn jeder das Gleiche erhält oder wenn jeder Partner das bekommt, was er verdient hat?

Es können mehrere Gerechtigkeitsregeln miteinander konkurrieren, hauptsächlich Gleichaufteilung unter allen Beteiligten, Aufteilung nach Leistung und nach Bedürfnis. Der Entwicklungspsychologe William Damon von der Clark-Universität in Massachusetts beschreibt, wie sich Kinder diese Gerechtigkeitsregeln schrittweise aneignen. Bei Kindern bis vier Jahren herrscht der pure Egoismus: Gerecht ist, was den Wünschen des Kindes entspricht. Ab sechs Jahren wird erkannt, dass jedes Kind seinem persönlichen Egoismus frönt, und das Problem des konkurrierenden Eigeninteresses der Beteiligten wird durch die Favorisierung der Gleichaufteilung gelöst. Ab 7 Jahren wird der Leistungsbeitrag bei der Gewinnaufteilung berücksichtigt. Wer größere Vorleistungen beigesteuert hat, erhält eine größere Belohnung. 8-Jährige entdecken das Bedürfnisprinzip und streben danach, jedem das zu geben, was benötigt wird. Kurz darauf wird die jeweilige Situation bei der Zumessung von Belohnungen berücksichtigt. Die drei genannten Gerechtigkeitsregeln erscheinen den Kindern gleichermaßen anwendbar, und die Entscheidung, welches Prinzip der Belohnungsaufteilung zugrunde liegt, wird aus der Situation abgeleitet. In einer individuellen Leistungssituation wird z. B. eher das Leistungsprinzip bevorzugt, während in einer Teamsituation eher auf das Gleichheitsprinzip zurückgegriffen wird.

Es gibt also einen Entwicklungsverlauf im Umgang mit Fairnessregeln, der dazu führt, dass Jugendliche und Erwachsene eine ganze Reihe davon zur Verfügung haben, nach denen sie einen interpersonellen Sachverhalt beurteilen können. Beispiele sind: Hat mir meine Partnerin genauso viel Zuwendung gegeben wie ich ihr? Hat mich mein Partner belogen, obwohl ich ihm immer die Wahrheit sage?

Gerechtigkeitsregeln werden nicht nach fixierten Mustern angewendet, sondern es spielt auch eine Rolle, ob man sich z. B. gerade unter Gleichgesinnten in der Freizeit befindet oder ob man in einem beruflichen Kontext handelt. Die Alternativen sind die folgenden: Unter Gleichgesinnten – also in Solidargemeinschaften – wird eher nach dem Prinzip der Gleichheit verfahren. Im Beruf bevorzugt man es, dass Personen, die unterschiedlich schwierige Rollen bzw. Funktionen einnehmen, auch unterschiedlich entlohnt werden.

Auf die Partnerschaft lässt sich die Frage nach der Gerechtigkeit folgendermaßen übertragen: Stellen Sie sich vor, Sie führen sehr viel mehr Arbeiten im Haushalt aus als Ihr Partner und Ihr Partner engagiert sich auch sonst nicht besonders viel in der Beziehung. Wie würden Sie sich dann fühlen? Oder stellen Sie sich andererseits vor, Ihr Partner tut sehr viel mehr im Haushalt und Sie engagieren sich nicht übermäßig für die Partnerschaft. Wie würden Sie sich dann fühlen? Oder wie ist es mit emotionalen Beiträgen? Wenn Sie Ihrem Partner sehr viel mehr und intensiver Ihre Gefühle zeigen würden als umgekehrt? Wie würden Sie sich dann fühlen? Wie würden Sie es bewerten, wenn Ihr Partner seine Gefühle sehr viel mehr und intensiver zeigt, als Sie es tun?

Wenn man über diese Fragen nachdenkt, kommt man leicht zu dem Schluss, dass Nachteile für einen selbst zu konstatieren sind, wenn man relativ viel beiträgt. In einer solchen Position wäre beispielsweise ein Ehemann, der in einer Managerposition viel Geld verdient und nach Feierabend noch die Gartenarbeit verrichtet, während seine Ehefrau, die nicht berufstätig ist, hauptsächlich Freizeitaktivitäten nachgeht, weil sie für die Hausarbeit Angestellte beschäftigt. Man könnte dann der Meinung sein, dass sie weniger beiträgt als er und sich in einer vorteilhaften Position befindet.

Fragt man Personen in einer Partnerschaft danach, inwieweit sie, gemessen an dem, was der Partner bekommt (z. B. positive Alltagserfahrungen, Gefühlsausdruck, Sexualität usw.), das erhalten, was sie selbst verdienen, dann gibt es die Möglichkeit, dass ihre eigene Position negativ oder positiv ausfällt (sie erhalten weniger bzw. mehr, als sie verdienen), oder das Verhältnis von Geben und Nehmen ist ausgeglichen. In der negativen Position liegt Unterbelohnung vor, in der positiven Überbelohnung und in der ausgeglichenen Position Fairness. Nun kann man sich die Frage stellen, in welcher der drei Positionen eine Person sich besonders wohl fühlt bzw. besonders zufrieden mit ihrer Partnerschaft ist?

Wie schon angedeutet, könnte man meinen, dass es einem besonders gut geht, wenn man im Vergleich zum Partner mehr erhält, sich also in einer positiven Position befindet, die allerdings ungerecht ist. Forschungsergebnisse weisen jedoch klar darauf hin, dass diejenigen besonders zufrieden sind, die ihre Partnerschaft gerecht finden. Personen, die im Nachteil sind, also weniger an Liebe, Sexualität, Zuwendung, Zärtlichkeit usw. erhalten, als sie glauben zu verdienen, sind besonders unzufrieden. Aber auch diejenigen, die im Vorteil sind, also mehr erhalten, als sie glauben zu verdienen, sind nicht besonders glücklich.

Der Mensch ist anscheinend nicht nur von einem unreflektierten Egoismus getrieben, sondern vielmehr scheint der Egoismus durch normative Einflüsse relativiert zu werden. Gerechtigkeitsnormen sind gesellschaftliche Normen, deren Anwendung während der Kindheit gelernt wird. Eine Lektion besteht darin, zu erwarten, dass man fair behandelt wird, wenn man sich selbst fair verhält. Im Verlauf der Sozialisation lernen Kinder, dass es sich lohnt, wenn man Prinzipien der Fairness einhält. Wenn man so will, ist das auch eine gesellschaftliche Lektion, die eine Einordnung in ein geregeltes Gemeinwesen deutlich erleichtert.

In der Theorie des Gerechtigkeitserlebens von Elaine Walster, William Walster und Ellen Berscheid von der Universität Wisconsin wird angenommen, dass Menschen zwar darauf bedacht sind, ihre Belohnungen zu maximieren, also nach dem hedonistischen Prinzip zu leben, jedoch durch die Sozialisation faires Verhalten erlernen. Und zwar wird der Schritt vom egoistischen Streben nach dem eigenen Vorteil zur Befolgung der Gerechtigkeitsnorm dadurch getan, dass eine Befolgung des hedonistischen Prinzips zum Kampf von jedem gegen jeden führt, der für alle Beteiligten ungünstige Konsequenzen hat.

Das Streben nach Fairness hat auch den Vorteil, Kontrolle über die eigenen Belohnungen zu erhalten. Das heißt, dass wir wissen, was wir tun müssen, um Belohnungen zu erhalten, und somit vorhersehen können, wann wir sie erhalten. Menschen lernen, dass faires Verhalten die Wahrscheinlichkeit erhöht, dass man die Belohnungen erhält, die man verdient. Sicher kann man annehmen, dass manche Menschen ein größeres Fairnessempfinden haben als andere. Ebenfalls kann man davon ausgehen, dass manche Menschen ein größeres Streben nach Kontrolle haben als andere. Aber jenseits dieser Unterschiede lässt sich festhalten, dass alle Menschen sich mit den Themen Gerechtigkeit und Kontrolle beschäftigen.

Das Phänomen des Kontrollstrebens hat der Psychologe Martin Seligman von der Universität von Pennsylvania systematisch unter die Lupe genommen. Er fand, dass Menschen, die selbst in der Lage waren, ihre Stresssituation zu bestimmen, also selbst Kontrolle ausüben konnten, besserer Stimmung waren als Menschen, die unter Stress keine Kontrolle ausüben konnten. Untersuchungen, die in Altenheimen durchgeführt wurden, zeigen, dass alte Menschen, die ihren Tagesablauf selbst bestimmen können, gesünder sind und länger leben als alte Menschen, die ihren Tagesablauf nicht selbst bestimmen können und denen jede Ausübung von Alltagstätigkeiten abgenommen wird. Erlebter Kontrollverlust im Alltag führt bei Erwachsenen und sogar schon bei Kindern zu depressiven Verstimmungen.

In unserem sozialen Leben kommt dieses Kontrollstreben auch in dem Glauben daran, dass jeder das bekommt, was er verdient, zum Ausdruck. Denn wenn man glaubt, dass man das erhält, was man verdient hat, erwartet man nach entsprechenden Investitionen in die Beziehung (z. B. Zuneigung, Aufgaben übernehmen), dass man auch Entsprechendes von dem Beziehungspartner, wenn auch möglicherweise auf einer anderen Ebene (z. B. Anerkennung), zurückbekommt. Erlebt man, dass das, was man bekommt, in keinem Verhältnis zu dem steht, was man gegeben hat, dann entsteht leicht eine große Enttäuschung. Dies wäre z. B. der Fall, wenn die Ehefrau sich sehr bei der Kindererziehung engagiert, den Haushalt perfekt führt und gemeinsame Reisen organisiert, während der Ehemann selten zu Hause ist, viel Geld bei Rennwetten verliert und die Frau herumkommandiert.

In vielen Fällen ist das Gerechtigkeitserleben eher oberflächlich und aufgrund von Enttäuschungen zurückgenommen, aber es besteht kein Zweifel, dass Menschen einen Sinn dafür besitzen, dass jeder das bekommen sollte, was er verdient. Besonders in Partnerschaften sind Erfahrungen von Kontrollverlust unangenehm, da sie den Bereich der Intimität betreffen, der das private Leben unmittelbar berührt. Während es noch angehen kann, sich aus einer oberflächlichen sozialen Beziehung wie z. B. einer Nachbarschaft zurückzuziehen, wenn man etwa regelmäßig für den Nachbarn die Blumen während seines Urlaubs gießt, dies aber von ihm im Gegenzug nie geleistet wird, ist ein solcher Rückzug im persönlichen Bereich sehr viel schwieriger zu vollziehen. Hier sind Verletzungen der Fairness viel schmerzhafter und auch dauerhafter. Sie bedrohen im Kern die Kontrolle, die man über die Resultate des zwischenmenschlichen Geschehens haben möchte und deren Aufrechterhaltung Menschen anstreben. Es ist zu vermuten, dass die Bedeutung von Fairness in intimen Beziehungen im Vergleich zu anderen sozialen Beziehungen wie z. B. Freundschaften oder Berufsbeziehungen ganz besonders hoch ist. Zwar sind Partnerschaften an erster Stelle durch Liebe, Zärtlichkeit und Zuneigung gekennzeichnet, aber auch für diese Erlebnisinhalte lässt sich die Frage stellen, ob sie in der Beziehung in ausgewogener Weise ausgetauscht werden.

Nach dem Gesagten ist es nicht weit hergeholt anzunehmen, dass ein Partner, der dem anderen mit Zärtlichkeit begegnet, aber nur wenig Zärtlichkeit zurückbekommt, die Beziehung weniger glücklich einschätzen wird als ein Partner, dessen Zärtlichkeit erwidert wird. Umgekehrt sollte eine Person, die weniger Zärtlichkeit als ihr Partner zum Ausdruck bringt, ebenfalls weniger Beziehungsglück empfinden, als wenn Ausgeglichenheit besteht. Dass auch diejenigen, die von ihrem Partner mehr erhalten, als sie selbst geben, mit ihrer Partnerschaft nicht glücklich sind, ist auf den ersten Blick verwunderlich. Denn oberflächlich betrachtet könnte man sagen, dass es doch wunderbar ist, wenn wir selbst diejenigen sind, die besonders viel im Vergleich zum Partner bekommen. Jedoch werden in einer so vorteilhaften Position Schuldgefühle ausgelöst, durch die man sich leicht unter Druck gesetzt fühlen kann.

Paare, die ihre Beziehung als unausgewogen einschätzen, versuchen, Ausgewogenheit wieder herzustellen. Wenn sich ein Partner unterbelohnt fühlt, verlangt er mehr von seinem Partner, wenn er sich überbelohnt fühlt, versucht er, die Ansprüche seines Partners zu erfüllen.

Da Gerechtigkeitsurteile in Partnerschaften immer aus der Perspektive des Wahrnehmenden stattfinden und damit subjektiv sind, besteht die Möglichkeit, dass beide Partner in ihren Urteilen übereinstimmen oder nicht übereinstimmen. Sie würden nicht übereinstimmen, wenn beide Seiten sich benachteiligt fühlen oder wenn der eine glaubt, mehr von der Partnerschaft zu profitieren als der andere, der wiederum selbst glaubt, mehr zu profitieren. Im ersten Fall würde sich jeder im Nachteil sehen, im zweiten Fall jeder im Vorteil. Sie würden aber in ihrer Wahrnehmung übereinstimmen, wenn ein Partner meinen würde, im Nachteil zu sein, während der andere glaubt, dass er im Vorteil ist. Übereinstimmung ist auch dann zu konstatieren, wenn beide sich in einer ausgewogenen Position sehen.

In einer Studie befragten wir Paare, inwieweit sie ihre Partnerschaft hinsichtlich des Austauschs von Gefühlen, der sozialen Kompetenz, der Attraktivität und des sozialen Status als gerecht empfinden. Jeder Partner wurde einzeln befragt. Die Ergebnisse zeigen, dass die beiden Partner erstaunlich stark in der Wahrnehmung der Fairness in den vier Bereichen übereinstimmten. Die

Partner bestätigten sich somit gegenseitig in der Wahrnehmung der Gerechtigkeit ihrer Partnerschaft. Diese Übereinstimmung in der Wahrnehmung der Partner, wie fair ihre Beziehung eigentlich ist, stellt einen wichtigen Ansatzpunkt dafür dar, gemeinsam Gerechtigkeit herzustellen, wenn Ungerechtigkeit gegeben ist. Denn erst dann, wenn man einen Konsens über die Frage, inwieweit die Partnerschaft unfair ist, gefunden hat, lassen sich Möglichkeiten entwickeln, mit denen Fairness hergestellt werden kann. Auf dieser Basis können die Partner darüber verhandeln, wie z. B. die Beiträge eines Partners erhöht werden können, wenn sich der andere benachteiligt fühlt. Liegt es dem benachteiligten Partner beispielsweise am Herzen, dass der bevorteilte sich mehr für die Beziehung engagiert, kann im Gespräch darüber verhandelt werden, auf welche Weise der bevorteilte Partner das tun könnte. Wenn es dem benachteiligten Partner wichtig ist, dass der bevorteilte Partner mehr Zuneigung ausdrücken sollte, wäre es sinnvoll zu überlegen, auf welche Weise er das tun könnte.

Ist Fairness in der Partnerschaft ein isoliertes Phänomen, das um seiner selbst willen berücksichtigt werden sollte, oder hat sie eine größere Bedeutung? Das Streben nach einer Partnerschaft, die von beiden als gerecht empfunden wird, ist von besonderer Wichtigkeit, weil Fairness in der Partnerschaft mit mehr Zufriedenheit, weniger Ärger, dem häufigeren Erleben von positiven Emotionen und stärkerer Bindung an den Partner verbunden ist.

Besonders wichtig ist es, dass Gerechtigkeit in solchen Bereichen besteht, die direkt in der Interaktion mit dem Partner verwirklicht werden. Das sind Verhaltensweisen, die sich konkret an den Partner richten und die ein besonderes Kennzeichen von intimen Beziehungen sind. Dazu gehört z. B. Gefühle zeigen, sich für den Tagesablauf des Partners interessieren, liebevoll zueinander sein oder aufeinander eingehen können. In unseren Untersuchungen fanden wir, dass Gerechtigkeit in den Bereichen gegenseitiges Mögen und Gefühlsausdruck besonders wichtig für die Zufriedenheit mit der Partnerschaft ist. Menschen, die in ihrer Partnerschaft das gegenseitige Mögen, die Bindung aneinander und den Ausdruck von Gefühlen als ausgeglichen betrachten, sind mit ihrer Partnerschaft zufriedener, haben eine bessere Stimmung und neigen dazu, in ihrer Partnerschaft zu verbleiben, anders als diejenigen, die über Unausgewogenheiten in diesen Bereichen berichten. Wir fanden auch, dass der Bindungsstil, der gegenüber dem Partner besteht, in einem Zusammenhang mit der erlebten Gerechtigkeit im gegenseitigen Mögen und im Gefühlsausdruck steht. Wer in diesen Bereichen seine Partnerschaft als ausgeglichen erlebt, ist sicherer, weniger ängstlich-ambivalent, weniger ängstlich-vermeidend und weniger gleichgültig-vermeidend an den Partner gebunden, als jemand, der findet, dass die Gefühle in der Partnerschaft nicht erwidert werden.

Wenn der Partner einen weniger oder mehr liebt, als man ihn liebt, kann man leicht in der Bindung an ihn verunsichert werden. Zeigt man seine Gefühle mehr und liebt den Partner stärker, wird man ängstlicher und macht sich Sorgen um die Partnerschaft, da man weniger vom Partner zurückbekommt, als man selbst gibt. Wenn der Partner seine Gefühle mehr zeigt und liebevoller ist als man selbst, fühlt man sich bedrängt und vermeidet die Nähe zu ihm. Liebt der Partner einen besonders viel und zeigt das auch, ergreift man die Flucht und distanziert sich.

Ungerechte Beziehungen, in denen versäumt wird, gemeinsam die Gerechtigkeit wieder herzustellen, können negative Folgen haben. Ein Partner, der sich ungerecht behandelt fühlt, kann beispielsweise versuchen, sich dadurch zu entschädigen, dass er Affären oder außereheliche Beziehungen eingeht. Das erlebte Ungleichgewicht kann allerdings bei dem benachteiligten Partner auch eine Umdeutung erfahren, indem er sich sagt: «Ach, eigentlich kann ich froh sein, überhaupt einen Partner zu haben» oder «Mein Partner gibt mir so viel Sicherheit, und ich bin nicht allein». Damit redet man sich seine Beziehung schön, ist aber dennoch nicht wirklich glücklich mit dem gegebenen Zustand. Viel besser ist es hingegen, mit dem Erleben der Ungerechtigkeit konstruktiv umzugehen.

Zunächst ist es wichtig, Ungerechtigkeit zu erkennen. Dazu ist wesentlich der Frage nachzugehen, warum man sich nicht ganz wohl fühlt, sich ärgert oder in irgendeiner Weise unangenehme Gefühle hat, die mit der Partnerschaft zusammenhängen. Oft ist es schwierig, sich einzugestehen, dass negative Gefühle mit der aktuellen Situation in der Partnerschaft zusammenhängen könnten. Ungerechtigkeiten thematisieren und darüber sprechen ist der zweite Schritt zur Veränderung. Finden Sie z. B., dass die ganze Hausarbeit an Ihnen hängen bleibt und Sie deshalb schlechte Laune haben, dann reden Sie mit Ihrem Partner darüber und entwickeln mit ihm zusammen Strategien zur Veränderung. Diese Strategien können generell darin bestehen, den Ist-Zustand gemeinsam im Gespräch zu erkunden. Wie werden Gefühle ausgedrückt, wie viel Zärtlichkeit wünscht man sich, sollte mehr Interesse am anderen gezeigt werden? Wenn Sie hinsichtlich des Ist-Zustandes einen Konsens gefunden haben, sollte in einem weiteren Schritt darüber gesprochen werden, was an Gefühlen, Zärtlichkeit und Interesse vom anderen erwartet und wie diese Erwartungen ganz konkret erfüllt werden könnten. Zum Beispiel durch Schmusen beim Einschlafen oder durch regelmäßige Gespräche über den Tagesablauf. Das sind nur Anregungen. Das, was jemandem in der Partnerschaft wichtig ist, ist individuell ganz verschieden. Deshalb ist es auch für das Überleben einer Partnerschaft wichtig, über die eigenen Wünsche und Bedürfnisse mit dem Partner zu reden und Ungerechtigkeiten zu thematisieren, um einen Ausgleich zu finden. Dieser Ausgleich kann auf der gleichen Ebene gefunden werden, wie z. B. dadurch, dass der Partner sich nun mehr bemüht, seine Gefühle zu zeigen, oder auch auf einer anderen Ebene erfolgen. Letzteres heißt: Wenn der eine Partner zärtlicher ist als der andere, weil es seiner Natur entspricht, lässt sich das ausgleichen, indem der andere Partner mehr Stabilität vermittelt oder mehr Interesse am anderen zeigt. Das Gleiche gilt für den Fall, dass Sie sich im Vorteil befinden, also weniger an Gefühlen investieren als Ihr Partner. Es ist wichtig, auch dies zu thematisieren, damit sich beide Partner wohl fühlen können. Möglicherweise fühlt er sich tatsächlich benachteiligt und empfindet Unzufriedenheit, die sich negativ auf weitere Bereiche der Partnerschaft auswirken kann. Abschließend ist darauf hinzuweisen, dass das Zeitfenster für die Bewältigung von Unausgeglichenheit in der Partnerschaft eher eng als weit ist. Die Dinge sollten nicht auf die lange Bank geschoben werden, denn dahinter kann sich eine Unfähigkeit zur Problembewältigung oder die heimliche Verweigerung einer Lösung verbergen, im Extremfall auf das Jenseits nach dem Tod.

Hedonismus oder Gerechtigkeit – was macht zufriedener?

Es lässt sich fragen, inwieweit die Zufriedenheit in einer Partnerschaft einerseits dadurch bestimmt wird, dass man möglichst viel genießen kann, oder dadurch, dass beide Partner gleich gut abschneiden. Ist man zufrieden mit seiner Partnerschaft, wenn man von seinem Partner unendlich verwöhnt wird, z. B. kulinarisch, finanziell oder sexuell? Oder ist man zufrieden mit seiner Partnerschaft, wenn man nicht nur nimmt, sondern auch genauso viel gibt?

Die Annahme, dass die Zufriedenheit ausschließlich durch viele Belohnungen und wenig Kosten bestimmt wird, legt ein hedonistisches Prinzip nahe, da es jedem Partner nur darum gehen soll, möglichst viel Positives zu bekommen. In Partnerschaften ist jedoch das individuelle Streben nach möglichst hohen Nettobelohnungen, die sich aus Belohnungen (z. B. materieller oder gefühlsmäßiger Art) minus Kosten (z. B. Streit oder Hobbys aufgeben müssen) ergeben, begrenzt, da beide Partner bei dem Erzielen ihrer Belohnungen wechselseitig voneinander abhängig sind. Übertreibt ein Partner damit, möglichst hohe Nettobelohnungen erhalten zu wollen, z. B. dadurch, dass er sich sowohl materiell als auch gefühlsmäßig von dem anderen Partner verwöhnen lässt, könnte es dazu kommen, dass er verlassen wird. Trotz des individuellen Strebens nach hohen Belohnungen wäre darauf zu achten, dass die Bedürfnisse des anderen angemessen berücksichtigt werden.

Die Frage nach der relativen Bedeutung von Belohnungsmaximierung und Fairness stellten wir in einer Untersuchung, an der 80 Personen teilnahmen, die überwiegend verheiratet waren und mit ihrem Partner zusammenlebten. Wir fragten nach den Belohnungen, die sie in ihrer Partnerschaft erfahren: Wie attraktiv der Partner ist, ob man persönliche Anerkennung erfährt, ob der Partner Sinn für Humor und ein angenehmes Wesen hat, inwieweit gemeinsame Interessen bestehen, ob man gefühlsmäßig belohnt wird und ob materielle Belohnungen gegeben sind. Außerdem wurde auch danach gefragt, ob die Beziehung einer idealen Beziehung entspricht, wenn sie anhand der Belohnungen beurteilt wird. Schließlich fragten wir nach den Kosten, die die Beziehung mit sich bringt: z. B. inwieweit Ärger und Streit erlebt werden, wie hoch der finanzielle Aufwand ist und wie viel Zeit die Beziehung in Anspruch nimmt. Zusätzlich erfassten wir, ob die Befragten Fairness in ihrer Partnerschaft erleben.

Je höher die Belohnungen (z. B. Anerkennung, Attraktivität) und je geringer die Kosten (z. B. Streit) waren, desto zufriedener waren die Befragten mit ihrer Partnerschaft. Darüber hinaus ist aber auch die erlebte Fairness für die Zufriedenheit wichtig: Je ausgewogener die Befragten das Geben und Nehmen in der Partnerschaft beurteilten, desto zufriedener waren sie mit der Beziehung. Unser Befund, der in Einklang mit US-Studien steht, zeigt, dass sowohl das hedonistische Prinzip als auch die wahrgenommene Fairness eine positive Rolle für eine zufriedene Partnerschaft spielen.

Welche Erwartungen sollten erfüllt werden?

Warum ist in manchen Bereichen einer Beziehung das Erleben von Gerechtigkeit weniger wichtig für eine glückliche Partnerschaft? Ein Grund dafür kann darin liegen, dass die Norm der

Gerechtigkeit nicht angewandt wird. Eine Person, die erwartet bzw. davon ausgeht, dass sie einen großen Anteil der Hausarbeit übernimmt, wird sich bei einer ungerechten Verteilung diesbezüglich nicht unfair behandelt fühlen. Dies gilt auch in einer vorteilhaften Position, wenn man dem Partner die gesamte Hausarbeit überlässt und selbst nichts beiträgt. Wenn man erwartet, keine Hausarbeiten auszuführen, wird man sich auch nicht ungerecht behandelt fühlen und unglücklich sein, wenn der Partner sie vollständig übernimmt. Durch geschlechterspezifische Erwartungen, die schon früh erlernt werden, kann erklärt werden, warum Frauen die Mehrbelastung im Haushalt und der Kinderbetreuung nicht als ungerecht empfinden. Selbst dann, wenn Frauen den gleichen ökonomischen Status haben wie ihr Partner, nehmen sie Mehrarbeit im Haushalt nicht übel. Untersuchungsergebnisse zeigen, dass selbst bei ausgeglichenem ökonomischem Status, wenn z. B. beide Partner denselben Beruf ausüben, Hausarbeiten immer noch vermehrt von der Frau ausgeführt werden und sie mit dieser Arbeitsverteilung nicht unzufriedener ist als ihr Partner. Es ist nahe liegend anzunehmen, dass im Bereich der Verteilung der Hausarbeit die Norm der Ausgewogenheit nicht angewandt wird, da Frauen und Männer unterschiedlich erzogen werden: Während Frauen lernen, dass sie für den Haushalt zuständig sind, lernen Männer, dass sie nicht für den Haushalt zuständig sind.

In unseren eigenen Untersuchungen fanden wir wiederholt, dass Frauen und Männer unterschiedliche Erwartungen an die Aufteilung der Hausarbeit stellen, und zwar auch dann, wenn beide gleichermaßen berufstätig sind. Wir befragten Frauen und Männer danach, inwieweit 21 Tätigkeiten im Haushalt wie z. B. Kochen, Staubsaugen, Fenster putzen, WC putzen etc. eher von ihnen selbst oder von ihrem Partner ausgeführt werden sollten. Unsere Befunde zeigen, dass Frauen meinen, dass sie die Tätigkeiten häufiger selbst ausführen sollten als ihr Partner, was von den Männern bestätigt wird. Wie sehr die hier erfragten Erwartungen das Verhalten im Alltag steuern, zeigt der weitere Befund, dass die Frauen im Alltag diese Tätigkeiten noch häufiger ausführten, als sie es ohnehin schon erwarteten, während Männer die Haushaltstätigkeiten noch seltener übernahmen, als sie es erwarteten. Wir sehen also, dass von Mann und Frau unterschiedliche Erwartungen aufgebaut werden, die das Verhalten im Alltag steuern, wobei es in der Praxis sogar zu einer Übererfüllung der Erwartungen kommt.

Wir setzen das, was wir in der Partnerschaft erhalten, mit dem in Beziehung, was wir eingebracht haben, und vergleichen das, was der Partner bekommt, mit dem, was er eingebracht hat. Wir vergleichen häufig unbewusst, ob jeder das erhält, was er verdient hat. Die wahrgenommene Fairness ist das Ergebnis eines sozialen Vergleichs, da wir uns mit einer anderen Person, in diesem Fall dem Partner, vergleichen. Es gibt auch die Möglichkeit, dass wir uns unfair behandelt fühlen, obwohl wir uns gar nicht mit dem Partner vergleichen, sondern einen anderen Vergleichsmaßstab wählen, nämlich unsere Erwartungen. Diese können sich entweder aufgrund von Erfahrungen oder aus dem Vergleich mit anderen Partnerschaften gebildet haben, z. B. Partnerschaften von Freunden, Kollegen oder in unserer heutigen Mediengesellschaft auch Partnerschaften in Spielfilmen.

Ein Beispiel aus dem Alltag mag verdeutlichen, wie wichtig unsere Erwartungen für unsere Zufriedenheit sind: Wenn wir ein hohes Einkommen haben, womit wir sehr gut unseren Lebensunterhalt finanzieren können, heißt das nicht unbedingt, dass wir auch zufrieden sind. Vielmehr ist es für die Zufriedenheit wichtig, dass unser Einkommen dem entspricht, was wir erwarten, wobei sich die Erwartungen aus unserem früheren Einkommen ergeben oder auch aus dem Vergleich mit anderen Personen, die eine ähnliche Position wie wir selbst einnehmen. Wenn das Einkommen den Erwartungen nicht entspricht, finden wir das ungerecht, wir fühlen uns benachteiligt und sind unzufrieden. Durch das Gefühl der Benachteiligung entstehen Unzufriedenheit, negative Emotionen und Stimmungen, Enttäuschung und Ärger.

Erwartungen sind ein Maßstab dafür, was wir glauben, an Zuneigung, Zärtlichkeit und Sexualität bekommen zu sollen. Haben wir beispielsweise in der Vergangenheit einen Partner gehabt, der sehr zärtlich mit uns umgegangen ist oder mit dem wir uns sehr gut sexuell verstanden haben, stellen wir hohe Erwartungen an die Zärtlichkeit und die Sexualität des aktuellen Partners. Wenn wir in früheren Partnerschaften die Erfahrung gemacht haben, dass Partner nicht zärtlich sind, und wir uns sexuell nicht gut mit früheren Partnern verstanden haben, werden wir diesbezüglich geringere Ansprüche an unseren Partner stellen (siehe Kapitel 2).

Sozial erwünschte Eigenschaften sind Merkmale, die von der Gesellschaft hoch bewertet werden und mit denen man bei anderen Menschen sehr gut ankommt, wenn man sie besitzt. Dabei handelt es sich um Eigenschaften wie Intelligenz, gutes Aussehen, eine gute Bildung, beruflicher Erfolg, ein hohes Einkommen etc. Das sind Eigenschaften, für die man, wenn man sie besitzt, eine hohe Anerkennung durch seine Mitmenschen wie z. B. Eltern, Freunde, Lehrer, Bekannte usw. erfährt. Die Ergebnisse unserer Studie zeigen, dass die Erfüllung der Erwartungen hinsichtlich der Wärme sehr wichtig für die Zufriedenheit, das Erleben von positiven Emotionen und die Bindung an die Beziehung ist. Dieses Ergebnis zeigte sich allerdings nicht in Bezug auf die erfüllten Erwartungen in der sozialen Wünschbarkeit des Partners. Es ist nicht wichtig für die Zufriedenheit mit der Beziehung, die gute Stimmung sowie die Gebundenheit an die Beziehung, dass der Partner die Erwartungen hinsichtlich Intelligenz, Aussehen, Bildung, beruflichem Erfolg und Einkommen erfüllt. Es ist eindeutig wichtiger, dass die Erwartungen in solchen Bereichen erfüllt werden, die jeden Tag in einer Beziehung eine Rolle spielen und das harmonische Zusammenleben kennzeichnen. Ist der Partner gemessen an dem, was man erwartet, warm, freundlich, entspannt, einfühlsam, emotional unterstützend und vermittelt im Gespräch Intimität, fühlt man sich wohl in der Beziehung und ist glücklich. Bei diesen Verhaltensweisen handelt es sich ebenfalls, wie bei den besonderen Gerechtigkeitsaspekten (Mögen, Gefühle zeigen), die wir im vorhergehenden Abschnitt erläutert haben, um solche, die in der täglichen Interaktion mit dem Partner verwirklicht werden. Hier ist es offenbar besonders problematisch, wenn die Erwartungen verletzt werden. Bei den sozial wünschbaren Erwartungen hingegen ist die Erwartungsverletzung offensichtlich nicht so schmerzhaft, da sie sich nicht auf das Beziehungsglück auswirkt.

Neben dem Beziehungsglück untersuchten wir, inwieweit die Erwartungserfüllung in Bezug auf die emotionale Wärme des Partners mit einer sicheren, ängstlich-ambivalenten, ängstlich-vermeidenden oder gleichgültig-vermeidenden Bindung in Zusammenhang steht. Man kann sich gut vorstellen, dass ein Partner, der die Erwartungen hinsichtlich der emotionalen Wärme erfüllt, den Bindungsstil positiv beeinflusst. Denn wenn der Partner warm und einfühlsam ist, fühlt man sich geborgen und sicher. Unsere Ergebnisse unterstützen diese Annahme. Wurden die Erwartungen erfüllt, waren unsere Befragten sicherer sowie weniger ängstlich-ambivalent, ängstlich-vermeidend und gleichgültig-vermeidend gebunden.

Wir sehen also, dass neben dem sozialen Vergleich mit dem Partner, der bei der Beurteilung der Gerechtigkeit eine Rolle spielt, auch die persönlichen Erwartungen als Bewertungsmaßstab für das positive Erleben einer Partnerschaft eine Rolle spielen. Die Erwartungen drücken aus, was uns zusteht oder was wir mindestens erhalten sollten. Bei ihrer Erfüllung sind wir glücklich, zufrieden, positiv gestimmt sowie sicherer an unseren Partner gebunden. Obwohl natürlich hohe Erwartungen weniger gut erfüllt werden können als niedrige, ist die Höhe der Erwartungen weniger wichtig für das Glück als ihre Erfüllung. Das heißt, wenn man hohe Erwartungen hat, ist es eben wichtig, dass sie erfüllt werden, wenn man niedrige Erwartungen hat, ist es ebenfalls wichtig, dass sie erfüllt werden. Über die Wichtigkeit dieses Aspekts sollte man sich daher, wenn man in einer Partnerschaft lebt, bewusst sein. Erfüllt mein Partner meine Erwartungen in Bezug auf Wärme, Geborgenheit, Liebe und Zuneigung? Oder merke ich schon seit einiger Zeit, dass ich mich in der Partnerschaft nicht so wohl fühle, und könnte das damit zusammenhängen, dass meine Erwartungen an Intimität und Zuneigung nicht erfüllt werden? Da es für jede Person individuell verschieden ist, was für sie wichtig in der Partnerschaft ist, sollte man zunächst einmal selbst darüber nachdenken, in welchen Bereichen die eigenen Vorstellungen und Wünsche nicht erfüllt werden und wie wichtig einem dies ist. Wenn es einem wichtig ist, dass der Partner den Erwartungen in der Zuneigung nachkommt, sollte man das versuchen zu thematisieren und zusammen mit dem Partner Möglichkeiten finden, seine Gefühle zu zeigen. Es kann allerdings auch sein, dass die Zuneigung, die der Partner ausdrückt, von einem selbst gar nicht richtig wahrgenommen wird. Möglicherweise findet der Partner nicht, dass er zu wenig gibt. Gerade in diesem Fall ist ein Gespräch besonders wichtig, da Missverständnisse ausgeräumt werden können. Das Ziel dieses Gespräches sollte darin liegen, dass man sich gegenseitig verstehen lernt. Das kann dadurch geschehen, dass man dem Partner seinen Eindruck behutsam schildert. Dann sollte man dem Partner die Chance geben, seine Perspektive darzulegen und ihm gut zuhören. Wenn man z. B. findet, dass der Partner die Erwartungen in die Zuneigung nicht erfüllt, sollte man sich möglichst klar darin ausdrücken, was man damit meint, z. B. geringer körperlicher Kontakt, wenig intime Gespräche etc. Möglicherweise stellt sich dann im Gespräch heraus, dass der Partner andere Formen der Zuneigung zeigt wie z. B. Essen kochen oder Verabredungen arrangieren, die einem selbst wichtig sind. Werden diese unterschiedlichen Aktivitäten thematisiert, hat der Partner einerseits die Möglichkeit, in Zukunft die gewünschten Formen der Zuneigung zu zeigen, und andererseits kann man selbst Zuneigungsbekundungen des Partners mehr Beachtung schenken, sodass man nicht mehr so sehr das Gefühl hat, zu wenig zu bekommen.

KAPITEL 4

Lebensformen

Beziehungen können zum einen unter dem Blickwinkel von Merkmalen betrachtet werden, die für das positive oder negative Erleben relevant sind (z. B. Bindungssicherheit, Konfliktintensität). Zum anderen lassen sich die demographischen Rahmenbedingungen betrachten, unter denen die Partner zusammenleben, und die Auswirkungen, die diese auf Beziehungsmerkmale wie beispielsweise Liebe und Konflikt haben. Ehe und Familie, die Wohnsituation und Kinder bestimmen die Rahmenbedingungen, unter denen sich die Partner lieben und streiten können.

Die genannten Rahmenbedingungen haben eines gemeinsam: Sie hängen mit der Dauer der Beziehung zusammen. Je länger die Beziehung besteht, desto wahrscheinlicher ist es, dass die Partner zusammen wohnen, verheiratet sind und gemeinsame Kinder haben. Aber auch wie die Partner wohnen, ob sie verheiratet sind und Kinder haben, hängt miteinander zusammen. Wenn ein Kind vorhanden ist, ist eine größere Wahrscheinlichkeit dafür gegeben, dass die Partner verheiratet sind und in einer gemeinsamen Wohnung leben. Viele Paare entscheiden sich dafür zu heiraten, weil sie eine Familie gründen möchten, was sinnvollerweise auch mit dem Leben in einer gemeinsamen Wohnung verbunden ist.

Liebt man den Partner mehr, wenn man zusammenlebt, oder liebt man ihn mehr, wenn man getrennt voneinander lebt? Welche Veränderungen ergeben sich, wenn Partner zusammenziehen? Was ist das Kennzeichnende von Partnerschaften, in denen die Partner getrennte Wohnungen aufrechterhalten? Verändert die Heirat das Erleben der Partnerschaft? Wie wirken sich Kinder aus? Diese Fragen werden im Folgenden beantwortet. Dabei liegt der Schwerpunkt auf den subjektiven Erlebnissen, die mit den genannten Umgebungsbedingungen zusammenhängen. Es geht also darum, wie sich die äußeren und materiellen Bedingungen einer Partnerschaft auf das individuelle Erleben der Partner auswirken.

Dieser Aspekt ist bisher in der psychologischen Forschung wenig untersucht worden. Stattdessen wird dieses Thema stärker in der Familiensoziologie behandelt, die darauf verweist, dass die Rahmenbedingungen von Partnerschaften heute vielfältiger und weniger festgelegt sind als noch vor 50 Jahren. In der Adenauer-Ära der fünfziger Jahre und in den sechziger Jahren war es üblich, dass Paare, wenn sie zusammenlebten, verheiratet waren. Die «wilde Ehe» wurde von der Gesellschaft missbilligend betrachtet und negativ sanktioniert. Zum Beispiel war es für unverheiratete Paare schwieriger als für verheiratete Paare, eine Wohnung zu finden. Nicht unerwähnt soll auch die Abwertung bleiben, die Mütter unehelicher Kinder erfuhren.

In der postmodernen Gesellschaft, in der viele verschiedene Lebensformen nebeneinander existieren, sind größere Wahlmöglichkeiten gegeben. So manches Paar fragt sich nach der bestgeeigneten partnerschaftlichen Lebensform. Gemeinsam wohnen, getrennt wohnen? Kinder haben, auf Kinder verzichten? Heiraten oder nicht? Die heutige Akzeptanz unterschiedlicher partnerschaftlicher Lebensformen ist ein großer humanitärer und sozialer Fortschritt, der allerdings auch eine Kehrseite hat: Sich für eine Lebensform zu entscheiden kann manchmal schwierig sein, denn wer die Wahl hat, hat häufig auch die Qual.

Das zeigt sich beispielsweise bei vielen Frauen darin, dass sie die Kinderfrage vor sich her schieben, bis schließlich die biologische Uhr zu ticken beginnt. Eine Entscheidung, ob man dem Kinderwunsch nachgeben soll oder nicht, ist vielfach nicht einfach zu treffen, wenn die berufliche Karriere oder das autonome Leben frei von Verantwortung für andere auf dem Spiel steht.

Frauen und Männer können gleichermaßen versuchen, Beruf und Familie miteinander zu verbinden, was auch einigen gelingt. Sie können sich für eine Familie entscheiden und dafür den Beruf aufgeben oder auch im Beruf bleiben und keine Kinder großziehen. In Deutschland entscheidet sich heutzutage jede dritte Frau dafür, keine Kinder zu bekommen, und unter den Akademikerinnen sind es sogar 40 Prozent, die sich gegen Kinder entscheiden.

Die drohende Überalterung der deutschen Bevölkerung hat die Bundesregierung auf den Plan gerufen, die versucht, mit Ganztagsschulen, Anrechnung von Elternzeiten und Steuererleichterungen, über die allerdings mehr geredet wird, als dass sie eingeführt werden, dem Trend zur kinderlosen Gesellschaft entgegenzuwirken. Ob diese viel zu spät und äußerst halbherzig eingeführten Maßnahmen dazu führen, dass wieder mehr Kinder geboren werden, ist fraglich und wird die Zukunft zeigen. Solange das Ehegattensplitting nicht an das Vorhandensein von Kindern in der Ehe gekoppelt wird, wird sich vermutlich nicht viel ändern.

Demographen weisen schon seit spätestens den achtziger Jahren auf den dramatischen Geburtenrückgang und seine Folgen hin. Die Geburtenrate müsste bei etwa 2,1 Kindern liegen, damit die Bevölkerungszahl über die Generationen stabil gehalten werden könnte. In Deutschland beträgt die Geburtenrate momentan allerdings nur 1,29 Kinder. Es ist offensichtlich nicht gelungen, Anreize zu schaffen, die die Geburtenrate erhöhen. Die individuelle Entscheidung für ein Kind erfolgt immer seltener und immer später, bei Frauen mit Ende zwanzig, bei Männern mit Anfang dreißig.

Wir leben in einer Zeit, in der eine große Akzeptanz der Lebensformen zu konstatieren ist: Partnerschaft mit und ohne Trauschein, Scheidung, Zweitehen oder Drittehen. Der momentane Partner wird gelegentlich als Lebensabschnittspartner bezeichnet, und viele leben erfolgreich nach dem Prinzip der seriellen Monogamie. Familiensoziologen weisen auf einen generellen Trend in diese Richtung hin. Die interessante Frage, die wir im Folgenden beantworten wollen, lautet, ob unterschiedliche Lebensformen und -bedingungen mit Unterschieden im subjektiven Erleben der Partnerschaft einhergehen.

Gemeinsam oder getrennt wohnen?

Eine gemeinsame Wohnung wird häufig als Ausdruck von Geborgenheit interpretiert. Man hat zusammen in die Wohnung investiert, dort seine Vorstellungen von einem Zuhause verwirklicht und trägt dafür gemeinsam die Verantwortung. Getrennte Wohnungen betonen die Unabhängigkeit der Partner sowie ihre eigenen Rückzugsmöglichkeiten. Sie können im Idealfall so verstanden werden, wie es in dem englischen Leitsatz «Living apart together» zum Ausdruck kommt.

Sind nun diejenigen glücklicher, die mit ihrem Partner zusammenwohnen, oder diejenigen, die getrennt von ihrem Partner wohnen? Ein Vergleich von Befragungsergebnissen legt folgende Interpretation nahe: Eine gemeinsame Wohnung ist Ausdruck von pragmatischen Einstellungen zur Partnerschaft, die damit zu tun haben, dass sich das partnerschaftliche Leben besser organisieren lässt, wenn man zusammenwohnt. Denn die Wege werden reduziert, da kein Hin- und Herfahren erforderlich ist, einige Aufgaben können gemeinsam erledigt werden (wie Wäsche waschen), und man hat finanzielle Vorteile. Dazu zählt, dass man normalerweise für eine gemeinsame Wohnung weniger Miete zahlt und geringere Nebenkosten hat als für zwei Wohnungen.

Eine Begleiterscheinung der gemeinsamen Wohnung liegt darin, dass die Investitionen in die Partnerschaft größer sind. Diese Investitionen sind sowohl emotionaler als auch materieller Art. Emotionale Gemeinsamkeiten kommen zum Beispiel darin zum Ausdruck, dass ein soziales Netz entsteht, in dessen Mittelpunkt die Wohnung liegt. Dadurch entwickeln sich gemeinsame Erlebniswelten der Partner, die in der Regel intensiver und umfassender sind, als wenn die Partner getrennt voneinander wohnen.

Materielle Investitionen (Parkettfußboden, Videoanlage oder ein Bild von Chagall) schaffen eine gemeinsame Ausstattungsbasis, die sich schleichend in eine psychologische Gemeinsamkeit übersetzt. So erinnert man sich später gemeinsam an den Zeitpunkt des Kaufs des Flachbildschirms und daran, was man unmittelbar davor oder danach zusammen gemacht hat. Gemeinsame Anschaffungen können so zu biographischen Markern werden. Schließlich kommt noch eine Abhängigkeit hinzu, über die sich viele keine Rechenschaft geben und die ihnen erst bei einer Trennung schmerzhaft bewusst wird: Partner, die zusammenleben, stimmen sich mehr in ihren Gewohnheiten wie Aufstehen, Frühstücken, Abendessen, Einkaufen, Wochenende planen etc. ab, sodass unbewusst eine stärkere Bindung durch Koordination der Aktivitäten aufgebaut werden kann, als wenn die Partner getrennt wohnen.

Das *living-apart-together* hat häufig den Charakter einer Übergangsform, die zeitlich begrenzt geplant ist. Dabei muss im Einzelfall unterschieden werden, ob der Wohnstatus das Ergebnis zufälliger Umstände ist oder eher bewusst gewählt wurde. So kann man vom Partner getrennt leben, weil man in unterschiedlichen Städten arbeitet. Oder man entscheidet sich dafür, zusammenzuziehen, wenn z. B. die Kinder aus erster Ehe ausgezogen sind. Man kann aber auch deshalb getrennt leben, weil man ein großes Autonomiebedürfnis hat, das man ausleben möchte, bis man sich eventuell dazu entscheiden kann, mit dem Partner zusammenzuwohnen. Auch für Partner, die dazu neigen, einer partnerschaftlichen Nähe aus dem Weg zu gehen, weil sie bindungstheoretisch gesprochen vermeidend sind, stellt das *living-apart-together* eine attraktive Wohnform dar.

Befragungen deuten darauf hin, dass getrenntes Wohnen eine weniger intensive Bindung hervorruft als eine gemeinsame Haushaltsführung. Getrennt wohnende Partner sind eher Vertreter eines unabhängigen und autonomen Lebensstils. Es besteht der Wunsch, die eigene Individualität aufrechtzuerhalten, zumindest wenn diese Wohnform bewusst ausgesucht ist. Bei jeder Partnerschaft besteht die Wahlmöglichkeit, sich irgendwo auf einer Dimension von Individualität bis Verbundenheit zu positionieren. Es scheint so zu sein, dass getrennt lebende Paare sich stärker für den Pol der Individualität entschieden haben, möglicherweise auch deshalb, weil sie vermeidenden Tendenzen unterliegen.

Liebe und Konflikt bei getrennt und zusammenlebenden Paaren

Die Wohnform wirkt sich auf das subjektive Erleben in der Partnerschaft bemerkenswert gering aus. Unsere Untersuchungen zeigen, dass zwischen getrennt und gemeinsam lebenden Partnern viele Übereinstimmungen bestehen, wenn wir die romantische Zuneigung, die Opferbereitschaft und die Freundschaft zwischen den Partnern betrachten. Es spricht auch wenig dafür, dass die Konflikthäufigkeit bei getrennt wohnenden Partnern niedriger ausgeprägt ist als bei gemeinsam wohnenden Partnern. Möglicherweise unterscheiden sich die Anlässe für die Konflikte in Abhängigkeit von den beiden Wohnformen, aber die Häufigkeit der Konflikte ist insgesamt sehr ähnlich. So kann es bei getrennt wohnenden Partnern zu Konflikten kommen, weil man Schwierigkeiten hat, einen Konsens darin zu finden, wann man sich treffen möchte und was man dann unternehmen will. Bei zusammenlebenden Paaren hingegen wird es eher Konflikte darüber geben, wer das gemeinsame Kind am Vormittag betreut, wer den Einkauf erledigt oder ob eine neue Couch oder ein Flachbildschirm gekauft werden soll.

Der Versuch, den Partner in Richtung auf die eigenen Wunschvorstellungen zu ändern, ist mit einem größeren Konfliktpotenzial verbunden. Dieses kann bei Zusammenlebenden aufgrund der größeren Nähe zueinander brisanter sein als bei getrennt lebenden Partnern. In diesem Zusammenhang ist auch anzumerken, dass in Partnerschaften, die unter einem hohen Konfliktpotenzial leiden, weniger miteinander unternommen wird.

Ein Vorteil der getrennt lebenden Partner scheint darin zu bestehen, dass sie ihre Intimität als intensiver erleben, was darauf zurückzuführen ist, dass sie Gemeinsamkeit als etwas Besonderes wahrnehmen. Die Zärtlichkeit wird stärker erfahren, wenn das Beisammensein auf bestimmte Anlässe und Zeitpunkte (wie das Wochenende) beschränkt ist.

Zwischen *living-apart-together* und gemeinsamem Wohnen lässt sich keine eindeutige Präferenz aus den Untersuchungsergebnissen ableiten. Vielmehr gibt es sowohl ein Plus als auch ein Minus, die mit jeder dieser Wohnformen verbunden sind: Die stärkere Bindung bei gemeinsam wohnenden Paaren wird durch mehr erlebte Zärtlichkeit bei getrennt wohnenden Paaren ausgeglichen. Insofern kann man sich – wenn man sich denn frei entscheiden kann – nach dem richten, was einem wichtiger ist: Die Wahl liegt zwischen Bindung oder Zärtlichkeit bzw. zwischen viel gemeinsam verbrachter Zeit oder begrenzter gemeinsamer Zeit.

Hilfe von Freunden

Getrennt und zusammenwohnende Paare unterscheiden sich in der gegenseitigen Unterstützung in kritischen Lebenssituationen. Wird der Partner oder werden andere Personen (Freunde, Bekannte) um Unterstützung gebeten, wenn eine Notlage eintritt? Generell ist es so, dass gemeinsam wohnende Paare ganz überwiegend auf den Partner in Notlagen zurückgreifen, etwa dann, wenn eine Krankheit auftritt, wenn nach einem Rat gesucht wird oder wenn Geld geborgt werden muss. Getrennt wohnende Paare greifen eher auf andere Personen als den Partner zurück, um sich aus solchen Notlagen zu befreien. Diese Aussage wird durch eine Ausnahme eingeschränkt: Wenn sich einer der Partner niedergeschlagen fühlt, wenden sich getrennt wohnende und zusammenwohnende Paare gleichermaßen häufig an den Partner, um sich von ihm trösten und aufbauen zu lassen. Dafür ist es entscheidend, dass eine emotionale Beziehung zu der tröstenden Person besteht, unabhängig von der Wohnform.

Unterschiede im Verhalten und Erleben der Partnerschaft bei gemeinsam und getrennt wohnenden Paaren sind zwar wie dargestellt vorhanden, können aber nicht darüber hinwegtäuschen, dass die Partnerschaft in beiden Wohnformen weitgehend ähnlich erlebt wird. Vielmehr ist die Wohnsituation eine Rahmenbedingung der Partnerschaft, die sich auf einzelne Bereiche des partnerschaftlichen Erlebens auswirkt, ohne dass dadurch der Kern der

Partnerschaft verändert werden muss. Die Wohnform setzt bestimmte Akzente, durch die sich das Erleben der Partnerschaft in die eine oder andere Richtung verschiebt, sei es hin zu Bindung, Nähe und Unterstützung oder sei es hin zu Zärtlichkeit und Unabhängigkeit. Diese Unterschiede sind allerdings auch nicht zu vernachlässigen, sondern können in sinnvoller Weise die Planung bestimmen. Dafür ist es allerdings von Vorteil, wenn beide Partner in den genannten Bereichen ähnliche Vorstellungen haben.

Warum eine Heirat eine Partnerschaft verändert

Die Heirat ist ein wichtiges Lebensereignis und stellt für die Partnerschaft häufig einen Wendepunkt dar, insbesondere wenn das Paar vor der Heirat noch nicht zusammengelebt hat und nach der Heirat zusammenzieht. Dementsprechend wird Heiraten in allen Kulturen aufwendig gefeiert.

Es wäre verwunderlich, wenn durch ein derart einschneidendes Lebensereignis nicht auch das Erleben der Partnerschaft verändert würde. Paare, die frisch verheiratet sind, sind häufig besonders stark ineinander verliebt, fühlen sich bestätigt und glauben fest an die gemeinsame Zukunft.

Viele Grundlagen der Beziehung bleiben nach einer Heirat unverändert: Die romantische Zuneigung der Partner stellt weiterhin eine wichtige Basis der Beziehung dar. Sie lässt sich bekanntlich nicht durch rechtliche Absicherung der Beziehung ersetzen. Die Versuchung, untreu zu sein, bleibt auch nach der Heirat bestehen. Die Suche nach Nähe oder die Vermeidungstendenz werden sich nach der Trauung ebenfalls nicht verändern.

Die lang andauernden Unterschiede im Vergleich vor und nach der Heirat liegen im Bereich von pragmatischen Einstellungen. Denn Verheiratete sind mehr nutzenorientiert. Das hängt vermutlich auch damit zusammen, dass es gesellschaftlich und steuerlich von Vorteil sein kann, verheiratet zu sein. Die staatliche Förderung der Ehe durch das Splitting, dessen Sinn einmal darin bestanden hat, dass Verheiratete in der Regel auch Kinder zeugten, kann dazu beitragen, dass die Heirat gerade auch von solchen Partnern angestrebt wird, die eher pragmatisch orientiert sind.

Viele Paare, die mit dem Gedanken spielen zu heiraten, stellen sich Fragen wie: «Was ändert sich eigentlich, wenn wir verheiratet sind?», «Wird sich unsere Beziehung zueinander verbessern?», «Werden wir häufiger streiten, zufriedener oder unzufriedener in der Beziehung sein?», «Werden wir uns besser oder schlechter verstehen?»

Die australischen Wissenschaftlerinnen Patricia Noller und Judith Feeney (2002) stellen aus ihrer eigenen Forschung sowie der Forschung anderer Veränderungen dar, die in den ersten Jahren nach der Heirat eintreten. Dabei betrachten sie die Veränderung der Zufriedenheit, der Konflikte, die Kommunikationsmuster zwischen den Partnern sowie die von den Partnern erlebte Nähe zueinander. Aufschlussreich ist auch, wie sich Kommunikationsmuster und Zufriedenheit über die Zeit verändern. Die Kommunikation zwischen Partnern ist besonders wichtig für die Zufriedenheit, da sie das Mittel ist, mit dem die Partner ihre Gedanken und Emotionen (mit)teilen, Entscheidungen treffen und Probleme lösen. Wie Partner miteinander kommunizieren, ob konstruktiv, destruktiv, einfühlend oder gelangweilt, ist offensichtlich ganz zentral für die Zufriedenheit und die Stabilität der Partnerschaft.

Die Befunde der Beziehungsforscher besagen, dass die partnerschaftliche Zufriedenheit in den ersten zwei bis drei Jahren nach der Heirat abnimmt, um sich dann auf einem Plateau einzupendeln. Allerdings ist bei diesen Befunden zu beachten, dass die Zufriedenheit unmittelbar nach der Heirat sehr hoch ist, sodass sie auch nach ihrer Verringerung in den ersten drei Jahren in der Regel immer noch recht hoch liegt, wenn das Plateau erreicht ist (siehe auch Kapitel 2).

Hinsichtlich der Häufigkeit von Konflikten kann gesagt werden, dass Streitigkeiten in den ersten Jahren der Ehe leicht zunehmen. Das hängt zum einen damit zusammen, dass die Beziehung zum Zeitpunkt der Heirat besonders stark idealisiert wird, zum anderen damit, dass sich die Partner zwar schon vor der Heirat über ihre Meinungsverschiedenheiten bewusst sind und insofern realistisch einschätzen, jedoch weniger realistisch die Möglichkeiten beurteilen, friedlich mit den unterschiedlichen Positionen umzugehen.

Generell gilt, dass Paare, die viele Konflikte miteinander haben, unzufriedener mit ihrer Beziehung sind als Paare, die sich wenig streiten. Studien zeigen, dass einerseits die Häufigkeit der Konflikte vor der Ehe die spätere Zufriedenheit bestimmt. Wer sich schon vor der Ehe häufig gestritten hat, ist im Status der Ehe unzufriedener als jemand, der vor der Heirat wenige Auseinandersetzungen mit dem Partner ausgetragen hat. Andererseits zeigt sich auch, dass Unzufriedenheit vor der Ehe die Häufigkeit der Konflikte in der Ehe bestimmt: Wenn man vor der Ehe schon relativ unzufrieden mit der Partnerschaft war, dann nimmt die Anzahl der Konflikte in der Ehe eher zu. Das hängt damit zusammen, dass partnerschaftliche Unzufriedenheit die Wahrnehmung weiterer Interaktionen mit dem Partner negativ färbt und dass negative Einstellungen gegenüber dem Partner entwickelt werden, die das Auftreten von Streit bei Schwierigkeiten wahrscheinlicher machen. Sieht man den Partner durch eine negative Brille, findet man häufiger einen Anlass, ihn zu kritisieren und ihm seine Fehler vorzuwerfen. Besser ist es natürlich, sich gegenseitig zu respektieren und nicht von abwertenden Vorannahmen auszugehen. Respekt und Humor sind wichtige Komponenten in einer erfolgreichen Beziehung, aber offensichtlich nicht alles, da sich auch Geschäftspartner respektieren und miteinander lachen können. Insofern Respekt zum Ausdruck bringt, dass keine Vorverurteilung des Partners an der Tagesordnung ist («Du bist immer so destruktiv und wirst es auch bleiben»), stellt er allerdings eine Voraussetzung einer guten Ehe dar. Außerdem kann eine höhere Ausprägung von Humor sich günstig auf die konfliktfreie Bewältigung von Schwierigkeiten in der Partnerschaft auswirken.

Hinsichtlich der Kommunikation der Partner kann zwischen der Quantität, also der Häufigkeit der Kommunikation, und der Qualität, die sich auf Intensität und Vielfalt der Kommunikation über Persönliches bezieht, unterschieden werden. Glückliche Paare sind dadurch gekennzeichnet, dass sie sich in ihren Gesprächen über Persönliches und Intimes austauschen. Zudem sind Paare glücklicher, wenn sie sich mehr über Positives als über Negatives unterhalten (siehe Kapitel 5). Kommuniziert man viel über Positives, wie z. B. die gegenseitige Zuneigung, wird auch die Beziehung stabilisiert. Studien zeigen, dass einerseits eine gute Kommunikation vor der Ehe zu einer erhöhten Zufriedenheit während der Ehe führt und andererseits auch eine erhöhte Zufriedenheit vor der Ehe mit einer besseren Kommunikation während der Ehe einhergeht. Paare, die intensiv miteinander kommunizieren und sich in der Kommunikation selbst öffnen, während sie das Verständnis des Partners finden, sind besonders zufrieden mit ihrer Beziehung. Andererseits führt eine hohe Zufriedenheit mit der Partnerschaft auch dazu, dass es leichter ist, sich dem Partner gegenüber vertrauensvoll zu öffnen und frei über Probleme zu sprechen.

Für das partnerschaftliche Glück ist die Aufrechterhaltung einer ehrlichen Kommunikation im täglichen Umgang miteinander zentral. Es ist zwar auch gewinnbringend für die Zufriedenheit, wenn man in der Vergangenheit gut miteinander kommuniziert hat, doch ist es besonders wichtig, wenn man mit dem Partner in der Gegenwart eine positive Kommunikation hat und in der Zukunft erwartet, dass man sich gut versteht.

Die Zufriedenheit einer Partnerschaft ist keine feste Größe. Sie verändert sich z. B. aufgrund negativer Einflüsse, die von einer destruktiveren Kommunikation ausgehen. Hingegen wird die partnerschaftliche Zufriedenheit mit einer gesteigerten konstruktiven und positiven Kommunikation zunehmen.

Da Glück ein wichtiges Ziel ist und da Unglück Leiden verursacht, liegt es nahe, therapeutische Maßnahmen in gestressten Partnerschaften auf dem Zusammenhang zwischen Kommunikation und partnerschaftlicher Zufriedenheit aufzubauen. Genau darauf beruht die verhaltenstherapeutisch ausgerichtete Paarberatung, die von dem Schweizer Beziehungsforscher Guy Bodenmann vertreten wird. Sie strebt an, die Kommunikation der Partner zu verbessern. Diese Vorgehensweise ist auf alle Fälle erfolgversprechend. Man muss sich aber klar darüber sein, dass ein einmal eingefahrenes Kommunikationsmuster zwischen den Partnern dazu tendiert, sich fortzusetzen, sodass Änderungen nur schrittweise zu erreichen sind.

In diesem Zusammenhang stellt sich auch die Frage, wie Partner bei Konflikten miteinander kommunizieren. Die Bandbreite des möglichen Konfliktverhaltens ist groß. Partner können bei Konflikten in einem negativen Austausch miteinander stehen, indem sie sich verallgemeinerte Vorwürfe machen wie «Immer kommst du zu spät. Du bist einfach nicht zu ändern», worauf der andere Partner antworten könnte «Du bist unflexibel, rigide und setzt mich dadurch unter Druck». Das ist ein destruktives Kommunikationsmuster, da Negatives mit Negativem beantwortet wird. Die wahrscheinliche Folge ist eine Negativeskalation, indem sich die Partner immer heftigere Vorwürfe machen (siehe Kapitel 5).

Ein konstruktives Kommunikationsmuster ist hingegen dadurch gekennzeichnet, dass man den Partner ausreden lässt, ihn z. B. erklären lässt, warum er zu spät kommt, ihm in der Regel vertraut und ihm nicht von vorneherein eine böse Absicht unterstellt. Durch eine solche Voreinstellung werden Konflikte leichter lösbar, und insgesamt entsteht weniger Streit. Der Leser kann selbst erproben, dass durch eine großzügigere Kommunikationsstrategie, die dem Partner Fehler zugesteht und eigene Negativemotionen nicht zum Ausdruck bringt, das Glück in der Beziehung relativ deutlich ansteigt. Eine solche Strategie ist selbst dann erfolgreich, wenn sie einseitig initiiert wird.

Es gibt Konfliktfallen, die sich immer wieder ergeben, weil echte Nullsummensituationen gegeben sind. Wenn ein Partner seine Zeit zwischen dem Beruf und der Partnerschaft aufteilt und von beiden Seiten große Erwartungen vorhanden sind, kann immer wieder ein Konflikt darüber entstehen, dass der Partner nicht so da ist, wie man es sich wünscht. Hier liegen strukturelle Konfliktfaktoren vor, die sich nur bedingt durch veränderte Kommunikationstechniken lösen lassen. Stattdessen ist es erforderlich, nach tragbaren Lösungen des Konflikts zu suchen, bei denen beide

Partner Gewinner sind, sodass die bedrohliche Gewinn-Verlust-Konstellation überwunden werden kann.

Noller und Feeney, die Paare befragten, fanden, dass die Kommunikationsmuster bei Konflikten vor und nach der Heirat recht ähnlich waren. Paare, die vor der Ehe destruktiv miteinander kommunizierten, taten es in der Ehe auch, während Paare, die vor der Ehe konstruktiv miteinander redeten, auch in der Ehe entsprechend miteinander kommunizierten. Bei den schon vor der Ehe weniger zufriedenen Paaren zeigte sich, dass sie im ersten Jahr der Ehe positiver und konstruktiver miteinander kommunizierten, um dann nach zwei Jahren wieder in destruktivere Muster zu verfallen. Offenbar besteht bei weniger zufriedenen Paaren aufgrund der Heirat zunächst das Bemühen, die Kommunikation zu verbessern, was aber leider keine nachhaltige Wirkung hat. In dieser Hinsicht scheint eine Heirat ähnlich wie eine Therapie zu wirken: Anfangs wird es besser, bevor häufig nach ein bis zwei Jahren die problematische Ausgangslage zurückkehrt. Dagegen kann man sich durch eine bewusste Änderung der Kommunikationsstrategie absichern, die allerdings nicht automatisch mit der Hochzeit hergestellt wird. Dazu bedarf es der Absicht, eine hohe Priorität auf die gute Partnerschaft zu legen sowie deren Umsetzung durch großzügiges Kommunikationsverhalten.

Andere Untersuchungen zeigen, dass eine feindliche und destruktive Kommunikation vor der Ehe generell zu einer geringeren Zufriedenheit während der Ehe führt. Wenn schon vor der Ehe eine ungünstige Kommunikation zwischen den Partnern besteht, ist das meist ein Vorbote für Probleme in der Ehe. Das sollte aber nicht so verstanden werden, dass der Misserfolg der Ehe unter solchen Umständen unvermeidlich ist. Kommunikationsmuster kann man in der Partnerschaft – einseitig oder zweiseitig – verbessern, indem man dem Partner gegenüber großzügig ist und darauf verzichtet, ihm in billiger Weise Niederlagen zuzufügen und Triumphe im Ehekrieg zu feiern. Diese Umstellung wird kritisch durch die Absicht bestimmt, im Alltag der Partnerschaft konstruktiv miteinander zu sprechen.

Hinsichtlich der Art und Weise, wie mit Konflikten umgegangen wird, gibt es zwischen Männern und Frauen einen wichtigen Unterschied: Frauen übernehmen meist den aktiven Part in der Kommunikation. Sie sprechen Konflikte an, wollen etwas verändern und machen Druck. Männer neigen dazu, sich zurückzuziehen, das Problem zu vertagen und einfach nicht zu reagieren (siehe Kapitel 5). Sie glauben, dass sie dadurch ihre Position durchsetzen können, ohne dass es zu einer Eskalation von Konflikten kommt. Dabei übersehen sie, dass diese Strategie, die häufig erfolgreich ist, ungünstige Nebeneffekte hat. Sie hat ein gewaltiges Enttäuschungspotenzial, untergräbt den Teamgeist der Partner und fördert den Eindruck eines «Nichts geht mehr». Wenn sich diese Dynamik zwischen den Partnern erst einmal eingeschlichen hat, ist es sehr wahrscheinlich, dass die Zufriedenheit mit der Beziehung beeinträchtigt wird. Das kann ironischerweise auch dann der Fall sein, wenn beide Partner es gut gemeint haben: Die Frau will aktiv an der Beziehung arbeiten, übersieht aber, dass sie ihren Mann massiv unter Druck setzt, während der Mann manifeste Auseinandersetzungen, die er für beziehungsschädlich hält, vermeiden will. Gleichzeitig baut er dadurch sein Image als kommunikationsunfähig aus. Viele Männer finden sich damit ab, weil sie auf diese Weise ihre Privilegien verteidigen können.

Frauen sind schon vor der Ehe unzufriedener mit der Beziehung, wenn die Kommunikationsmuster negativ ausfallen. In der Ehe bleibt dieser Zusammenhang bestehen. Bei Männern tritt der Zusammenhang zwischen destruktivem Kommunikationsmuster und Unzufriedenheit erst in der Ehe auf. Männer sind sich möglicherweise der Wichtigkeit der Kommunikation bei Konflikten vor der Ehe nicht so bewusst und werden erst in der Ehe durch zunehmende Erfahrung dafür sensibilisiert, während Frauen diesen Zusammenhang schon früher erkennen.

Warum nehmen Paare und besonders Frauen, die den Zusammenhang von Kommunikation und Unzufriedenheit schon vor der Ehe erleben, das Risiko der problematischen Kommunikation nicht als solche wahr und leiten einen Veränderungsprozess ein oder trennen sich frühzeitig vom Partner? Gründe dafür können in dem rosigen Blick liegen, der auf die Beziehung geworfen wird, und dem damit verbundenen unrealistischen Optimismus über den zukünftigen Erfolg der Beziehung sowie in der Ansicht, dass in eine Beziehung investiert werden muss, um sie erfolgreich zu gestalten. Möglicherweise verhindert auch die Annahme, dass Kommunikationsprobleme zu Beginn einer Ehe normal sind, dass sie als Warnsignal für potenzielle Beziehungsschwierigkeiten ernst genommen werden.

Dass die destruktive Dynamik – aktives Ansprechen von Problemen durch die Partnerin und Rückzug des Partners – die Beziehung bedroht, ist leicht nachvollziehbar, obwohl den Partnern diese Rückwirkung auf ihre Partnerschaft meist nicht bewusst ist. Trennungen werden häufiger von Frauen als von Männern initiiert. Man kann sich gut vorstellen, dass Frauen, die über mehrere Jahre hinweg erfolglos versucht haben, positive Veränderungen zu erzeugen, sich irgendwann für eine Trennung entscheiden, da sie keine Möglichkeit zur Veränderung mehr sehen. In diesem Prozess haben sie aber die Kommunikationsstruktur nur teilweise zutreffend interpretiert. Zwar haben sie richtig erkannt, dass ihr Partner einer umfassenden Kommunikation aus dem Weg geht. Was ihnen aber vielfach verborgen bleibt, ist der Umstand, dass der Partner meint, auf diese Weise positive Beziehungsarbeit zu leisten.

Weitere Missverständnisse liegen auf Seiten des Mannes in solchen Beziehungen vor. Viele glauben, Konflikte aussitzen zu können. Diese Vorstellung ist in der Partnerschaft wenig konstruktiv. Für die Männer wäre es wesentlich günstiger, von ihren bekannten Privilegien im Hinblick auf die drei K abzurücken und auf diese Weise Konflikte zu entschärfen, die sich im Zusammenhang mit dem Slogan «Kinder und Karriere, ich will beides» ergeben.

Bezogen auf die Verhältnisse in Deutschland lässt sich feststellen, dass eine Scheidung in den letzten Jahrzehnten für enttäuschte Frauen eine realistische Option geworden ist, nachdem die Reform des Scheidungsrechts 1977 stattgefunden hat. Weiterhin gilt, dass sich die Ausbildung der Frauen verbessert hat und dass dadurch günstigere Berufschancen bestehen. Daher müssen

Frauen heute weniger Angst davor haben, durch eine Scheidung vor das ökonomische Nichts gestellt zu werden. Vielmehr haben sie in der Regel alternative Lebensentwürfe zu einer unglücklichen Ehe zur Verfügung. Sie sind vielfach materiell abgesichert durch den Ex-Mann, oder sie haben die Möglichkeit, ihren eigenen Lebensunterhalt zu verdienen. Für Frauen kann es auch nach 20-jähriger Ehe durchaus attraktiv sein, allein und unabhängig zu leben, sich beruflich fortzuentwickeln und neue Beziehungserfahrungen zu sammeln.

Wenden wir uns einem weiteren Thema zu, das mit der Kommunikation in der Partnerschaft zusammenhängt. In der Kommunikation zählt nicht nur, was in Worte gefasst wird, sondern auch Blicke, Gesten und Mimik sind wichtig. Von der verbalen Kommunikation kann dementsprechend der nonverbale Ausdruck unterschieden werden. Partner können durch ihre Körperhaltung, durch Blicke und besonders durch ihren Gesichtsausdruck Botschaften versenden, die als Zuneigung, Gleichgültigkeit oder Rückzug interpretiert werden. Manche Paare verstehen sich einfach über Blicke und können ihre Zuneigung zueinander nonverbal gut ausdrücken. Für andere trägt die (Fehl-)Interpretation der Mimik und Gestik zu Irritationen bei.

Eine wichtige Frage in Partnerschaften ist, ob der Partner nonverbale Botschaften genau versteht oder ob er sie missversteht. Es ist gut vorstellbar, dass man den nonverbalen Ausdruck des Partners besser deuten kann, wenn man schon längere Zeit mit ihm zusammenlebt. Dies gilt bei Neuverheirateten sowohl für den positiven als auch für den negativen und den neutralen nonverbalen Ausdruck. Ist man frisch verheiratet, kann man den Ärger, den der Partner über den unaufgeräumten Küchentisch zeigt, besser als Ärger entschlüsseln, auch wenn er diesen nicht verbal zum Ausdruck bringt. Auch die positive Stimmung des Partners wird besser als solche erkannt, selbst wenn der Partner seine gute Laune verbal nicht kommuniziert. Die richtige Interpretation der nonverbalen Signale ist eine wichtige Voraussetzung für eine erfolgreiche Kommunikation. Der verstehende Partner, der nonverbale Signale richtig dekodiert, kann besser auf den zu verstehenden

Partner reagieren, der die Signale gesandt hat. Er kann zum Beispiel die gute Laune des Partners mit positiven Kommentaren verstärken oder bei schlechter Laune etwas dafür tun, die Stimmung des Partners zu verbessern.

Eine besonders kritische Frage, die in Partnerschaften vielfach zu Missverständnissen und Konflikten führt, ist die nach dem Niveau der Annäherung, das für beide Partner angenehm oder zumindest tolerabel ist. Nähe zueinander wird zwei Jahre nach der Heirat als weniger angenehm erlebt als zu Beginn. Dieser Befund ist insofern nahe liegend, als der Wunsch, mit dem anderen verschmelzen zu wollen, ihm nahe zu sein und abhängig von ihm zu sein, bei der Heirat in der Regel recht intensiv ist. Wenn einige Zeit vergeht, bleibt es nicht aus, dass sich die Partner wieder mehr Autonomie verschaffen wollen. Sie definieren sich dann wieder individualistischer im Sinne von «Ich» und weniger kollektiv im Sinne von «Wir».

Während wir in diesem Abschnitt betrachtet haben, welche Veränderungen sich in den ersten Jahren nach der Heirat in der Zufriedenheit mit der Partnerschaft, den Konflikten, den Kommunikationsmustern und der erlebten Nähe ergeben, wollen wir im nächsten Abschnitt untersuchen, in welchen Merkmalen sich verheiratete von unverheirateten Paaren systematisch unterscheiden.

Sind verheiratete Paare altruistischer als unverheiratete?

Ein Unterschied, der zwischen Verheirateten und Unverheirateten besteht, liegt in der Opferbereitschaft. Nach der Heirat sind die Partner eher bereit, füreinander einzustehen als vorher. In diesem Sinne erhöht die Heirat das partnerschaftliche Engagement. Die Partner sind stärker bereit zu geben, die Notlage des Partners wie eine eigene Notlage zu interpretieren und aktiv etwas dagegen zu unternehmen. Das spricht dafür, dass die Heirat die Partner veranlasst, die Perspektive des anderen anzunehmen, für ihn mitzudenken und Verantwortung für ihn zu übernehmen.

Für die Heirat gilt: Sie stellt weder die Lösung der Probleme in der Partnerschaft dar, noch kann man sagen, dass sie neue Probleme schafft. Die psychologische Bilanz für die Partnerschaft ist gemischt, da die Heirat weder eine eindeutige Verbesserung noch eine klare Verschlechterung für das Erleben der Partner in einer Beziehung bewirkt. Zwar lässt sich die größere Opferbereitschaft der Partner als Verbesserung auffassen, aber die Verstärkung pragmatischer Tendenzen kann mit einer geringeren emotionalen Beteiligung der Partner zusammenfallen: Man ist zusammen, weil es sich bewährt hat und aus Gewohnheit, weniger weil man sich liebt. Je mehr das Zweckbündnis und die Routine im Vordergrund stehen, desto weniger kommt die emotionale Zuneigung zur Geltung.

Die große Frage: Wollen wir (wirklich) Kinder?

Diese Frage ist ein Dilemma, vor dem viele Frauen ratlos stehen. Das ist vor allem dann der Fall, wenn sie eine gute Ausbildung absolviert haben und vor guten Karrieremöglichkeiten stehen. Kinder zu bekommen heißt, eine Familie zu haben, gebraucht zu werden, neue emotionale Bindungen zu entwickeln. Keine Kinder haben heißt, Karriere machen zu können, unabhängig zu sein und autonom leben zu können. In einer traditionellen Gesellschaft wie der Deutschlands, in der die Frau immer noch implizit vor die Alternative Kinder oder Beruf gestellt wird, schließt die Entscheidung für ein Kind meistens gleichzeitig die Entscheidung ein, keine Berufskarriere machen zu können oder im Hinblick auf den Beruf zu einem reduzierten Programm gezwungen zu sein (z. B. halbtags arbeiten statt ganztags), weil Ganztagsschulen bislang selten vorhanden sind.

Kinder zu haben kann auch bedeuten, dass man sich finanziell einschränken muss. Es gilt sogar die bittere Wahrheit, dass Kinder ein Hauptarmutsrisiko in Deutschland darstellen. Sozialhilfeempfänger findet man selten unter Rentnern, aber häufig unter Kindern und Jugendlichen. Weiterhin gilt, dass Kinder und Karriere wie bereits erwähnt für die meisten in Deutschland lebenden Frauen nicht gut nebeneinander zu verwirklichen sind. Die Folge ist allgemein bekannt: Nur relativ wenige Kinder werden geboren. Außerdem ist die Geburtenrate bei Akademikerinnen, also bei einer Gruppe von Frauen, die potenziell gute Möglichkeiten hat, Karriere zu machen, besonders niedrig.

Dazu schreibt Theologin Bettina Hertel:

«Paare, die heute in Deutschland Beruf und Familie gleichberechtigt miteinander vereinbaren wollen, stehen in einem Spannungsfeld von Arbeitswelt, Familie und mangelnden Möglichkeiten der Kinderbetreuung. Während in der Öffentlichkeit betont wird, wie wichtig Familien mit Kindern für die Gesellschaft seien, stellen die Erfahrungen von jungen Familien dazu häufig einen krassen Widerspruch dar. Die berufliche Realität steht den Erfordernissen von jungen Familien mit Kindern in der Regel diametral entgegen und erweist sich als äußerst unflexibel. Dazu kommt, dass soziale Systeme, die Mütter und Väter im Zusammenleben mit Kindern bisher gestützt haben, zunehmend dem Sozialabbau zum Opfer fallen.»

Auch unter den männlichen Akademikern erweist sich die Bereitschaft zur Kinderlosigkeit als hoch. So gibt es Schätzungen, dass 41 Prozent der männlichen Hochschulabsolventen im Alter von 35 bis 40 Jahren kinderlos sind. Auch wenn man bedenkt, dass Männer im höheren Erwachsenenalter noch zeugungsfähig sind, zeigen diese Statistiken doch, dass zumindest Akademiker recht zögerlich mit der Verwirklichung des Kinderwunschs umgehen.

Familiensoziologen erklären die zunehmende Kinderlosigkeit der gebildeten Männer damit, dass sie in den letzten Jahrzehnten unabhängiger von Frauen geworden sind, da sie sie nicht mehr unbedingt für die Führung des Haushalts brauchen, den sie genauso gut von einer Haushaltshilfe machen lassen oder auch selbst erledigen können, wenn sie von den Segnungen der Schnellküche Gebrauch machen. Viele junge Männer haben in der Schule auch «weibliche» Fertigkeiten wie Nähen gelernt und können sich deshalb besser selbst helfen.

Was die sexuellen Bedürfnisse angeht, hat die sexuelle Revolution, die durch die 68er Bewegung ausgelöst wurde, dazu beigetragen, dass Sexualität leichter zu haben ist als früher. Eine Folge dieser größeren Verfügbarkeit von Sexualität außerhalb der Ehe besteht darin, dass die sexuelle Befriedigung tendenziell vom Kinderwunsch entkoppelt worden ist.

Die Geburt des 1. Kindes

Trotz des starken Geburtenrückgangs seit den 70er Jahren gibt es glücklicherweise immer noch viele Paare, die sich für die Gründung einer Familie entscheiden. Wie verändert sich die Paarbeziehung, wenn das erste Kind geboren wird? Die alltägliche Erfahrung zeigt, dass die Geburt von Kindern einen großen Einschnitt für die Partnerschaft mit sich bringt. Nicht nur, dass sich das System der Zweierbeziehung auflöst und einer Dreierbeziehung Platz macht, sondern die Partner haben es auch mit neuen Aufgaben zu tun, die zeitaufwendig und belastend sind.

Neben den vielen positiven Erlebnissen, die mit der Geburt des Kindes verbunden sind, gibt es auch Stressoren, die für die Partnerschaft neu sind und sie belasten können, wenn sie nicht erfolgreich bewältigt werden. Das Baby schreit nachts, raubt den Eltern den Schlaf, will herumgetragen werden, leidet unter Unwohlgefühlen und verlangt die ganze Aufmerksamkeit der betreuenden Person. Wenn das Kind krank wird, sind die Eltern mit massiven psychischen Belastungen konfrontiert, die aufgrund der Sorge um das Kind mit depressiven Gefühlen verbunden sein können. Man kann sich nur wenige Situationen vorstellen, die derart belastend sind wie die Betreuung eines 2-jährigen Kindes, das hohes Fieber hat und bis morgens um drei in kurzen Abständen wach wird und anfängt zu weinen. Wenn Vater oder Mutter in einer solchen Lage allein sind, können sie leicht an den Rand ihrer Leistungsfähigkeit kommen. Die Negativwirkung solcher Erfahrungen wird noch dadurch verstärkt, dass Eltern selten auf derartige Belastungen vorbereitet sind. In der Schulung der Eltern vor der Geburt des ersten Kindes ist davon meist nicht die Rede, noch viel weniger von einem erfolgreichen Stressmanagement. Genau das ist aber erforderlich: realistische Informationen gepaart mit Lösungsvorschlägen.

Auswirkungen auf die Partnerschaft

Die Geburt eines Kindes hat vor allem zwei Auswirkungen auf das Erleben der Partnerschaft: Die pragmatische Einstellung der Eltern nimmt deutlich zu, und außerdem wächst ihre Opferbereitschaft. Diese beiden Veränderungen sind als funktional zu bezeichnen, da sie dazu beitragen, die größeren Anforderungen, die durch die Geburt des Kindes entstanden sind, erfolgreich zu bewältigen. Insofern kann man sagen, dass das Kind einen deutlichen Einfluss auf das Beziehungserleben der Eltern hat: Genauso wie die Eltern das Kind beeinflussen, geht auch ein prägender Einfluss von dem Kind auf die Eltern aus, der ihr partnerschaftliches Erleben zumindest in Teilbereichen verändern kann.

Die Auswirkungen des Kindes auf die Beziehung der Eltern werden auch daran deutlich, dass Eltern im Vergleich zu kinderlosen Paaren in der gemeinsam verbrachten Zeit relativ wenig miteinander unternehmen. Stattdessen steht in dem neu entstandenen Drei-Personen-System das Kind im Zentrum der Aufmerksamkeit der Eltern. Diese Entwicklung ist für die Partnerschaft nicht ganz unproblematisch, weil der Anteil der gemeinsamen Zeit, der mit Unternehmungen verbracht wird, positiv mit der Einschätzung der Liebe zusammenhängt: Je größer der Anteil der Zeit ist, der für die Partnerschaft zur Verfügung steht, desto intensiver wird die Liebe zum Partner empfunden. Daher ist es wichtig, Möglichkeiten zu schaffen, dass die Partner miteinander zusammen sein können, ohne durch das Kind «gestört» zu werden.

Wenn man sich dieser Zusammenhänge bewusst ist, können Eltern versuchen, dem Verlust der Liebe entgegenzuwirken. Sie können sich gezielt Zeit nehmen, um allein zusammen zu sein und Nähe und Intimität untereinander aufrechtzuerhalten. Dies setzt natürlich voraus, dass man andere Personen für die Betreuung des Kindes engagiert, wie z. B. Großeltern, Freunde oder einen Babysitter. Mutter-Kind-Kuren, die häufig zur Entlastung der Eltern angeboten werden, haben zwar einen positiven Effekt auf die Stressbewältigung, können aber das Defizit an Nähe und Intimität, das vielfach nach der Geburt eines Kindes zwischen den Partnern entsteht, nicht ausgleichen.

Liebe ist nicht vergleichbar mit dem Versprechen einer Gewährleistung, das immer eingelöst wird, unabhängig davon, was in der Zwischenzeit passiert ist. Sie ist vielmehr Ausdruck von konkreten Erlebnissen von Nähe und Intimität, die mit gemeinsamen Aktivitäten zusammenhängen, in denen sich das Paar als Einheit erlebt.

Zufriedenheit mit der Partnerschaft

Die Geburt des ersten Kindes führt häufig dazu, dass die traditionelle Rollenaufteilung zwischen Mann und Frau – er verdient das Geld, und sie versorgt Kind und Haushalt – wieder hergestellt wird. Insofern kann sie dazu beitragen, dass die bekannten Privilegien des Mannes in der Ehe reanimiert werden. Die Familiensoziologie spricht von einem Traditionalisierungseffekt. Eine solche Entwicklung kann für die Frau besonders enttäuschend sein, wenn ihr Mann ihr vor und in der Schwangerschaft vermittelt hat, dass er partnerschaftlich orientiert ist, und in überzeugender Weise versprochen hat, sich viel um das Neugeborene zu kümmern. Die Verbitterung aufgrund der Nichteinhaltung solcher Versprechungen kann die Harmonie in der Beziehung beeinträchtigen, sei es sichtbar in offenen Konflikten oder verdeckt in unausgesprochenen Vorwürfen. Aus Zeitbudget-Studien geht hervor, dass frisch gebackene Väter im Vergleich zu kinderlosen Männern ganze sechs zusätzliche Minuten mit Hausarbeit pro Tag verbringen und dass 80 Prozent der Haushalts- und Fürsorgearbeiten in Familien von Frauen geleistet werden. Hier liegen gravierende Defizite, für die speziell die Männer die Verantwortung tragen. Sie können sich durch eine Neuorientierung besser an die Erfordernisse einer modernen Ehe anpassen und so auch ihr eigenes Wohlbefinden stabilisieren.

Ein Problem für die Partnerschaft kann auch dadurch entstehen, dass sich die Ehemänner in der Zuneigung und Intimität vernachlässigt fühlen, wenn die Ehefrauen viel Zeit mit dem Kind verbringen. Dem liegen zwar irrationale Vorstellungen zugrunde, wenn man bedenkt, dass sich das Problem dadurch vermeiden ließe, dass die Männer mehr zur Kinderbetreuung beitragen. Aber das ändert nichts daran, dass sich viele Ehemänner durch das Baby in ihrer Position, die sie vorher eingenommen haben, bedroht fühlen. Durch eine bessere Austarierung des neu entstandenen Drei-Personen-Systems lässt sich eine solche Fehlwahrnehmung vermeiden.

Der Übergang zur Elternschaft wird in den ersten Wochen mit dem Neugeborenen von vielen Paaren als eine große Bereicherung erlebt. Sie sind mir ihrer Partnerschaft zufriedener als vor der Geburt des Kindes. Diese Zeit wird zutreffend als *baby-honeymoon* bezeichnet bzw. als «psychische Flitterwochen». Die frühen Erfahrungen mit dem Baby sind meist von Freude, Erfüllung, Zufriedenheit und neuem Lebenssinn geprägt, es sei denn, dass das Neugeborene mit Krankheiten zu kämpfen hat.

Nach diesem hoffnungsvollen Beginn mit dem *baby-honeymoon* nimmt die partnerschaftliche Zufriedenheit tendenziell wieder ab. Besonders gravierend wirken sich Erwartungsverletzungen in der Hausarbeit und der Kinderbetreuung auf die Zufriedenheit aus. In einer amerikanischen Studie von Lisa Hackel und Diane Ruble von der New-York-Universität fand sich eine deutliche

Beeinträchtigung der Beziehungsqualität in den Monaten nach der Geburt des ersten Kindes, die sich in der Abnahme der partnerschaftlichen Zufriedenheit und der sexuellen Intimität sowie einem höheren Ausmaß von Konflikten äußerte. Darüber hinaus wurde festgestellt, dass Frauen mehr Hausarbeit und Kinderbetreuung ausführten, als sie vor der Geburt des Kindes erwartet hatten, während Männer weniger Hausarbeit und Kinderbetreuung übernahmen, als sie selbst erwartet hatten. Ein Zusammenhang zwischen dem Auftreten dieser Erwartungsverletzungen und der Verschlechterung der partnerschaftlichen Zufriedenheit war allerdings nur bei den Frauen zu beobachten, die explizit eine gleichberechtigte Partnerschaft anstrebten bzw. die sehr viel mit ihrem Partner vor der Geburt des Kindes über die Verteilung der Hausarbeit gesprochen hatten. Bedeutsam war auch die Geschlechterrollenorientierung, die mehr oder weniger traditionell sein kann (entsprechend der Orientierung an weiblichen bzw. mütterlichen Werten). Frauen, die in ihrer Geschlechterrollenorientierung weniger traditionell eingestellt waren, reagierten mit Unzufriedenheit, wenn sie mehr in die Kinderbetreuung involviert waren, als sie zuvor erwartet hatten.

Ein gegenläufiger Effekt lag hingegen bei den Frauen vor, die in ihrer Geschlechterrolle traditionell eingestellt waren. Sie äußerten sich sogar zufriedener mit ihrer Partnerschaft, wenn sie mehr Hausarbeiten ausführten und sich mehr um ihr Kind kümmerten, als sie es zuvor erwartet hatten. Eine Interpretation dieses verblüffenden Ergebnisses besagt, dass diese traditionell eingestellten Frauen durch die Mehrarbeit im Haushalt und die Kinderbetreuung die Möglichkeit haben, ihre starken weiblichen Werte auszudrücken.

Somit lässt sich feststellen, dass die Geburt eines Kindes und die damit verbundenen Aufgaben nicht bei allen Müttern mit einem Absinken der partnerschaftlichen Zufriedenheit zusammenhängen. Vielmehr kommt es darauf an, inwieweit Hausarbeit und Kinderbetreuung für die Mütter identitätsstiftend sind. Ist die Frau darauf eingestellt, die drei K zu beherzigen, und von mütterlichen Werten geprägt, kann sie ihre traditionellen Wertvorstellungen durch das «Mutter-Sein» gut ausdrücken und sich selbst verwirklichen.

Somit lässt sich sagen, dass die Passung der Geschlechterrollenorientierung beider Partner eine Schlüsselstellung bei der Frage einnimmt, wie sich die Erwartungsenttäuschungen nach der Geburt des ersten Kindes auswirken. Wenn beide Partner traditionell eingestellt und der Meinung sind, der Mann sollte die Ernährerrolle einnehmen und die Frau die Rolle von Hausfrau und Mutter, dann stellt die Mehrarbeit, die durch Haushalt und Kinderbetreuung entsteht, für das Selbstverständnis der jungen Mutter kein Problem dar. Hingegen ist eine Frau, die auf die Gleichheit der Partner in Rechten und Pflichten Wert legt, gut beraten, darauf zu achten, dass der potenzielle Vater wie sie selbst gleichheitsorientiert in die Partnerschaft geht. Damit besteht zumindest eine gewisse Wahrscheinlichkeit dafür, sich die Arbeiten im Haushalt und bei der Kinderbetreuung teilen zu können und aufgrund dessen auch weiterhin eine zufriedene Partnerschaft zu führen. Das Problem der männlichen Heuchelei, das offensichtlich in diesem Kontext eine nicht unerhebliche Rolle spielt, ist damit allerdings noch nicht gelöst.

Ein wichtiger Aspekt bei den Folgen von Erwartungsenttäuschungen ist auch, ob dem Partner dafür die Schuld zugeschrieben wird. In einer von uns angeleiteten Studie zeigte sich, dass die Zufriedenheit mit der Partnerschaft bei den jungen Müttern besonders gering ausfiel, die ihrem Partner die Schuld für ihre Mehrbelastung zuschrieben und die annahmen, dass der Partner die negativen Folgen hätte absehen können.

Wenn man sich die Frage stellt, wie auf den Übergang zur Elternschaft reagiert werden kann, bieten sich verschiedene Möglichkeiten für die Bewältigung dieser Belastungssituation an. Eine konstruktive Möglichkeit besteht darin, den Übergang zur Elternschaft als eine Herausforderung zu sehen, die es gilt zu meistern. Man kann an seinen Aufgaben wachsen, indem man sich ihnen stellt. Zwar erleben viele Paare die Elternschaft als stressvoll, sodass die Beziehungszufriedenheit beeinträchtigt wird, jedoch gilt dieser allgemeine Trend nicht für alle Paare gleichermaßen.

Manche Paare sind nach der Geburt des ersten Kindes auch über Monate und Jahre besonders zufrieden, berichten von vermehrter sexueller Aktivität, fühlen sich einander nah und können Probleme besonders gut bewältigen.

Wie ist es zu erklären, dass es Paare gibt, die den Übergang zur Elternschaft hauptsächlich positiv erleben? Ursache für einen leichten Übergang zur Elternschaft können psychologische Merkmale der Eltern wie z. B. Selbstwertgefühl und psychische Gesundheit sein, aber auch Merkmale des Kindes wie z. B. sein ruhiges Temperament sowie die Akzeptanz der Aufteilung der neuen Aufgaben, die sich nach der Geburt des Kindes ergibt. Schließlich können sich auch familiäre Unterstützung, etwa durch die Großeltern, soziale Netzwerke und kulturelle bzw. gesellschaftliche Normen günstig auswirken.

Was die gesellschaftlichen Normen angeht, gilt, dass in Kulturen, in denen für Frauen und Männer die Arbeit und die Karriereziele für wichtig gehalten werden, die Zufriedenheit in der Partnerschaft besonders leicht beeinträchtigt werden kann, wenn das erste Kind geboren wird. In solchen kulturellen Zusammenhängen werden durch das erste Kind realistische Befürchtungen geweckt, bestehende Karriereziele nicht mehr erreichen zu können. Umgekehrt tragen gesellschaftliche Normen, die es erleichtern, die Rolle von Mutterschaft und Beruf zu vereinbaren, dazu bei, dass die Eltern – und vor allem die Mutter – sich mit der neuen Situation, die durch die Geburt ihres Kindes entsteht, relativ problemlos einrichten können.

Für die Bewältigung der Erstelternschaft ist es wesentlich, wie die Veränderungen bewertet werden und inwieweit man Kompetenzen zur Verfügung hat, die zur Lösung der zahlreichen Probleme geeignet sind. Daher kann es nicht verwundern, dass es günstiger ist, wenn die Veränderungen eher als Herausforderung aufgefasst werden, die man bewältigen kann, indem man z. B. auf vorhandene soziale Unterstützungssysteme und staatliche Betreuungsangebote zurückgreift.

Wie oben erwähnt kann sich auch die psychologische Konstitution der Eltern positiv auf den Umgang mit der Elternschaft auswirken. Dazu zählt die Erfahrung mit konfliktfreien Beziehungen z. B. zu den eigenen Eltern oder auch zu früheren Beziehungspartnern. Personen, die im Laufe ihrer Biographie einen sicheren Bindungsstil und damit Vertrauen in sich selbst und in andere erworben haben, können auch dann zusammenhalten, wenn Stress auftritt. Denn sie haben die Neigung, die an sich stressvollen Lebensereignisse günstiger zu bewerten, sodass sie als weniger belastend erlebt werden, und konstruktive Bewältigungsstrategien anzuwenden, die die stresshafte Situation schneller überwinden helfen. Dazu zählt z. B., andere um Rat zu fragen und soziale Unterstützung zu suchen. Generell gilt, dass problembezogenes Verhalten, welches darauf gerichtet ist, die bestehenden Belastungen zu meistern, sich günstig auswirkt. Initiative, Handlungsbereitschaft und Optimismus sind psychologische Neigungen, die sich in diesen Belastungssituationen erfolgreich einsetzen lassen.

Jeffry Simpson von der Texas-A&M-Universität und seine Kollegen untersuchten, inwieweit die Sicherheit der Bindung in einem Zusammenhang mit positiven und negativen Reaktionsweisen steht. Sichere Partner können aufgrund ihrer psychischen Ressourcen und durch ihre Einschätzung, dass sie den Stress bewältigen können, den Übergang zur Elternschaft erfolgreich gestalten. Andererseits neigen Personen, die eine unsichere und insbesondere auch eine ängstliche Bindung erworben haben, dazu, auf diese Belastungen mit negativen Emotionen wie Ärger und Trauer zu reagieren und sich darüber hinaus auch noch selbst die Schuld dafür zuzuschreiben, dass die Elternschaft mit Schwierigkeiten verbunden ist. Für diese Eltern ist eine Neubewertung ihres Handelns und eine Zurücknahme von übertriebenen Standards dafür, was gute Eltern sind, empfehlenswert. Außerdem ist es wichtig, sich seinen Humor zu bewahren, der zwar manchmal als Galgenhumor empfunden werden mag, letztlich aber dazu beiträgt, die psychische Distanz aufrechtzuerhalten, sodass man nicht von Ängsten und Schuldgefühlen überschwemmt wird. Wenn unsichere Eltern feststellen, dass sie vieles im Umgang mit ihrem Kind richtig machen, können sie schrittweise ihre Ängstlichkeit zurückschrauben, sodass sie zunehmend aktiv und zupackend mit den Herausforderungen der Elternschaft umgehen können.

Veränderungen der Liebe über die Zeit

Wie verändern sich die Beziehungserlebnisse in der Zeitdimension? Über die Zeit hat man sich näher kennen gelernt, kennt die Stärken und Schwächen des Partners. Man hat mit zunehmender Dauer der Beziehung aber auch viel Gemeinsames mit dem Partner bezogen auf Intimität, Sexualität, Urlaub und die alltäglichen Ereignisse erlebt. Wie wirkt sich die Dauer der Partnerschaft auf das Erleben aus? Wird die Partnerschaft über die Zeit langweilig, oder wird sie interessanter, freundschaftlicher und romantischer? Unser Alltagswissen lässt uns vermuten, dass die sexuelle Anziehungskraft über die Zeit nachlässt und die Freundschaft über die Zeit zunimmt. Wie sieht es mit dem zeitlichen Verlauf hinsichtlich konfliktbeladener Gefühle und Verhaltensweisen wie Eifersucht und Untreue aus? Nehmen sie mit zunehmender Dauer der Beziehung ab oder zu?

Eine Antwort auf diese Fragen kann gegeben werden, wenn Partnerschaften über einen längeren Zeitraum betrachtet werden, um zu ermitteln, inwieweit eine Zunahme oder Abnahme von Liebe, Eifersucht oder Untreue auftritt. Wir haben uns die Veränderungen dieser Merkmale über einen Zeitraum von 4½ Jahren angesehen. Die Resultate verdeutlichen, dass intime Beziehungen nicht statisch betrachtet werden können. Vielmehr treten mit der zeitlichen Dauer der Beziehung systematische Veränderungen auf, denen man sich vermutlich nur schwerlich entziehen kann (außer indem man die Beziehung verlässt).

Veränderungen ergeben sich z. B. im Hinblick auf die romantische Liebe, die sich mit zunehmender Länge der Beziehung eher verringert. Unsere Untersuchungsergebnisse bestätigen in diesem Fall das Alltagswissen: In der Regel ist die Liebe nach 4–5 Jahren nicht mehr ganz so heiß, wie sie am Anfang war. Es ist wohl eine

Illusion zu glauben, dass man die romantische Liebe über viele Jahre auf einem sehr hohen Niveau erleben könnte. Um diese Veränderung in ihrer Bedeutung für die Partnerschaft einordnen zu können, ist zu berücksichtigen, dass die romantische Liebe in der Regel keineswegs auf den Nullpunkt sinkt. Vielmehr ist die romantische Liebe nach einigen Jahren Partnerschaft im Allgemeinen immer noch stark ausgeprägt, wenn auch verringert. Insofern ist die Verklärung der frühen Beziehungsphase im Rückblick verständlich, da sich die Spitzen an romantisch/sexueller Zuneigung in der Verliebtheitsphase langfristig nur bedingt wiederholen lassen.

Die romantische Liebe ist in langfristigen Beziehungen durch die Anforderungen des Alltags und die damit verbundenen Belastungen (z. B. Stress am Arbeitsplatz, Kinder, Hausarbeit) in ihrer hohen Ausprägung bedroht. Das ist besonders dann der Fall, wenn die Paare zu wenig Zeit miteinander verbringen, in der sie die Intimität der Zweisamkeit pflegen können. Paare, die lange zusammenleben, können ihr alltägliches Leben mit gemeinsamen angenehmen Aktivitäten bereichern. Dazu bieten sich z. B. Theater- oder Kinobesuche an, eine Verabredung zum gemeinsamen Abendessen oder auch ein Kurzurlaub.

Solche Aktivitäten dienen der romantischen Liebe, wenn sie zu zweit unternommen werden, sodass man sich dem Partner ganz zuwenden kann. Gesten der Intimität und Zärtlichkeit sowie körperliche Berührungen und verbale Zuneigungsbekundungen bereichern die romantische Liebe und schaffen eine angenehme Atmosphäre für das Erleben der Sexualität, das mit romantischen Gefühlen verbunden ist.

Wie sieht es mit der freundschaftlichen Liebe aus? Die Freundschaft zwischen den Partnern nimmt über die Jahre zu. Die Partner betonen nach Jahren der Gemeinsamkeit stärker als am Anfang der Beziehung, dass sie ein gutes Team sind, das erfolgreich kooperiert. Dahinter kommt eine veränderte Schwerpunktsetzung in der Partnerschaft zum Ausdruck, die als gemeinsames Projekt definiert wird, das auf Freundschaft aufgebaut ist. Für die Pflege der Freundschaft ist es wichtig, die Bereitschaft zu haben, in guten und schlechten Zeiten füreinander da zu sein und gemeinsam durch dick und dünn zu gehen. Gegenseitiger Respekt, Einfühlung in den Partner und offene Kommunikation über Wünsche und Bedürfnisse zeichnen ebenfalls eine auf Freundschaft gegründete Partnerschaft aus.

Pragmatische und altruistische Liebe als Einflüsse in einem Kreisprozess

Partner, die zusammenwohnen, verheiratet sind und gemeinsame Kinder haben, werden eher eine pragmatische Einstellung zur Partnerschaft zum Ausdruck bringen als getrennt lebende, unverheiratete oder kinderlose Partner. Eine pragmatische Einstellung zur Partnerschaft kann dazu führen, dass eine gemeinsame Wohnung gewählt und geheiratet wird, weil damit eine ökonomisch günstigere Situation hergestellt wird. Eine gemeinsame Wohnung reduziert die Lebenshaltungskosten, während eine Heirat sich zudem vielfach günstig auf das Nettoeinkommen auswirkt. Daher ist anzunehmen, dass Personen, die ihre Partnerschaft eher unter pragmatischen Gesichtspunkten sehen, bemüht sind, genau diese Rahmenbedingungen herzustellen, damit sie mehr von der Partnerschaft «haben».

Umgekehrt ist auch daran zu denken, dass sich die sozialen Rahmenbedingungen auf das Erleben der Partnerschaft auswirken. Wenn z. B. in der Partnerschaft Kinder geboren werden, liegt es nahe, eine hohe pragmatische Einstellung zu entwickeln, da viele Probleme zu bewältigen sind. Im Interesse eines gemeinsamen Kindes kann es den Partnern lohnenswert erscheinen, eine Beziehung fortzuführen, auch wenn Spannungen und Belastungen auftreten. Ähnlich kann es auch sein, dass das Vorhandensein einer gemeinsamen Wohnung die pragmatische Einstellung fördert und die Partner bemüht sind, in erträglicher Weise miteinander umzugehen. Sie versuchen, sich nicht über die berühmte Zahnpastatube zu streiten, sie richten sich ein eigenes Zimmer ein, um sich zurückziehen zu können, versuchen, sich keine Vorwürfe zu machen, wenn der Partner einen Fehler begeht, und akzeptieren die Freunde des anderen.

Verhalten sich die Partner im Alltag unfreundlich, unhöflich und missbilligend zueinander, wird das Zusammenleben schnell zur Qual. Den anderen in seinen Wünschen, Bedürfnissen und Gewohnheiten zu akzeptieren, ist eine Voraussetzung für das zufrieden stellende Zusammenleben. Damit diese Akzeptanz erzeugt wird, bedarf es häufig einer pragmatischen Orientierung, die sich im Unterschied zu einer besitzergreifenden Orientierung dadurch auszeichnet, dass man möglichst rational an die Dinge des Alltags herangeht und nicht gleich den Tyrannen herauskehrt, wenn der Partner mal später als erwartet nach Hause kommt.

Im Zusammenhang mit pragmatischen Einstellungen ergibt sich vielfach ein kreisförmiger Abhängigkeitsprozess: Eine pragmatische Einstellung führt zu einer größeren Bereitschaft, eine gemeinsame Wohnung zu suchen oder zu heiraten und Kinder zu bekommen, während das Leben in einer gemeinsamen Wohnung oder in einer Ehe und das Vorhandensein von Kindern zusätzlich pragmatische Tendenzen in den Vordergrund rückt, wie es in der folgenden Abbildung veranschaulicht wird.

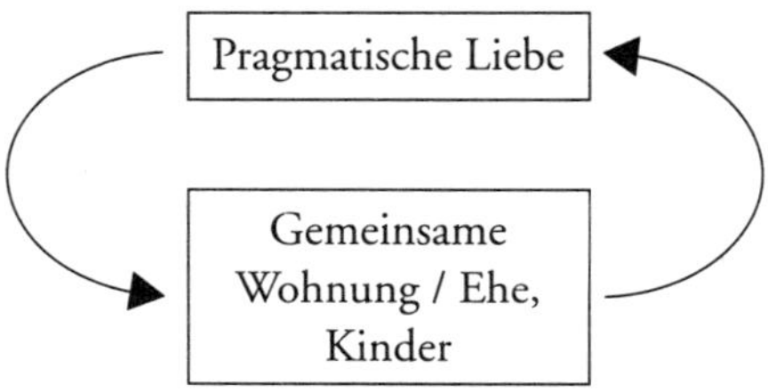

Pragmatische Liebe als Einfluss in einem Kreisprozess

Abschließend ist darauf hinzuweisen, dass ausgeprägte pragmatische Einstellungen in der Partnerschaft wie auch im Leben allgemein Probleme in sich bergen. Diese wurden von Erich Fromm (1979) als «Haben»-Orientierung beschrieben, der er die «Sein»-Orientierung gegenüberstellte. Fromm beschreibt die Existenzweise des Habens als eine, die auf den Besitz von Eigentum ausgerichtet ist. «Es ist die Haltung, die im Buddhismus als Gier, in der jüdischen und christlichen Religion als Habsucht bezeichnet wird» (S. 79). Die Orientierung des Seins beruht auf der Tätigkeit in Übereinstimmung mit dem menschlichen Potenzial, sich ethisch und tugendhaft zu verhalten. Fromm ist fest davon überzeugt, dass sich die Existenzweise des Habens negativ auf die Psyche auswirkt, während die Existenzweise des Seins positive Auswirkungen hat.

Pragmatismus im Sinne von Bestrebungen, die die eigene Machtausübung in den Mittelpunkt rücken, kann also das Glück beeinträchtigen. Diese Annahme wird durch eine Untersuchung Fromms bestätigt, in der ein Vergleich von Personen, die wegen Partnerschaftsproblemen eine Erziehungs- oder Familienberatungsstelle aufgesucht haben, mit solchen vorgenommen wurde, die nicht in Behandlung waren. Denn die Erstgenannten schätzten ihre pragmatische Liebe höher ein als die Vergleichsgruppe. Bei dem Versuch, möglichst viele Vorteile in der Partnerschaft zu realisieren, waren sie offensichtlich gescheitert. Pragmatische Orientierung im Sinne eines egoistischen Strebens stößt schnell an ihre Grenzen, wenn sie übertrieben ausgelebt wird. Ein Schuss pragmatischer Einstellung tut einer Beziehung sicher gut, während ein überbordender Pragmatismus, der die Partnerschaft primär unter Nutzenaspekten betrachtet, ihre Beständigkeit gefährdet.

Opferbereitschaft bringen entspricht der Existenzweise des Seins. Erich Fromm schreibt dazu: «Die Bereitschaft zu schenken manifestiert sich in jedem, der wirklich liebt.» Die partnerschaftliche Opferbereitschaft wird durch soziodemographische Rahmenbedingungen beeinflusst. Sowohl zusammenwohnende Partner als auch Ehepartner weisen höhere Werte in der altruistischen Liebe auf. Zur Begründung lässt sich anführen, dass die größere Nähe, die durch Heirat und Zusammenwohnen zum Ausdruck kommt, eine größere Bereitschaft zu altruistischer Liebe hervorruft. Lebt man mit dem Partner zusammen, erfordert es der Alltag, Dinge für ihn zu erledigen. Man bekommt eher den Eindruck, sich für den Partner, mit dem man zusammenwohnt, zu engagieren, als wenn man getrennt von ihm wohnt. Weiterhin ist zu vermuten, dass das Vorhandensein von Kindern mit einer größeren Ausprägung der altruistischen Liebe verbunden ist, weil für die Erziehung der Kinder die gegenseitige Unterstützung der Elternteile erforderlich ist.

Der Zusammenhang zwischen Rahmenbedingungen und altruistischer Liebe lässt sich wieder als kreisförmiger Abhängigkeitsprozess darstellen. Einerseits gilt, dass eine altruistische Einstellung dazu führt, dass eher eine gemeinsame Wohnung gesucht wird und dass ein stärkerer Kinderwunsch besteht. Umgekehrt kann das Vorhandensein eines gemeinsamen Kindes dazu beitragen, dass die Opferbereitschaft wächst. Durch die neue Herausforderung werden neue Einstellungen sichtbar, die vorher nicht zutage getreten sind.

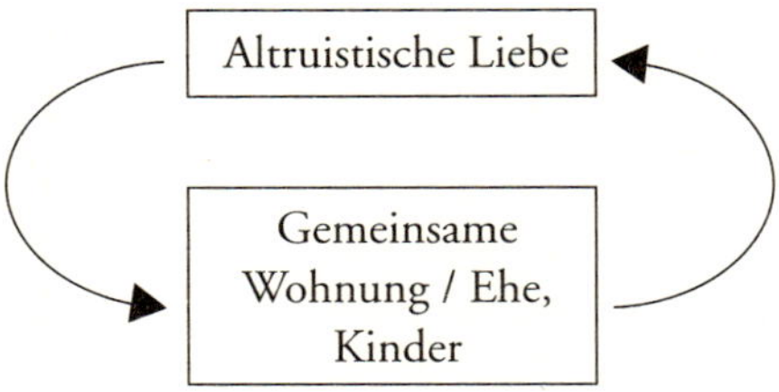

Altruistische Liebe als Einfluss in einem Kreisprozess

Altruistische Liebe als Puffer gegen egozentrische Fehleinschätzungen

Die Bedeutung der altruistischen Liebe für eine langfristig gute Partnerschaft kann damit zusammenhängen, dass viele Partner dazu tendieren, ihren eigenen Beitrag für die Beziehung zu überschätzen und den Beitrag des Partners zu unterschätzen. Was man selbst beigetragen hat, ist einem unmittelbar im Gedächtnis verfügbar. Andererseits bleiben die Beiträge des Partners weniger deutlich im Gedächtnis haften und werden deshalb auch leichter ignoriert.

Diese egozentrischen Irrtümer sind Ausdruck davon, dass jeder seine eigene Verantwortlichkeit im Vergleich zu dem anderen überschätzt, während die Verantwortlichkeit des Gegenübers unterschätzt wird. Aufgrund der scheinbaren Benachteiligung und der damit verbundenen Missverständnisse kann das Beziehungsglück beeinträchtigt werden.

Die Tendenz zu dieser Fehleinschätzung kann gemildert werden, wenn die Partner eine altruistische Einstellung entwickeln, d. h. eher bereit sind, die Perspektive des Partners zu übernehmen und sich an dessen Bedürfnissen zu orientieren. Außerdem werden die Beiträge des anderen von altruistischen Partnern seltener missachtet und eher anerkannt, sodass eher eine erhöhte gegenseitige Akzeptanz entsteht.

KAPITEL 5

Realitätstest für Träume

Das Eheversprechen beinhaltet den Vorsatz der Eheleute, sowohl in guten als auch in schlechten Zeiten zusammenzuhalten. Dieses Versprechen einzuhalten ist jedoch nicht ganz einfach, wie die Scheidungsraten zeigen. In Deutschland geht die Tendenz dahin, dass zwei Eheschließungen eine Scheidung gegenübersteht.

Aus dieser Statistik kann man eine einfache Schlussfolgerung ziehen: In Partnerschaften geht viel schief. Dabei handelt es sich nicht nur um Meinungsverschiedenheiten und gelegentliche Auseinandersetzungen, sondern auch um Konflikteskalationen, die bis zur verbalen oder physischen Aggression reichen.

In diesem Kapitel wollen wir betrachten, welche Schwierigkeiten und Probleme in Partnerschaften auftreten, die das Glück und die Stabilität beeinträchtigen können. Dabei werden wir darstellen, wie Konflikte zwischen den Partnern entstehen und welche Formen des Umgangs miteinander, des Denkens über die Beziehung und der Kommunikation zwischen den Partnern ungünstig für die Beziehung sind, weil sie die Konfliktbewältigung erschweren.

Dem negativen Erleben bei Schwierigkeiten und Auseinandersetzungen lässt sich positives Verhalten der Partner gegenüberstellen, das mit dem Vorhandensein von Konflikten koexistiert oder dadurch ausgelöst wird. Denn es wäre ein großes Missverständnis, romantische Beziehungen als konfliktfreie Zonen anzusehen. Das ist weder erstrebenswert noch realistisch. Konflikte können konstruktiv bewältigt werden, wenn die Partner die sozialen Fertigkeiten dazu haben und an einer positiven Gestaltung der Beziehung interessiert sind. Das heißt aber auch, dass sich die Partner auf die Beziehung wirklich einlassen und versuchen, sich gegenseitig zu verstehen, zu respektieren und zu achten. Das Aushandeln eines Kompromisses bei Meinungsverschiedenheiten kann bewirken, dass Schwierigkeiten der Partnerschaft in Stärken umgemünzt werden.

Die niederländischen Sozial- und Organisationspsychologen Nico van Yperen und Evert van de Vliert von der Universität Groningen betonen in ihrer Theorie des produktiven Konflikts, dass Meinungsverschiedenheiten ein alltägliches Geschehen im zwischenmenschlichen Bereich darstellen. Um die Partnerschaft voranzubringen, ist nach dieser Theorie ein mittleres Spannungsniveau am günstigsten. Ein geringes Spannungsniveau hat zur Folge, dass Meinungsverschiedenheiten vernachlässigt (verdrängt) werden und eine Nichtkonfrontation bevorzugt wird, während ein hohes Spannungsniveau dazu führt, dass unterschiedliche Auffassungen in Aggressionen eskalieren. Bei einem mittleren Spannungsniveau hingegen sollte die Bereitschaft, unterschiedliche Lösungswege für den Konflikt zu suchen und einen Kompromiss auszuhandeln, am größten sein. Nur ein solches Aushandeln, das auf der Abstimmung unterschiedlicher Interessen beruht, bringt das Paar weiter. Ausblenden von Konfliktfeldern durch Nachgeben oder aggressive Durchsetzung der eigenen Interessen führen hingegen in jeweils unterschiedliche Sackgassen.

Wie lässt sich nun ein mittleres Spannungsniveau im Konfliktfall kennzeichnen? Die Partner sind verärgert, aber nicht empört. Sie sind genervt, aber nicht aggressiv. Sie reden laut miteinander, ohne sich anzuschreien. Sie machen sich Vorwürfe in der Sache, aber stellen den Charakter des anderen nicht in Frage. Es kann sogar sein, dass ein kleiner Streit, der dem Aushandeln vorausgeht, die Einigung beflügelt.

In einem zweiten Teil dieses Kapitels wenden wir uns Verhaltensweisen zu, die besonders bedrohlich für die Partnerschaft sind. Darunter fällt, wenn ein Partner fremdgeht, denn Affären werden häufig als Hauptursache für Trennungen genannt. Dabei stellt sich die Frage, warum ein Partner überhaupt eine Affäre eingeht. Viele suchen in einer Affäre Unterstützung, Freundschaft, Verständnis, Respekt, Aufmerksamkeit, Fürsorge oder Interesse, d. h. Aspekte, die sie in ihrer Ehe oder bei ihrem Lebensgefährten möglicherweise vermissen. Konflikte mit dem Partner oder Einsamkeit in der Partnerschaft können ein Grund für eine Affäre sein. Im Sinne der Evolutionspsychologie kann man vermuten, dass dahinter die Absicht steht, aufgrund der Einschränkung und Gefährdung der bestehenden Beziehung vorsichtshalber schon einmal neue Partnerschaften anzubahnen. Diese Absicht muss keineswegs bewusst sein, kann aber auftauchen, wenn man die Motive der untreuen Person hinterfragt.

Ein anderer Grund für Untreue kann aber auch darin bestehen, dass der Partner, der eine Affäre hat, Bestätigung außerhalb seiner Beziehung sucht, weil es ihm oder ihr viel gibt, von mehreren Männern oder Frauen umworben oder bewundert zu werden. Die Suche nach Spannung und sexuellen Abenteuern kann ebenfalls ein Grund für Affären sein.

Eng mit der Untreue verbunden ist die Eifersucht des Partners, der sich betrogen fühlt. Die Eifersucht kann, vor allem wenn sie stark oder extrem ausgeprägt ist, zu weiteren Konflikten führen, die das Glück und die Zufriedenheit der Partner beeinträchtigen. Eifersucht ist ein schillerndes Phänomen. Sie gehört zur Partnerschaft dazu wie die romantische Liebe, sie kann aber auch übermächtig werden und die Beziehung gefährden, obwohl sie eigentlich auf die Stabilisierung der Partnerschaft gerichtet ist.

Abschließend wird thematisiert, wie man mit Schwierigkeiten am besten umgehen kann, wenn man mit seinem Partner zusammenbleiben will. Wie wir sehen werden, ist dafür das Verzeihen von entscheidender Bedeutung, da es eine große Kraft darstellt, die emotionale Wunden, die durch Übergriffe und Beleidigungen in der Partnerschaft entstanden sind, heilen kann.

Konflikte in Partnerschaften

Was sind Konflikte in Partnerschaften, und wann treten sie auf? In jedem Fall spricht man von einem Konflikt, wenn sich ein Paar in einem bestimmten Bereich – wie z. B. der Kindererziehung – uneinig ist. Aber auch auf der Ebene der Problemlösung können

Konflikte entstehen, wenn beispielsweise ein Partner versucht, das Problem aktiv durch Kommunikation anzugehen, während der andere sich passiv und ausweichend verhält. Schließlich ist eine Partnerschaft generell konfliktbehaftet, wenn sie unglücklich ist. Der Grund hierfür kann z. B. darin liegen, dass die Partner nicht so gut zusammenpassen, zu wenig zärtlich zueinander sind, zu wenig Liebe ausdrücken, unterschiedliche Bedürfnisse haben oder sich gegenseitig einengen. Konflikte in Partnerschaften können auf Störungen, Unstimmigkeiten, gefühlsmäßigen Spannungen, unterschiedlichen Kommunikationsmustern (z. B. wenn ein Partner defensiv und verschlossen ist, während der andere unterstützend handelt), Ängstlichkeit und widersprüchlichen nonverbalen und verbalen Botschaften beruhen (z. B. wenn der Partner ein starres Gesicht zeigt, während er dem anderen ein Kompliment macht).

Um sich die Schwierigkeiten, die durch Konflikte hervorgerufen werden, besser vorstellen zu können, ist es nützlich, zwischen mehreren Konfliktformen zu unterscheiden. Daniel Canary, William Cupach und Susan Messman von den Universitäten Pennsylvania State und Illinois State beschreiben unterschiedliche Formen von Konflikten in Partnerschaften. Konflikte können danach unterschieden werden, ob es sich um ein konkretes Verhalten handelt, das dem Partner missfällt – wenn z. B. einer die Zahnpastatube immer offen lässt –, oder ob es sich um unterschiedliche Regeln und Normen handelt, die die Partner haben. Beispielsweise, wenn er nicht einsieht, dass er sie anrufen soll, wenn er später kommt, oder sie feministische und er traditionelle Vorstellungen von einer Partnerschaft hat. Auch unterschiedliche Persönlichkeitseigenschaften oder Bindungsmuster (siehe weiter unten) können zu Konflikten führen.

Konflikte können entstehen, wenn Partner unterschiedlicher Meinung sind (z. B. hinsichtlich politischer Ereignisse), unterschiedliche Interessen haben (z. B. in der Freizeit), verschiedene Zielsetzungen verfolgen (jeweils die eigene berufliche Karriere fördern) oder wenn sich ein Partner von dem anderen vernachlässigt fühlt.

Streit hat meistens einen konkreten Anlass. Dahinter kann sich ein grundlegender Beziehungskonflikt verstecken. Ein solcher versteckter Partnerschaftskonflikt ist gegeben, wenn die Frau meint, dass der Mann nicht genügend auf sie eingeht und zu wenig Zeit mit ihr verbringt, ohne dass sie ihre Kritik ausspricht. Die Konfliktlösung profitiert davon, wenn man zwischen der sachlichen Ebene der Auseinandersetzung und der Beziehungsebene unterscheidet. Wenn ein Konflikt entsteht, weil der Mann viel Fußball im Fernsehen sieht, während sich die Frau seit längerem vernachlässigt fühlt, kann eine konstruktive Lösung des Konflikts darin bestehen, dass die Frau akzeptiert, dass der Mann das Fußballspiel sieht, während er sich ansonsten Mühe gibt, die Bedürfnisse seiner Frau nach Gemeinsamkeit mehr zu berücksichtigen. Konkret könnte das so aussehen, dass er mit ihr ins Kino oder ins Theater geht oder sich mit ihr für einen intimen Abend verabredet. Das sind nur Beispiele. Jedes Paar muss selbst den für beide Seiten akzeptablen Kompromiss finden.

Konflikte treten einerseits plötzlich auf, z. B. wenn ein Partner auf einer Party mit jemandem flirtet und der andere Partner eifersüchtig reagiert. Andererseits können sich Konflikte mit zunehmender Dauer der Beziehung auch schleichend entwickeln. In jedem Fall beeinträchtigen Konflikte die Beziehungszufriedenheit. Je häufiger Konflikte auftreten, desto unzufriedener sind die Partner. Es macht einen erheblichen Unterschied, ob nur ein Konflikt innerhalb von fünf Tagen auftritt oder ob in demselben Zeitraum fünf Konflikte stattfinden.

Bindungsstile und Konfliktverhalten

Im Einleitungskapitel haben wir beschrieben, wie Personen mit unterschiedlichem Bindungsstil auf die vorübergehende Trennung von dem Partner reagieren. Dies ist ein belastendes Ereignis, das mit unterschiedlichen Reaktionsweisen je nach Bindungsstil verbunden ist. Sichere Personen sind dadurch gekennzeichnet, dass sie die Trennung vom Partner konstruktiv verarbeiten, an ihn denken, sich jedoch den Aufgaben ihres Alltags zuwenden können. Ängstlich-ambivalente Personen sind dadurch gekennzeichnet, dass sie negative Gefühle haben, sich selbst weniger wertschätzen und ständig an den Partner denken müssen und mit anderen über ihn sprechen. Sie können nicht abschalten, sodass sie von den Gedanken und Emotionen, die sich auf die Situation der Trennung beziehen, beherrscht werden.

Konflikte zwischen den Partnern können für Personen mit sicherem und unsicherem Bindungsstil mit unterschiedlichen Belastungen einhergehen. Wenn eine Enttäuschung auftritt, weil der Partner später als geplant nach Hause kommt, weil ein Partner ein Kind haben möchte und der andere nicht oder weil die Hausarbeit ungleich verteilt ist, lassen sich Partner mit einem sicheren Bindungsstil weniger leicht verunsichern als Partner mit einem unsicheren Bindungsstil. Die Verunsicherung betrifft die grundlegende Frage, ob die Beziehung halten wird. Bei unsicher gebundenen Partnern bedarf es nur einer kleinen Enttäuschung, um sich zu fragen, ob die kooperative Basis ihrer Partnerschaft auch in Zukunft noch vorhanden sein wird. Sichere Personen sind in Konfliktgesprächen bei der Suche nach einer Lösung kooperativer als ängstlich-ambivalente Personen. Das hängt damit zusammen, dass ihre Strategie zur Konfliktlösung darin besteht, einen Kompromiss zu suchen. Wenn sicher Gebundene Beziehungsprobleme lösen, können sie ihre Emotionen besser unter Kontrolle halten als ängstlich-ambivalent Gebundene. Zudem öffnen sie sich selbst mehr und kommunizieren direkter und offener. Sie können, da sie ja sowohl ein positives Selbstbild als auch ein positives Fremdbild haben, eher die Perspektive des anderen einnehmen und sich in seine Lage versetzen. Das erleichtert es ihnen, sich konstruktiv zu verhalten und nach für beide Seiten akzeptablen Lösungen zu suchen. Die schon erwähnten australischen Beziehungsforscher Feeney, Noller und Roberts haben diese Aussagen empirisch belegt.

Die amerikanischen Psychologen Jeffry Simpson, Steven Rholes und Dede Phillips führten eine aufwendige Untersuchung durch, in der sie Konfliktgespräche von Paaren mit einer Videokamera aufzeichneten. Vorher erfassten sie den Bindungsstil der Partner, um zu prüfen, inwieweit sich die Partner mit sicherer und unsicherer Bindung in ihrem Verhalten bei der Diskussion eines Problems voneinander unterscheiden.

Da Männer mit einem vermeidenden Bindungsstil ein negatives Fremdbild haben, neigen sie eher dazu zu glauben, dass die Partnerin von vornherein bei Konflikten nicht zugänglich und unterstützend sein wird. Sie erwarten, dass alle Bemühungen, Verständnis beim Partner hervorzurufen, scheitern werden. Daher schenken sie dem Konflikt erst gar nicht so viel Aufmerksamkeit, was zur Folge hat, dass sie sich der Partnerin gegenüber wenig unterstützend und warmherzig verhalten. Mit dieser Strategie minimieren sie ihre psychologische und emotionale Beteiligung an dem Konflikt und vernachlässigen die Empfindungen der Partnerin.

Bei Frauen mit einem vermeidenden Bindungsstil hingegen tritt dieses ausweichende Verhalten in Konflikten nicht auf, obwohl auch für sie gilt, dass sie ein negatives Bild von anderen haben. Möglicherweise wirkt die Sozialisation ausgleichend, in der die meisten Mädchen und Frauen soziale Fähigkeiten besser erlernen als Jungen und Männer. Mädchen werden schon früh darin geschult, anderen zuzuhören, auf andere einzugehen sowie Wärme und Unterstützung auszudrücken, was dazu führt, dass sie in interpersonellen Beziehungen tendenziell mehr Sensibilität zeigen als Männer. Diese durch soziales Lernen erworbenen Fähigkeiten können die Tendenzen von vermeidenden Frauen, Konflikten auszuweichen und sich emotional auszublenden, überlagern und mildern.

Ängstlich-ambivalente Männer und Frauen, die in ihrer Kindheit registriert haben, dass ihre Bezugspersonen wenig verlässlich in ihrer Zuneigung ihnen gegenüber waren, bekommen in Konfliktsituationen schnell Angst, erleben aber auch Ärger und Feindseligkeit gegenüber dem Partner. Da sie sich aufgrund ihrer negativen Gefühle dem Partner gegenüber ängstlich, ärgerlich und feindselig verhalten, ist ihr Beitrag zur Konfliktlösung eher destruktiv als konstruktiv. Besonders problematisch ist es für ängstlich-ambivalente Personen, wenn sie eine lange Abfolge von negativen Gefühlen erleben. Dadurch werden bei ihnen Zweifel ausgelöst, ob sie den richtigen Partner haben, ob er bei ihnen bleiben wird und ob die Beziehung Bestand hat. Solche negativen Gedanken und Gefühle nach einem Konfliktgespräch sind bei ängstlich-ambivalent Gebundenen unabhängig von einer zufrieden stellenden oder weniger zufrieden stellenden Lösung vorhanden. Diese Neigung von ängstlich-ambivalenten Menschen, auf Probleme negativ zu reagieren und den Partner negativ zu sehen, ist möglicherweise der Grund dafür, dass sie generell mit ihrer Beziehung unzufriedener sind als sichere oder vermeidende Personen. Kommt es dann noch zu einer Zunahme von Konflikten in der Partnerschaft, werden ängstlich-ambivalent Gebundene besonders unzufrieden, weil sie den Partner nur noch kritisch sehen und von ihrer Beziehung nicht mehr viel halten.

Wie man es besser machen kann, zeigen sichere Partner, die die optimalen Reaktionsweisen während eines Konfliktgesprächs mit dem Partner zum Ausdruck bringen. Da sie viel Vertrauen in den Partner haben (siehe Kapitel 1), wird ihr Glaube an den Partner durch einen Konflikt nicht so leicht erschüttert. Sichere Partner tendieren dazu, auch auf dem Hintergrund von aktuellen Konflikten positiv über ihre Beziehung zu denken. Sie schützen ihre Beziehung dadurch, dass sie ein einzelnes negatives Ereignis in einen größeren optimistischen Kontext der einzigartigen Geschichte der Beziehung stellen. Dieses Verhalten entspricht dem in Kapitel 2 besprochenen Phänomen der positiven Illusionen in Partnerschaften. Die Bewertung von menschlichen Handlungen ist überwiegend subjektiv und lässt sich als soziale Konstruktion auffassen, die so oder anders stattfinden kann. Partner sollten optimalerweise, wenn sie mit «Fehlern» ihres Partners konfrontiert werden, diese in Tugenden umdeuten. In Kapitel 2 haben wir einige Beispiele dargestellt, die verdeutlichen, wie eine solche Umdeutung, die das Beziehungsglück erhöht, verläuft.

John M. Gottman, ein klinischer Psychologe von der Universität von Washington in Seattle, beschäftigt sich seit mehr als zwei Jahrzehnten mit Paaren, die Probleme miteinander haben und deren Beziehung bedroht ist. Die Erkenntnisse und Forschungsergebnisse, die auf dem Studium des verbalen und nonverbalen Verhaltens der Paare miteinander beruhen, hat Gottman 1994 in seinem Buch «What predicts divorce?» veröffentlicht. Die darin berichteten Befunde zum Konfliktverhalten zwischen Partnern sind zurzeit weltweit am besten fundiert, da sie zum einen auf genauen Analysen des nonverbalen und des verbalen Verhaltens der Partner in Konfliktsituationen beruhen und da die Paare zum anderen über einen längeren Zeitraum hinweg untersucht worden sind. Somit konnte über mehrere Jahre festgestellt werden, welche Paare mit einem jeweiligen Verhaltensmuster zusammengeblieben waren und welche sich getrennt hatten. Auf der Basis der Studien von Gottman lässt sich angeben, welche Konfliktmuster in Beziehungen ein großes Risiko für die Zufriedenheit und die Stabilität darstellen und welche akzeptabel sind, sodass die Beziehung nur gering oder gar nicht beeinträchtigt wird.

Wir hatten schon im ersten Kapitel bei der Beschreibung der Erlebnishorizonte von Beziehungen darauf hingewiesen, dass sich das Auftreten von Streit/Konflikt und das Erleben von Liebe keinesfalls gegenseitig ausschließen müssen. Partner können sich gleichzeitig streiten und lieben. Beide Erlebnishorizonte können in einer Beziehung nebeneinander bestehen, ohne dass die Partner in ihrem Glück beeinträchtigt werden. Dysfunktional für den Bestand einer Beziehung ist es hingegen, wenn Partner Überzeugungen hegen wie die, dass man sich niemals streiten darf, oder die, dass man seinen Ärger nicht ausdrücken sollte, weil das für eine Beziehung katastrophal ist.

Die Erkenntnis, dass Liebe und Konflikt nebeneinander stehen können, folgt auch aus den Forschungsergebnissen von Gottman. Allerdings stellt er in den Vordergrund, dass das Verhältnis von positiven und negativen Kommunikationsereignissen in einer erfolgreichen Partnerschaft zugunsten der positiven Kommunikation ausfallen sollte. Damit eine Partnerschaft zufrieden stellend ist, sollte das Verhältnis von positiver zu negativer Kommunikation bei 5:1 liegen.

Stellen wir uns vor, Maria und Max führen 10 Minuten miteinander ein Gespräch über die Planung des kommenden Wochenendes. In diesem Gespräch sollten sie sich optimalerweise fünfmal gegenseitig etwas Positives sagen oder dem anderen Zustimmung signalisieren, während sie nur einmal dem anderen gegenüber Ablehnung oder Kritik äußern sollten. Wenn sie sich, weil sie eine Meinungsverschiedenheit über die Planung des kommenden Wochenendes haben, häufiger etwas Negatives sagen (z. B. dreimal statt einmal), dann wäre es gut für ihre Beziehung, wenn sie die beiden überschüssigen negativen Äußerungen im Laufe des Tages durch positive Äußerungen ausgleichen würden. Das klingt zwar sehr technisch, verdeutlicht aber, dass ein Quotient von 5:1 von positiven zu negativen Kommunikationsinhalten für eine zufrieden stellende Beziehung anzustreben ist.

Positive Kommunikation kann nonverbal und verbal erfolgen. Nonverbale positive Kommunikation ist beispielsweise Anlächeln, freundlicher Blickkontakt, in den Arm nehmen oder zärtliche Berührungen austauschen. Verbale positive Kommunikation ist gegeben, wenn die Partner verständnisvoll zuhören, Komplimente machen, Interesse für den Tagesablauf des anderen zum Ausdruck bringen und sich sagen, wie sehr sie sich mögen. Bei negativer Kommunikation handelt es sich um Streit und den verbalen und nonverbalen Ausdruck negativer Gefühle. Gottman, der auch als hervorragender Methodiker bekannt ist, konnte aus seiner Forschung durch statistische Gruppierungsverfahren, bei denen Gruppen von ähnlichen Personen identifiziert werden, ableiten, welche Formen des Streitens und welche Konfliktmuster das Wohl einer Beziehung besonders beeinträchtigen. Diese problematischen Formen des Streitens können letztendlich sogar zur Trennung führen, wenn es Paare nicht schaffen, diese dysfunktionalen Konfliktmuster zu unterbrechen.

Ein Risiko für den Erfolg einer Beziehung ist ein hohes Ausmaß an Negativität zwischen den Partnern: Dabei sind die Formen der Negativität kritisch, die Gottman mit dem Bild der vier apokalyptischen Reiter benennt, weil sie, wenn ihnen freien Lauf gelassen wird, in einer Beziehung große Verwüstungen hinterlassen und vernichtend wirken können in dem Sinne, dass sie zur Trennung der Partner führen. Die vier apokalyptischen Reiter ziehen in einem Konflikt häufig in der folgenden Reihenfolge ein: Kritik, Verachtung, Rechtfertigung und Rückzug.

Kritik

Der erste apokalyptische Reiter ist die Kritik. Wir haben sicher alle schon die Erfahrung gemacht, dass uns an unserem Partner etwas ärgert, beispielsweise wenn er später als erwartet nach Hause gekommen ist, wenn er etwas Wichtiges beim Einkaufen vergessen oder irgendwelche Pflichten nicht erledigt hat. Wenn wir uns über unseren Partner ärgern, heißt das nicht, dass wir unseren Ärger nicht zeigen dürfen. Ärger auszudrücken ist allein deshalb schon günstig, weil die Unterdrückung des Ärgers das Herz-Kreislauf-System belasten kann und mit einem erhöhten Blutdruck in Zusammenhang steht. Wichtig im zwischenmenschlichen Umgang ist es, wie wir unserem Partner gegenüber den Ärger ausdrücken. Sagen wir zu ihm, wenn er die Butter vergessen hat: «Immer wieder vergisst du die Butter. Du bist total schlampig, wenn es ums Einkaufen geht», ist das sehr grob und verletzend und stellt direkt seine Persönlichkeit in Frage. Sagen wir jedoch zu ihm: «Ich bin wirklich sauer, dass du die Butter vergessen hast, weil ich sie unbedingt zum Backen brauche», dann beschweren wir uns über sein Verhalten und greifen nicht gleich seine Persönlichkeit an. Die Wahrscheinlichkeit dafür, dass der Konflikt eskaliert, ist bei einer solchen verhaltensbezogenen Beschwerde wesentlich geringer als bei einer umfassenden Kritik an der Persönlichkeit. Kritik sollte also nicht grobschlächtig ohne Rücksicht auf Verluste und unempathisch geäußert werden (auch nicht, wenn sie uns objektiv gesehen als berechtigt erscheint), sondern mit Feingefühl. Hier kommt es mehr darauf an, wie man seine Beschwerde vorbringt, als darauf, was der Inhalt ist. Mit einer feinfühlig vorgebrachten Beschwerde kann man beim anderen wesentlich mehr erreichen als mit einer groben, verletzenden Kritik. Letztere ruft nämlich direkt den zweiten apokalyptischen Reiter hervor, die Verachtung.

Verachtung

Verachtung ist ein sehr gefährlicher Reiter. Sie kann in verschiedenen Formen ausgedrückt werden: Sarkasmus, Zynismus, Verfluchen, Augenrollen, Verhöhnen oder durch abschätzigen Humor. Durch die Kommunikation von Verachtung wird die Beziehung vergiftet. Fängt man an, den Partner zu verachten, fühlt er sich abgelehnt. In der Folge wird es geradezu unmöglich, ein bestehendes Problem zu lösen.

Verachtung kommt oft in verdeckter Form daher. Das zeigt das Beispiel von Christian und Lisa, deren Beziehung schon Höhen und Tiefen erlebt hat. Er ist Verkäufer bei einem großen Autohändler, während sie seit der Geburt des ersten Kindes überwiegend zu Hause ist, an zwei Tagen aber noch in ihrem alten Beruf als Zahnarzthelferin arbeitet. Da sie drei Jahre nach der Geburt des ersten Kindes ein zweites Kind geboren hat, kann sie sich über mangelnde Arbeit nicht beklagen. Ein Hauptstreitpunkt zwischen Christian und Lisa dreht sich um das liebe Geld. Er wirft ihr nämlich immer wieder vor, dass sie sehr verschwenderisch ist. Christian folgert daraus, dass sie beide von einem anderen Planeten sind. Ein weiterer Vorwurf lautet, dass es sich ja schließlich hauptsächlich um sein Geld handelt, das sie ausgibt, und dass sie zu ihrem Wohlstand nichts beiträgt. Diese Vorwürfe sind völlig überzogen, da Lisa die Hausarbeit fast vollständig allein erledigt und zudem an zwei Wochentagen arbeitet. Christian stellt sich moralisch über Lisa, da er betont, dass sie beide grundsätzlich anders sind, womit er impliziert, dass er ihr überlegen sei. Zudem wertet er Lisa noch ab, indem er behauptet, dass sie sowieso kaum etwas zum Lebensunterhalt beiträgt, was ihr das Gefühl geben muss, wertlos zu sein. Für Christian hingegen entsteht dadurch, dass er sich über Lisa stellt, das angenehme Gefühl, besser zu sein als sie, was sein Selbstwertgefühl erhöht.

Die Suche nach eigener Überlegenheit tritt nicht nur in Partnerschaften auf, da soziale Vergleiche mit anderen Menschen z. B. hinsichtlich des Einkommens oder in der Frage, welches Auto man fährt, an der Tagesordnung sind. Fährt man das Auto einer bekannten Automarke der 7er Reihe, während der Nachbar ein Auto der 5er Reihe fährt, fühlt man sich gut, wenn man den Nachbarn mit seinem Auto sieht und ihn grüßt.

Soziale Vergleiche, die das Selbstwertgefühl stabilisieren, finden in sehr vielen Bereichen des Alltags statt. Auch die eigene Partnerschaft wird im Vergleich bewertet. Als Vergleichsmaßstab dienen Partnerschaften von Freunden, Verwandten und Bekannten oder Partnerschaften, die in Filmen oder im Fernsehen dargestellt werden. Die Auswirkungen können positiv oder negativ sein. Wenn wir uns unglücklich in der Partnerschaft fühlen, dann aber im Gespräch mit einer Freundin feststellen, dass sie noch unglücklicher ist, weil sie besonders gravierende Probleme mit ihrem Partner hat, bewerten wir unsere Partnerschaft wieder positiver, nach dem Motto «So schlecht ist meine Beziehung denn doch nicht». Führt der soziale Vergleich hingegen dazu, dass die eigene Partnerschaft schlechter abschneidet als die anderer, ergibt sich eine Enttäuschung, die Handlungen in Gang setzen kann, um die eigene Partnerschaft zu verbessern. Stellt jemand beispielsweise fest, dass sein Freund mit einer Partnerin zusammenlebt und darüber glücklich ist, während er selbst nicht mit seiner Partnerin zusammenlebt, obwohl er darüber unglücklich ist, lässt der Vergleich negative Rückschlüsse über das eigene Wohlbefinden zu: Er fühlt sich durch das negative Abschneiden im sozialen Vergleich mit dem Freund noch schlechter, als er sich sowieso schon fühlt, wenn er daran denkt, dass seine Freundin nicht bei ihm wohnt. Um den negativen Implikationen des Vergleichs zu entgehen, kann er daran arbeiten, seine Freundin dazu zu bewegen, mit ihm zusammenzuziehen. Eine Möglichkeit besteht darin, diesen Schritt mit positiven Argumenten als verlockendes Projekt darzustellen. Hat er dann das Ziel erreicht, dass seine Freundin mit ihm zusammengezogen ist, schneidet er bei einem sozialen Vergleich mit dem Freund nicht mehr schlechter ab, sodass er an Selbstwertgefühl gewinnt.

Problematisch ist es, wenn wir unsere Partnerschaft mit einer Idealpartnerschaft vergleichen, die uns z. B. in einem Film über die Anbahnung einer Beziehung gezeigt wird, der ein Happyend hat (der typische Hollywood-Film). Häufig geht es darum, dass sich die Partner nach einigen Hindernissen, die es zu überwinden gilt, liebestrunken in die Arme fallen. Wenn sie sich endlich gefunden haben, sind sie wahnsinnig glücklich. An diesem Punkt endet der Film meistens, und wir erfahren nicht, wie gut das Paar im Alltag miteinander auskommt. Es kann gefährlich für das eigene Glück sein, wenn man das Happyend eines Films als Maßstab für die eigene Partnerschaft verwendet. Denn verglichen mit der fiktiven Geschichte kann man einfach nur schlechter abschneiden und wird dadurch wahrscheinlich unzufrieden. Das Gleiche gilt für Märchenhochzeiten, die im Fernsehen übertragen werden. Hingegen hat es einen relativierenden Einfluss, wenn die prunkvolle Hochzeit zwischen Charles und Diana in einem Ehedesaster endet.

Auch unabhängig von der Partnerschaft ist es grundsätzlich ungünstig für das Selbstwertgefühl, sich mit Menschen zu vergleichen, die Leistungen erreicht haben, die man selbst nicht annähernd realisieren kann. Diese aufwärts gerichteten Vergleiche werden eher deprimierend ausfallen, außer man glaubt daran, selbst einen Höhenflug antreten zu können. Wenn man ein eher durchschnittliches Einkommen hat und einen Kleinwagen fährt, sollte man sich nicht unbedingt mit jemandem vergleichen, der ein hohes Einkommen hat und ein kostspieliges Auto besitzt. Günstiger für das Selbstwertgefühl kann es sein, sich auf eigene Qualitäten zu besinnen und sich so zu akzeptieren, wie man ist. Wer sich dauernd mit anderen vergleicht, läuft auch Gefahr, neidisch zu werden.

Häufig werden abwärts gerichtete Vergleiche mit dem Ergebnis durchgeführt, dass man sich gut fühlt. Der Tatsache ins Auge zu sehen, dass wir andere auf diese Weise dafür benutzen, damit es uns selbst besser geht, ist sicher nicht sehr rühmlich. Jedoch finden wir, wenn wir genau darüber nachdenken, im Alltag zahlreiche Belege dafür. Wenn man jemanden, der kürzlich einen Unfall hatte und der sich dabei einen Arm gebrochen hat, fragt, wie es ihm geht, kann sehr leicht die Antwort kommen: «Ach, ich kann mich nicht beklagen, wenn ich an meinen Kollegen denke, der jetzt im Rollstuhl sitzt.» Der abwärts gerichtete soziale Vergleich dient als Bewältigungsstrategie für das eigene Schicksal. Unglücklicherweise ist er auch eine Grundlage für Vorurteile und soziale Diskriminierung.

Soziale Vergleiche werden auch in der eigenen Partnerschaft angestellt und können, wenn sie in abwertender Art und Weise eingesetzt werden (wie z. B. in der Äußerung «Ich verdiene mehr Geld als du»), dazu dienen, dass man sich besser fühlt als vorher, während sich der andere schlechter fühlt. Daher ist die Abwertung des Partners eine schlechte Strategie, auch wenn man sich dadurch aufwertet und das eigene Selbstwertgefühl streichelt. Denn durch die Abwertung des Partners wird eine Vergeltungsstrategie wahrscheinlich gemacht, die die romantische Beziehung extrem belastet.

Oftmals wird in Partnerschaften Verachtung geäußert, weil die Partner einen schwelenden Konflikt nicht gelöst haben. So bestehen z. B. bei Christian und Lisa häufig Meinungsverschiedenheiten darüber, wie das gemeinsame Geld ausgegeben werden sollte, weil es trotz des wiederkehrenden Konfliktstoffes keine für beide Seiten akzeptable Einigung gegeben hat. Verachtung wird geäußert, wenn Schwierigkeiten immer wieder auftreten und nicht gelöst werden können. Wenn Paare ihre Schwierigkeiten nicht klären können, entsteht aus einer Folge von negativen Eskalationen, in denen gegenseitige Vorwürfe den Verlauf bestimmen, ein verächtlicher Ton, der durch den Frust genährt wird, den die ungelösten, aber wiederkehrenden Meinungsverschiedenheiten bereiten.

Rechtfertigung

Rechtfertigung ist der dritte apokalyptische Reiter. Wenn in einer Partnerschaft Kritik und Verachtung um sich greifen, dann ist es sehr wahrscheinlich, dass der angegriffene Partner anfängt, sich zu rechtfertigen. Christian, der Lisa vorwirft, zu viel Geld auszugeben, ruft bei Lisa eine rechtfertigende Haltung hervor. Sie weist zu ihrer Verteidigung darauf hin, dass sie den Hauptanteil der familiären Arbeit leistet und außerdem zusätzlich in der Zahnarztpraxis arbeitet und somit zum Familieneinkommen beiträgt. Wenn sie sich rechtfertigt, erwartet sie, dass Christian einsichtsvoll umschwenkt, verständnisvoll auf sie eingeht und erkennt, dass seine Vorwürfe unbegründet und verletzend sind. Der Knackpunkt dabei ist, dass sie mit ihrer Rechtfertigung wiederum ihren Partner indirekt beschuldigt, die Situation nicht richtig einzuschätzen, da das Problem gar nicht bei ihr liegt, sondern bei ihm.

Christian kann aber nicht nachgeben und Lisa zugestehen, dass er ihren Standpunkt nachvollziehen kann, sondern er beharrt auf seinen Vorwürfen, ohne ihre Rechtfertigung zu akzeptieren. Er stellt sich weiter über sie, wenn er Lisa moralisch verurteilt, indem er ihr sagt, dass er ja schließlich nicht so viel Geld ausgibt und deshalb viel bescheidener ist als sie. Die Rechtfertigung führt also nicht zu einer Entspannung der Konfliktlage, sondern zu einer Verhärtung der Fronten durch immer neue Schuldzuweisungen Christians, auf die weitere Rechtfertigungen von Lisa folgen. In der Beziehung von Christian und Lisa liegt eine negative Spirale der Kommunikation vor. Das gegenseitige Unverständnis bleibt am Ende der Streitgespräche als Quintessenz im Raum stehen. Besser wäre es für das Paar, aus der Spirale der negativen Reziprozität auszusteigen, statt sich wiederholt gegenseitig Vorwürfe zu machen. Der Berater, an den sich Christian und Lisa Hilfe suchend gewandt haben, rät ihnen, ihre Streitstruktur konkret zu benennen und zu entlarven. Damit wird die Möglichkeit eröffnet, im weiteren Verlauf der Auseinandersetzung wieder sachlicher zu argumentieren.

Rückzug

Wenn solche Konfliktgespräche, die durch Kritik, Verachtung und Rechtfertigung der Partner gekennzeichnet sind und in denen die Negativität überwiegt, wiederholt in einer Beziehung vorkommen, dann ist es sehr gut möglich, dass sich einer der

Partner zurückzieht. Vielleicht erträgt er den Stress einfach nicht mehr und will sich der permanenten Kritik und schlechten Stimmung nicht mehr aussetzen, erst recht, wenn er sowieso nicht mehr daran glaubt, dass es einen Ausweg aus dieser belastenden Situation gibt. Bei wiederholten Konflikten in langjährigen Beziehungen kann eine pessimistische Grundhaltung hinsichtlich der Möglichkeit einer konstruktiven Konfliktlösung entstehen. In der Folge übt ein Partner den Rückzug oder mauert. Grundsätzlich gibt es dieses Verhalten sowohl bei Männern als auch bei Frauen, allerdings kommt es häufiger bei Männern vor. Wir werden im Folgenden das geschlechterspezifische Verhalten in Konfliktsituationen noch näher betrachten.

Bleiben wir zunächst bei Christian und Lisa, deren Beziehung einen Tiefpunkt erreicht hat, weil die Streitereien nicht enden wollen. In der Beziehung der beiden haben die drei apokalyptischen Reiter Kritik, Verachtung und Rechtfertigung Einzug gehalten. Als Folge davon hat sich Lisa angewöhnt, die Vorwürfe von Christian so weit wie möglich zu ignorieren, indem sie z. B. anfängt, die Zeitung zu lesen oder zu kochen. Ein solcher Rückzug erfolgt dann, wenn Partner durch die Negativität, die durch Kritik, Verachtung und Rechtfertigung erzeugt wird, überfordert werden.

Rückzug ist der apokalyptische Reiter, der erst relativ spät in einer bedrohten Beziehung Einzug hält, nämlich dann, wenn sehr viele Gespräche negativ verlaufen sind, bei denen es immer wieder um das gleiche Thema ging. Partner erkennen dann schon frühzeitig die Anzeichen für ein durch Negativität gekennzeichnetes Gespräch und wollen sich nur noch vor dem Gefühlschaos, das damit verbunden ist, schützen. Eine Möglichkeit, das zu erreichen, liegt darin, sich emotional von dem Problem zurückzuziehen. Wenn ein Partner mauert, wirkt das auf den anderen allerdings verletzend, weil er sich ignoriert und zurückgewiesen fühlt. Somit wird durch Mauern an der Spirale der Negativität noch weiter gedreht. Eine Beziehung wird dann, wenn alle vier Reiter häufig anwesend sind, nicht mehr lange halten. Schon ein Reiter ist ein Problem für das Glück und die Stabilität einer Beziehung.

In unglücklichen Beziehungen wie der von Christian und Lisa sind häufig alle vier Reiter vertreten.

Ein Grund für den Rückzug liegt auch darin, dass während der negativen Reziprozität zwischen Partnern physiologische Reaktionen ausgelöst werden, die sehr unangenehm sind und die man entsprechend zu vermeiden versucht. Das autonome Nervensystem reagiert auf den Stress mit Schweißausbrüchen, einer erhöhten Herzschlagfrequenz, der Erhöhung des Blutdrucks und dem Ausstoß von Adrenalin. Diese physiologischen Reaktionen lösen Fluchtverhalten aus. Sie verhindern, dass man in Problemgesprächen gut zuhören kann und kreative, konstruktive Lösungen entwickelt.

x = Wechselbeziehung / Gegenseitigkeit

Geschlechterunterschiede im Konfliktverhalten

Wie verhalten sich Männer und Frauen in einem Konflikt mit dem Partner? Gibt es geschlechterspezifische Muster der Streitkultur? Auf diese Fragen hält das Alltagswissen Antworten bereit. Denn Frauen sollen in Beziehungen dazu neigen, sich dauernd auseinander setzen zu wollen, dem Partner viel abzufordern und ihn zu kritisieren, während Männer dazu tendieren sollen, sich möglichst bald aus einem Konflikt zurückzuziehen, einfach abzuwarten und gar nichts zu tun. Aufschluss darüber, ob diese Stereotypen dem tatsächlichen Verhalten von Frauen und Männern entsprechen, kann die Beobachtung von Paaren in Konfliktsituationen geben. Gottmann ließ Partner in seinem Ehelabor über einen Konflikt diskutieren und zeichnete die Interaktionen der Paare per Video auf, sodass die Reaktionsweisen systematisch ausgewertet werden konnten. Dabei stellte er fest, dass Männer dazu neigen zu mauern, während Frauen dazu tendieren, heikle Themen anzusprechen. Als Erklärung wird darauf verwiesen, dass Männer von ihrer Konstitution her nicht so gut mit Stress umgehen können und daher alles vermeiden, was dazu führen könnte, dass sie in stressreiche Diskussionen hineingezogen werden. So geben zahlreiche Studien Belege dafür, dass das autonome Nervensystem von Männern unter Stressbedingungen sensibler ist als das von Frauen. Das männliche Herz-Kreislauf-System reagiert stärker auf Stress und erholt sich langsamer als das weibliche. Die Herzschlagfrequenz der Männer geht bei psychischer Belastung schneller hoch und bleibt länger auf einem hohen Niveau als die Herzschlagfrequenz von Frauen. Auf diesem Hintergrund kann man argumentieren, dass «Mauern» bzw. Rückzug für Männer als eine geeignete Strategie erscheint, um die Frau zum Schweigen zu bringen und die starke physiologische Erregung einzudämmen bzw. abzubauen. Was die Stereotypen über die Streitkultur der Geschlechter angeht, bleibt die Erkenntnis, dass sie einen Wahrheitskern aufweisen.

Pessimistischer Erklärungsstil

In Kapitel 2 haben wir unterschiedliche Erklärungsstile in Partnerschaften und ihre Auswirkungen auf das Glück einer Beziehung dargestellt. Ein pessimistischer Erklärungsstil ist besonders ungünstig für ein zufrieden stellendes Zusammenleben der Partner. Er ist bezogen auf das Partnerverhalten eng verbunden mit den weiter oben beschriebenen vier apokalyptischen Reitern: Kritik, Verachtung, Rechtfertigung und Rückzug. Denn die vier apokalyptischen Reiter begründen ihre Existenz letztendlich darauf, wie man das Verhalten des Partners erklärt. Wird sein negatives Verhalten intern, stabil und global erklärt und sein positives Verhalten extern, instabil und spezifisch, erklären wir das Verhalten unseres Partners pessimistisch. Wir führen sein negatives Verhalten auf seine Persönlichkeit zurück, während wir sein positives Verhalten mit äußeren Bedingungen erklären. Wenn wir das Verhalten des Partners in dieser Weise interpretieren, hat er keine Chance, Punkte bei uns zu sammeln oder Lob zu erhalten. Im Gegenteil, wenn wir das Verhalten des Partners pessimistisch interpretieren, erzeugen wir auf der Basis unserer negativen Interpretation eine eigene negative Haltung unserem Partner gegenüber. Damit wird die negative Gegenseitigkeit eingeleitet, und die Kommunikation mit dem Partner läuft Gefahr, im Streit zu eskalieren, jedenfalls dann, wenn keiner der beiden in der Lage ist, die negative Spirale zu unterbrechen. Wenn die Partner ihr Verhalten gegenseitig pessimistisch erklären, werden Konflikte und der mit ihnen verbundene physiologische Stress aufrechterhalten. Dadurch wird die Negativität des Verhaltens der Partner maximiert, während die Positivität minimiert wird.

Wir haben in Kapitel 2 thematisiert, dass diese negative Spirale durch eine Änderung des Partnerschemas aufgehoben werden kann. Dazu müssen wir uns gezielt überlegen, was das Verhalten des Partners in einer bestimmten Situation bedeutet, und uns bemühen, nicht gerade die negativste Interpretation auf den Partner anzuwenden. So kann etwa eine Verspätung zahlreiche Ursachen haben, und dementsprechend können die Interpretationen diesbezüglich auch vielfältig sein. Kommt uns spontan die negativste Ursache in den Sinn, sollten wir genau und möglichst logisch prüfen, ob diese Interpretation tatsächlich gerechtfertigt ist. Dies können wir am besten dadurch erreichen, dass wir sachlich betrachten, welche Beweise und welche Gegenbeweise es gibt.

Problemlösungsstrategien

Wir haben schon mehrfach darauf hingewiesen, dass sich Partner bei Konflikten durchaus unterschiedlich verhalten. Das jeweilige Konfliktverhalten birgt verschiedene Risiken für die Zufriedenheit und die Stabilität der Beziehung in sich. Die Beziehungsforscherin Caryl Rusbult von der Universität von North Carolina hat eine Typologie entwickelt, nach der sich das Problemlösungsverhalten von Partnern bei auftretenden Schwierigkeiten einordnen lässt. Es kann zum einen danach unterschieden werden, ob es sich um konstruktives oder um destruktives Verhalten handelt. Konstruktives Verhalten kommt dadurch zustande, dass Partner eigentlich in der Beziehung bleiben möchten und die soziale Kompetenz haben, zwischenmenschliche Probleme zu überwinden. Sie sind kooperativ, prosozial und haben die Absicht, die Beziehung zu erhalten. Beim destruktiven bzw. zerstörerischen Verhalten handelt es sich um Vorgehensweisen, die die Beziehung gefährden. Die Partner agieren antisozial und wettbewerbsorientiert.

Zum anderen können die Problemlösungen danach unterschieden werden, ob es sich um aktives (z. B. sich engagieren) oder um passives Verhalten (z. B. sich zurückziehen) handelt. Eine konstruktive und aktive Verhaltensweise ist Mitsprache. Probleme werden diskutiert, es wird versucht, einen Kompromiss zu finden, oder in schwierigen Fällen überlegt, professionelle Hilfe hinzuzuziehen, indem man eine Beratung aufsucht. Eine konstruktive und passive Verhaltensweise zeigt sich darin, sich dem Partner gegenüber loyal zu verhalten, indem man einfach abwartet und hofft, dass sich die Lage verbessern wird und man den Dingen ihre Zeit gibt. Destruktives aktives Verhalten liegt vor, wenn ein Partner aus der gemeinsamen Wohnung auszieht, sich trennt oder vorschlägt, die Beziehung in eine Freundschaft umzuwandeln. Destruktives passives Verhalten ist die Vernachlässigung des Partners, indem der Partner ignoriert und weniger Zeit mit ihm verbracht wird, wenn es abgelehnt wird, über Probleme zu diskutieren, oder auch fremdgegangen wird. Konstruktives Verhalten bezieht sich auf den Erhalt der Partnerschaft und nicht auf die Frage, was für die Person selbst das Beste ist. Verlassen ist sicher für den Fortbestand einer Partnerschaft ein destruktives Verhalten, kann sich aber für die Person selbst als positiv erweisen, wenn sie alleine ihre eigenen Interessen und Lebensziele besser verwirklichen kann. Oder auch dann, wenn sie einen Partner gefunden hat, der besser zu ihr passt.

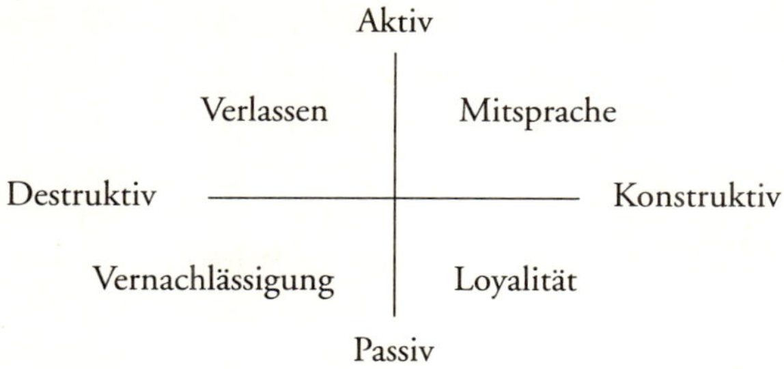

Vier Konfliktstrategien in Partnerschaften

Wenn in der Partnerschaft destruktiv mit Problemen umgegangen wird, sind die Partner eher unglücklich und haben eine geringe Bindung an die Beziehung, d. h., sie können sich durchaus ein Leben ohne ihren Partner vorstellen. Konstruktive Verhaltensweisen und dabei insbesondere die Strategie der Mitsprache führen zu mehr Zufriedenheit und auch einer stärkeren Bindung an die Beziehung. Loyalität ist weniger ausgeprägt mit der Beziehungszufriedenheit verbunden, da loyales Verhalten vom Partner weniger gut erkannt wird. Die Intention dieses passiven Verhaltens bleibt für den Partner zudem häufig uneindeutig. Beispielsweise kann loyales Verhalten leicht mit dem apokalyptischen Reiter Rückzug verwechselt werden, da sich in beiden Fällen der entsprechende Partner passiv verhält und einfach nichts tut. Loyales Verhalten führt zwar dazu, dass sich die Lage nicht verschlechtert, aufgrund der Passivität werden aber keine positiven Akzente gesetzt, die zur Verbesserung der Partnerschaft führen.

Wichtig ist es auch für das Glück einer Partnerschaft, sich durch destruktive Verhaltensweisen des Partners nicht in die Spirale der negativen Reziprozität ziehen zu lassen. Wenn sich ein Partner destruktiv verhält, was selbstverständlich mal vorkommt, sollte der andere Partner nicht gleichermaßen reagieren, sondern möglichst mit einer konstruktiven Problemlösungsstrategie antworten. Falls das nicht sofort gelingt, sind die Partner gut beraten, den Austausch von negativen Verhaltensweisen nicht eskalieren zu lassen, sondern ihn sobald wie möglich zu unterbrechen.

Systemische Familientherapeuten haben Strategien entwickelt, durch die ein Streit unter Umständen auch humorvoll verlaufen kann und somit entschärft wird. Beispielsweise könnten die Partner miteinander vereinbaren, dass sie sich immer dann, wenn sie sich über ihre Karriereplanung streiten, auf Stühle stellen.

Für das Glück und die Stabilität einer Partnerschaft besteht die beste Problemlösungsstrategie bei Konflikten darin, sich sowohl aktiv als auch konstruktiv zu verhalten. Wenn Michael den dritten Abend innerhalb von zwei Wochen mit Lea ins Kino gegangen ist, obwohl er lieber ein Konzert besucht hätte, dann sollte er seine Unzufriedenheit offen ansprechen und den Konflikt der Interessen mit Lea diskutieren, um mit ihr einen Kompromiss zu suchen. Dieser könnte beispielsweise darin bestehen, dass sie den nächsten Abend, den sie miteinander ausgehen, ein Konzert besuchen werden.

Auch größere Probleme in einer Partnerschaft, die beispielsweise durch die Geburt des ersten Kindes entstehen (siehe Kapitel 4) oder auch durch äußere Einflüsse, z. B. Konflikte mit den Schwiegereltern, sollten konstruktiv und aktiv besprochen werden. Die häufigsten Ehekonflikte drehen sich allerdings um Sexualität, Eifersucht, Hausarbeit und Geld. Wenn es dann zu zweit nicht gelingt, einen Kompromiss in einem dieser Konfliktfelder zu finden, besteht eine weitere konstruktive und aktive Strategie darin, sich von einem kompetenten Paartherapeuten beraten zu lassen. Bei der Suche nach einem Berater ist es empfehlenswert, darauf zu achten, dass der entsprechende Therapeut eine paartherapeutische Zusatzqualifikation erworben hat.

Sexualität

Ein häufiger Problembereich bei Paaren ist die Sexualität. Ein glückliches Liebesleben ist damit verbunden, dass Sexualität als Ausdruck von Intimität angesehen wird. Unterschiede in den Bedürfnissen und Wünschen sollten allerdings nicht persönlich genommen werden. Wenn z. B. ein Partner weniger Lust auf Sex hat als der andere, besteht die Gefahr, dass der andere Partner sich abgewiesen fühlt und sich möglicherweise als zu wenig aufregend oder attraktiv betrachtet. In dem Fall sollten die Partner darüber reden, warum die Bedürfnisse nicht im Gleichklang stehen. Dadurch können zunächst einmal Missverständnisse aufgehoben werden, wenn sich beispielsweise herausstellt, dass die geringere Lust nicht darauf zurückzuführen ist, dass der Partner als unattraktiv empfunden wird. Möglicherweise hängt weniger Lust am Sex auch damit zusammen, dass man selbst noch nicht die richtige Stimulierung gefunden hat oder sie dem Partner nicht kommuniziert.

Die Mitteilung der persönlichen sexuellen Wünsche und Bedürfnisse ist ein schwieriges Thema. Wenige Paare sind in der Lage, ihre sexuellen Phantasien miteinander zu teilen und einen Weg zu finden, sie in ihrer sexuellen Beziehung zu berücksichtigen. Sexualforscher empfehlen, innerhalb der Grenzen einer Partnerschaft Wünsche, Bilder, Phantasien und Sehnsüchte zu akzeptieren. Fatal ist es, die vom Partner geäußerten Wünsche zu kritisieren und zu verachten oder ihn sogar deswegen herabzuwürdigen. Das schließt nicht aus, nein zu sagen, wenn es beispielsweise um das Ausleben einer Phantasie geht, die nicht die eigene Neugier weckt und als unangenehm empfunden wird. Vertrauen ist die Voraussetzung dafür, dass sexuelle Phantasien mit dem Partner geteilt werden.

Sexuelle Phantasien sind ganz vielfältig und individuell. Dabei kann es sich z. B. um verschiedene Praktiken oder die Übernahme bestimmter Rollen (Krankenschwester, Lehrerin, Raubritter etc.) handeln. Wichtig ist es, die Phantasien des Partners zu akzeptieren, offen zu sein, eine spielerische Haltung einzunehmen und, wenn es den Spaß nicht gerade verdirbt, dem Ausleben der Phantasie auch zuzustimmen.

Mangelndes Wissen über die weibliche und männliche Sexualität kann dem sexuellen Genuss im Wege stehen. John Gottman führt hierzu sehr veranschaulichend die Analogie von technischen Geräten an. So würden wir kaum auf die Idee kommen, ein neues Gerät einzuschalten, ohne nicht wenigstens einen Blick auf die Gebrauchsanweisung zu werfen. Im Bereich der Sexualität verhalten sich aber viele Paare so ähnlich. In Buchhandlungen findet sich eine Vielzahl von einschlägigen Ratgebern, durch deren Lektüre Partner Kenntnisse über die Anatomie und die Physiologie ihrer eigenen Sexualität sowie der des Partners erwerben können und ermutigt werden, ihre eigenen Wünsche und Bedürfnisse zu äußern, um so zu einer selbstbestimmten Sexualität zu finden.

Verteilung der Hausarbeit

Wir sind schon in Kapitel 4 darauf eingegangen, dass die Verteilung der Hausarbeit ein Problem sein kann. Dabei haben wir vor allem thematisiert, inwieweit Erwartungsverletzungen in diesem Bereich gegeben sind, vor allem, nachdem das erste Kind geboren wurde. Die Geburt des ersten Kindes führt bei vielen Paaren zu einer Traditionalisierung bei der Übernahme der familiären Arbeit, die konkret so aussieht, dass die Frau den überwiegenden Anteil der Hausarbeit übernimmt, auch wenn sie berufstätig ist, während der Mann hauptsächlich die Rolle des Ernährers einnimmt. Die Aufteilung der Hausarbeit in der Partnerschaft ist aber auch ganz unabhängig vom Vorhandensein von Kindern ein Problembereich, der häufig zu Konflikten führt.

Viele Männer haben heute noch nicht verstanden, dass sie durch Fairness in diesem Bereich bei ihrer Partnerin Punkte sammeln und eine bessere Partnerschaft führen können. Sie verstehen häufig nicht, warum ihren Frauen ein ordentlicher Haushalt sehr wichtig ist. Manche haben einen niedrigeren Standard, was die Ordnung im Haushalt angeht, andere sind in traditionellen Haushalten groß geworden, in denen sie einen Vater als Vorbild hatten, der selbstverständlich nicht gespült oder geputzt hat, weil dafür die Mutter zuständig war. Somit finden sie es ganz normal, wenn ihre Partnerin nach einem anstrengenden Arbeitstag auch noch die zweite Schicht im Haushalt arbeitet, während sie sich selbst Freizeitaktivitäten zuwenden. Solche Gewohnheiten sitzen tief und sind schwer zu verändern. Allerdings werden sie auch durch die Nachgiebigkeit der Frau, die auf Ängstlichkeit und mangelnder sozialer Kompetenz beruht, gefördert.

Wenn der Mann dann schließlich doch einmal hilft, hat er das Gefühl, etwas Umwerfendes getan zu haben, und möchte dafür gelobt werden. Kocht der Mann zum Beispiel einmal, um seiner Partnerin eine Freude zu machen, erwartet er dafür ein Lob, obwohl die Frau alle Vor- und Nacharbeiten wie Kartoffelschälen und Zwiebelnschneiden sowie das Aufräumen nach dem Essen übernommen hat. Während sie es angemessen findet, dass er Haushaltstätigkeiten übernimmt, überschätzt er seinen Anteil deutlich, den er beigetragen hat.

Wir haben in Kapitel 3 die Erwartungen bezüglich der Aufteilung der Hausarbeit und das tatsächliche Verhalten thematisiert. Sowohl Männer als auch Frauen erwarten, dass die Frau mehr Hausarbeiten erledigt als der Mann, auch wenn beide berufstätig sind. Das tatsächliche Verhalten sieht demgegenüber noch traditioneller aus. Die Frau tut dann noch mehr, als sie ohnehin schon erwartet, während der Mann noch weniger macht, als er erwartet. Diese Diskrepanz zwischen erwartetem und tatsächlichem Verhalten ist in einer Zeit des Umbruchs von Rollenvorstellungen nicht ungewöhnlich. Die Situation im gemeinsamen Haushalt legt Frau und Mann mehr Traditionalismus nahe, als in ihren Erwartungen enthalten ist. So sind offensichtlich beide Geschlechter der Meinung, dass die Hausarbeit fairer verteilt werden sollte, realisieren diesen Anspruch aber nicht. Sicher ist es nicht so, dass jedes Paar ausschließlich mit einer 50-%-Aufteilung der Hausarbeit glücklich wäre. So wären manche Frauen schon damit zufrieden, wenn ihr Partner die Aufgaben erledigte, die sie besonders ungern ausführen, oder ein paar Pflichten übernehmen würde, um seinen guten Willen zu zeigen. Damit würde er ihr zu verstehen geben, dass er sie unterstützt und respektiert.

Ein empfehlenswerter Weg, um herauszufinden, wie viel Hausarbeit jeder ausführt und wie viel jeder leisten sollte, ist es, sich eine Liste über die Tätigkeiten, die im Haushalt anfallen, aufzustellen. Im zweiten Schritt kann dann von jedem Partner angegeben werden, wer diese Tätigkeiten zurzeit ausführt und wer sie ausführen sollte. Auf der Basis der Wünsche der Partner kann dann im dritten Schritt ein Plan erstellt werden, der die Verteilung der Hausarbeit in der Zukunft regelt und an den sich die Partner halten sollten. Anhand von fünf Tätigkeiten möchten wir Ihnen die Vorgehensweise verdeutlichen.

Hier können Sie angeben, wer die Tätigkeiten Kochen, Staubsaugen, Fenster putzen, Staub wischen und Abfall entsorgen in den letzten drei Monaten ausgeführt hat.

Verteilung der Hausarbeit in den letzten drei Monaten

	immer ich	**meistens ich**	**häufiger ich**	**beide gleich oft**	**häufiger Partner**	**meistens Partner**	**immer Partner**
Kochen	O	O	O	O	O	O	O
Staubsaugen	O	O	O	O	O	O	O
Fenster putzen	O	O	O	O	O	O	O
Staub wischen	O	O	O	O	O	O	O
Abfall entsorgen	O	O	O	O	O	O	O

Schätzen Sie nun die fünf Tätigkeiten in Hinblick darauf ein, wer sie Ihrer Meinung nach ausführen sollte.

Für welche Tätigkeiten Sie die Verteilung der Hausarbeit einschätzen lassen wollen, hängt ganz individuell von Ihrem Haushalt ab. Leben Kinder in dem Haushalt, muss natürlich die Kinderbetreuung mit aufgenommen werden. Weitere Tätigkeiten, die aufgenommen werden können, sind Reparaturen ausführen, Auto waschen, Reisen planen, Steuererklärung machen oder Konto kontrollieren. In vielen Partnerschaften übernehmen Männer häufiger die abstrakten sowie die körperlich schweren Aufgaben, d. h., sie erledigen beispielsweise die Steuererklärung bzw. tragen die Getränkekisten. Die Frauen hingegen übernehmen häufig die uninteressanten und schmutzigen Aufgaben wie WC putzen, Wischen und Aufräumen. Am besten ist es, wenn Sie zusammen mit Ihrem Partner alle anfallenden Aufgaben auflisten.

Haben beide Partner ihre Einschätzung darüber abgegeben, wie die einzelnen Tätigkeiten sich verteilen und wie sie aufgeteilt werden sollten, können sie auf dieser Basis einen Plan machen, der zu einer gerechteren Verteilung der Hausarbeit führt. Die Voraussetzung dafür ist natürlich, dass beide dies auch anstreben und althergebrachte Gewohnheiten aufgeben wollen.

Im ersten Schritt sollten Sie Ihre Einschätzung der tatsächlichen Verteilung der Hausarbeit miteinander vergleichen, um festzustellen, ob Diskrepanzen vorliegen. Wenn beide angeben, dass sie immer kochen, überschätzen beide ihren Anteil oder einer seinen Anteil deutlich. Wichtig für die Erstellung eines Planes ist es, eine Einschätzung der Verteilung der Hausarbeit zu finden, mit der beide übereinstimmen. Diese wahre Einschätzung der Verteilung der Tätigkeiten kann dann als Verhandlungsbasis für die Erstellung eines Hausarbeitsplans dienen.

Ist ein Partner zu dem Ergebnis gekommen, dass beide gleich oft staubsaugen sollten, jedoch eine Diskrepanz zwischen Verhalten und Erwartung besteht, sollte man mit dem anderen Partner darüber verhandeln, wie das Staubsaugen zukünftig aufgeteilt werden könnte. Standardmäßig werden die Partner vereinbaren, dass in Zukunft beide gleich oft staubsaugen. Wenn einer jedoch diese Tätigkeit verabscheut, könnte darüber verhandelt werden, dass bestimmte Aufgaben vollständig getauscht werden – Staubsaugen gegen Bad putzen etwa. Finden beide Fenster putzen absolut unangenehm und möchten es am liebsten dem anderen immer überlassen, besteht eine Lösung darin, einen Fensterputzer zu bestellen.

Die Erstellung eines Hausarbeits-Verteilungsplans kann für jedes Paar ganz individuell gestaltet werden. Bei einzelnen Tätigkeiten ist es empfehlenswert, ein Anspruchsniveau festzulegen, d. h., die Frage zu klären, wie oft in der Woche Staub gesaugt oder Staub gewischt werden sollte. Bei anderen Tätigkeiten wie beispielsweise Kochen ergibt sich das Anspruchsniveau für viele Paare von alleine, da etwa jeden Tag oder nur am Wochenende gekocht wird. Wichtig dabei ist, dass die Partner den Plan gemeinsam aushandeln und sich dann auch daran halten, damit keine Frustrationen wegen einer fehlenden Bereitschaft zur Einhaltung der Spielregeln entstehen.

Psychische und soziale Belastungen

Neben Problemen, die direkt aus der Beziehung entstehen können, ist es auch möglich, dass eine Partnerschaft durch die psychische Konstitution eines Partners oder ungünstige soziale Bedingungen belastet wird. Eine psychische Belastung ist dann gegeben, wenn einer der Partner krank ist und beispielsweise unter depressiven Verstimmungen leidet. Wenn ein Partner depressive Tendenzen aufweist, ergeben sich häufig negative Kommunikationen zwischen den Partnern, und das Verständnis füreinander sinkt. Gespräche mit einer depressiv verstimmten Person sind oft nicht einfach, weil sie sich von anderen Menschen zurückzieht und nach außen als abweisend erscheinen kann.

Depressive Verstimmungen können durch eine genetische Veranlagung entstehen, durch biochemische Prozesse ausgelöst werden, durch Schicksalsschläge verursacht sein oder auch durch negative Denkinhalte, die als Schemata im Gedächtnis gespeichert sind. Diese Ursachen sind häufig miteinander verschränkt. So wirken sich Schicksalsschläge besonders negativ bei denjenigen aus, die zu neurotischen Tendenzen neigen. Außerdem verwenden Menschen, die in der Kindheit das Opfer von Schicksalsschlägen geworden sind, besonders häufig negative Urteilsmuster und sind in ihrem Bindungsstil verunsichert.

Wie Aaron Beck es auf den Punkt gebracht hat: Depressiv verstimmte Menschen sehen in der Vergangenheit überwiegend persönliches Versagen, in der Gegenwart Unglück und in der Zukunft kaum zu bewältigende Schwierigkeiten. Auf der Basis dieser negativen Inhalte werden unlogische Schlüsse gezogen. Darunter versteht man willkürliche Schlussfolgerungen (z.B. mein Partner liebt mich nicht, weil er zu spät gekommen ist), Übergeneralisierungen (ich bin wertlos, weil ich keine gute Beziehung führen kann) sowie Über- und Untertreibungen (z.B. ein belangloser Streit dient als Beleg dafür, dass die Beziehung am Ende ist, oder eine Aufmerksamkeit des Partners wird als bloßer Zufall interpretiert). Werden diese unlogischen Schlüsse immer wieder gezogen, werden die negativen Schemata über sich selbst, die Gegenwart und die Zukunft verstärkt und verfestigt, weil auf der Basis der selektiven negativen Wahrnehmung immer wieder Beweise dafür gefunden werden, dass die negativen Schemata stimmen und man selbst die Welt schon richtig sieht.

Depressive Verstimmungen sind nicht mit klinischen Depressionen zu verwechseln, die viel intensiver und lähmender sind. Eine gestörte Partnerschaft kann gelegentlich auch depressive Tendenzen auslösen. Stress in der Partnerschaft ist sehr belastend, insbesondere dann, wenn kein Ende des Konflikts abzusehen ist. Dauerhafte Spannungen können ein Gefühl der Hilflosigkeit oder Hoffnungslosigkeit auslösen, das sich in depressiven Verstimmungen niederschlägt. Zwischen depressiven Stimmungen und Unzufriedenheit mit der Partnerschaft besteht ein wechselseitiger Zusammenhang. Unzufriedenheit in der Partnerschaft fördert depressive Verstimmungen, die wiederum die partnerschaftliche Unzufriedenheit verstärken. Dieser Kreislauf kann an beiden Punkten in Gang gesetzt werden. Hat ein Partner depressive Verstimmungen, ist es zumindest langfristig sehr wahrscheinlich, dass dadurch das Glück in der Beziehung beeinträchtigt wird. Umgekehrt kann durch Unzufriedenheit mit der Partnerschaft eine depressive Entwicklung verstärkt werden bzw. bei Vorliegen einer entsprechenden genetischen Basis auch eine Depression ausgelöst werden.

Eine soziale Belastung ist dann gegeben, wenn einer der Partner arbeitslos ist. Hierbei handelt es sich um ein kritisches Lebensereignis, das sich durchaus auch auf den Umgang mit dem Partner auswirken kann. Ändert sich eine so wichtige Ressource wie das Einkommen eines Partners, weil er nur noch Arbeitslosengeld oder Sozialhilfe bezieht, ist die Ausgewogenheit einer Beziehung gefährdet. Dadurch, dass er nun einen niedrigeren Beitrag zum Familieneinkommen leistet und damit vom anderen Partner profitiert, kann er sich schnell im Vorteil fühlen und Schuldgefühle entwickeln, weil er auf Kosten des Partners lebt. Es könnte sein, dass zukünftig die Unausgewogenheit, die aufgrund von Arbeitslosigkeit entsteht, noch viel mehr als bisher in Beziehungen eine Rolle spielt, weil im Rahmen der Zusammenlegung von Arbeitslosengeld und Sozialhilfe (Hartz IV) Lebenspartner für den Unterhalt ihrer arbeitslosen Partner aufkommen müssen, auch wenn sie nicht verheiratet sind.

Die Unausgewogenheit kann bewältigt werden, indem der arbeitslose Partner sich nun in anderen Bereichen der Partnerschaft verstärkt einsetzt. Beispielsweise könnte er mehr Hausarbeiten übernehmen, die Wohnung renovieren oder emotional für den anderen Partner mehr da sein. Ein Problem ist allerdings gegeben: Es gibt Belege dafür, dass Langzeitarbeitslosigkeit mit erhöhten Depressionswerten zusammenhängt. So zeigt sich auch, dass mit der Anzahl der fehlgeschlagenen Versuche, eine Arbeit zu finden, die depressive Verstimmung zunimmt. Das ist dadurch zu erklären, dass durch wiederholte Misserfolgserfahrungen bei der Arbeitssuche ein (Gefühl von) Kontrollverlust entsteht. Man tut alles, bemüht sich, indem man immer wieder neue Bewerbungen schreibt, geht zum Arbeitsamt, hat eigentlich immer wieder die Hoffnung, dass es beim nächsten Mal klappen könnte oder dass diese Stelle nun wirklich optimal auf einen passt, und wird immer wieder enttäuscht. Das schlägt verständlicherweise auf die Stimmung und kann schlimmstenfalls zu Antriebslosigkeit und Gefühlen von Wertlosigkeit führen, wie Studien in Australien unter Leitung des Sozialpsychologen Norman Feather von der Flinders Universität in Adelaide gezeigt haben.

Die finanzielle Belastung, die durch die Arbeitslosigkeit eines Partners verursacht wird, kann sogar zur depressiven Verstimmung beider Partner führen, wie Untersuchungen von Amiram Vinokur von der Universität von Michigan ergeben haben. Ganz ungünstig ist es, wenn der arbeitslose Partner durch den anderen keine soziale Unterstützung im Sinne von Ermutigung, Fürsorge, Zuhören und Interesse bekommt. Wenn stattdessen der andere dem arbeitslosen Partner seinen Ärger zeigt und Vorwürfe macht, weil durch die fehlende Arbeit und das Geld das Beziehungsglück beeinträchtigt wird.

Wir sehen also, dass in einer Partnerschaft, die vorher ausgewogen und glücklich war, durch Arbeitslosigkeit eine ganz ungünstige Dynamik entstehen kann, die das Beziehungsglück vermindert und bei beiden Partnern zu depressiven Gefühlen führen kann. Damit werden die Grenzen von Beziehungen als Auffangbecken für schwere Belastungssituationen deutlich, die durch ökonomische (oder gesundheitliche) Probleme hervorgerufen werden. Zwar versuchen die Bezugspersonen von Opfern der Arbeitslosigkeit, Hilfe zu geben, aber sie erweisen sich oft als überfordert.

Auch hier gilt, wie wir weiter oben schon erwähnt haben, dass die Partner ein konstruktives Konfliktlösungsverhalten zeigen können, um das Beziehungsglück nicht zu beeinträchtigen und sich die eigene Stimmung nicht vermiesen zu lassen. Eine Partnerschaft ist eine wichtige, wenn nicht sogar die wichtigste Ressource, die Menschen in Krisenzeiten zur Verfügung haben. Dieser Ressource sollte man sich bewusst sein und sie positiv nutzen. Wichtig ist es, dass das Paar zunächst eine Lösung für die finanzielle Belastung findet, die durch Arbeitslosigkeit entsteht. Wenn es nicht möglich ist, die finanziellen Verluste durch Erhöhung der Einkünfte des anderen Partners abzufedern (was meistens nicht gelingt, weil es in der Regel nicht die Möglichkeit gibt, von einer halben Stelle auf eine ganze zu wechseln oder der Partner sowieso schon ganztags arbeitet), sollten die Partner gemeinsam überlegen, wie sie ihren Lebensstandard einschränken können. Wo sind die Streichungen am wenigsten schmerzhaft? Auf was will man auf gar keinen Fall verzichten?

Der arbeitslose Partner sollte versuchen, sich den neuen Lebensbedingungen anzupassen. Es ist ein Unterschied, ob man jeden Tag das Haus verlässt und einer geregelten Arbeit nachgeht oder ob der Tagesablauf nicht in dieser Weise vorstrukturiert ist. Da immer wieder davon die Rede ist, dass Arbeit eine Last ist, die man möglichst verkürzen sollte, fällt vielen erst im Falle der Arbeitslosigkeit auf, dass Arbeit auch eine Erfüllung sein kann. Ist der Tag nicht vorstrukturiert, ist es wichtig, eine eigene Struktur zu finden. Diese kann darin bestehen, die anstehende Hausarbeit zu erledigen, Reparaturen oder andere Dinge, die schon lange anliegen, vorzunehmen. Sind Kinder vorhanden, kann die freie Zeit den Kindern gewidmet werden, man kann sich aufmerksamer mit ihnen beschäftigen, ihre Hausaufgaben betreuen usw. Es gibt auch die Möglichkeit, sich außerhalb von Partnerschaft und Familie zu engagieren, indem man sich ehrenamtlich betätigt. Durch freiwillige Arbeit können neue Kompetenzen und Kontakte erworben werden, die für die weitere berufliche Entwicklung nützlich sein können.

Wichtig ist es für den arbeitslosen Partner, für sich einen neuen Sinn zu finden und zu spüren, dass er sinnvolle Arbeit leistet, auch wenn sie nicht bezahlt wird. Das erhöht sein Wohlbefinden bzw. verhindert, dass er in eine negative Stimmung abrutscht. Er erreicht dadurch, dass er seinen fehlenden Beitrag zum gemeinsamen Einkommen durch andere Tätigkeiten zumindest annäherungsweise ausgleichen kann.

Auf Seiten des Partners, der berufstätig ist, erweist es sich als wichtig, den arbeitslosen Partner zu unterstützen. Dazu gehört vor allem, sich die Sorgen des anderen Partners anzuhören, ihn aufzumuntern und Interesse für seine Lage zu zeigen. Von entscheidender Bedeutung ist es auch, den arbeitslosen Partner zu ermutigen, anderen Tätigkeiten nachzugehen, damit er nicht in die Passivität verfällt. Zudem sollte man darauf achten, dass man ihn für das, was er für die Familie oder auch ehrenamtlich tut, anerkennt. Denn dem arbeitslosen Partner ist die berufliche Anerkennung verloren gegangen, sodass er umso mehr auf die Bestätigung aus seinem sozialen Umfeld angewiesen ist. Sicher ist es für den Partner, der berufstätig ist, manchmal schwierig, immer in einer konstruktiven und verständnisvollen Weise mit dem arbeitslosen Partner umzugehen, da er ja selbst durch diese Situation belastet ist und sich auch sein Leben geändert hat. Er sollte jedoch versuchen, die negativen Gefühle, die bei ihm entstanden sind, nicht gegen den arbeitslosen Partner zu richten, um zu verhindern, dass die Spirale der negativen Gegenseitigkeit in Gang gesetzt wird.

Untreue und Eifersucht

Dass wir Untreue und Eifersucht in einem Zusammenhang thematisieren, ist kein Zufall. Vielmehr kann angenommen werden, dass die Entstehung der Eifersucht mit dem Phänomen des Fremdgehens in Partnerschaften zusammenhängt. Wir untersuchen an dieser Stelle nicht die Frage, wie man evolutionspsychologisch erklären kann, dass Untreue aus einem positiven Selektionsdruck hervorgegangen ist. Es reicht aus, darauf hinzuweisen, dass sich dafür sehr gute Gründe nennen lassen, die allerdings bei Männern und Frauen unterschiedlich sind. Der Psychologe David Buss von der Universität von Texas hat eine beeindruckende Monographie zu diesem Thema geschrieben, die Untreue (von Männern und Frauen) als Ergebnis der Evolution verständlich macht und gleichzeitig die Rolle der Eifersucht im Wechselspiel mit dem Risikofaktor Untreue kennzeichnet.

Wir werden uns hier darauf konzentrieren, an welchen Merkmalen man erkennen kann, ob jemand eine erhöhte Wahrscheinlichkeit aufweist, einer Versuchung nachzugeben bzw. sich gerne verführen lässt oder auch aktiv nach einer Gelegenheit für einen Seitensprung sucht.

Untreue

Untreue ist ein weit verbreitetes Phänomen. Das zeigen Umfragen, die in den USA und in Deutschland durchgeführt wurden. Die Versuchung, untreu zu sein, ist nicht nur bei unverheirateten Paaren, sondern auch bei Ehepartnern gegeben. Da die

Partnerschaft einer der wichtigsten – wenn nicht *der* wichtigste – Lebensbereich ist, kann vermutet werden, dass Untreue für viele bedrohlich ist. Die Partnerschaft ist etwas, auf das viele Menschen ihre Zukunft aufbauen. Wenn die Zukunftsplanung durch Untreue in Frage gestellt wird, werden starke Konflikte ausgelöst, die in einer Trennung enden können.

Befragungen über die Häufigkeit des Fremdgehens deuten darauf hin, dass möglicherweise etwa 40–50 % aller Männer und Frauen schon einmal fremdgegangen sind. Das kann eine einmalige Affäre für eine Nacht gewesen sein oder auch eine längere Beziehung parallel zur Ehe bzw. zur festen Beziehung. Einige Befragungen lassen erkennen, dass Männer eher über Untreue berichten als Frauen. Allerdings scheinen sich die Geschlechter in den letzten Jahrzehnten in diesem Verhalten angeglichen zu haben, sodass – wenn überhaupt – nur noch ein geringer Unterschied zu erkennen ist. Tatsächlich zeigen Untersuchungen aus den 90er Jahren, die wir in diesem Kapitel ausführlicher darstellen, dass sich überhaupt kein Geschlechterunterschied im Ausmaß der Untreue mehr feststellen lässt.

Die Tatsache, dass Untreue nicht als Ausnahme in Beziehungen angesehen werden kann, sondern ein häufig auftretendes Verhaltensmuster darstellt, deutet darauf hin, dass es wenig sinnvoll ist zu behaupten, Eifersucht sei völlig aus der Luft gegriffen. Eifersucht ist in der Regel eine Reaktion auf eine erwartete, vermutete oder tatsächliche Untreue des Partners oder der Partnerin. Wenn Untreue so alltäglich ist und wenn sie die Fortsetzung einer Beziehung massiv bedroht, ist es nicht verwunderlich, dass Eifersucht ebenfalls ein alltägliches Phänomen darstellt. Sicher wäre es für manche einfacher, wenn Menschen nicht eifersüchtig wären, aber es wäre sicher auch für viele einfacher, wenn Menschen nicht untreu wären.

Warum sind Menschen untreu?

Es ist unwahrscheinlich, dass Untreue zufällig auftritt. Vielmehr ist zu vermuten, dass sie nachvollziehbare Ursachen hat. In diesem Abschnitt werden wir auf solche Ursachen eingehen, die in der *Persönlichkeit* liegen. Zusätzlich werden wir *Einstellungen* berücksichtigen, die für die Paarbeziehung bedeutsam sind, sowie Ursachen, die *situationsbedingt* sind.

Unsere Darstellung der Ursachen von Untreue stützt sich auf zwei Quellen (Buss & Shackelford; Helms & Bierhoff): Eine Studie aus den USA berichtet über 214 Teilnehmer (107 Frauen und ihre Partner), die seit kurzem verheiratet waren. Das Durchschnittsalter der Frauen betrug 26 Jahre, das der Männer 27 Jahre. Aufgrund der Tatsache, dass die Personen, die an dieser Studie teilnahmen, vor kurzem geheiratet hatten, ist es nicht verwunderlich, dass sie noch nicht häufig untreu waren. Die zweite Quelle ist eine eigene Untersuchung, die mit 96 Befragten durchgeführt wurde, die zum Zeitpunkt der Befragung eine Beziehung hatten. Ihr Durchschnittsalter betrug 23 Jahre (51 Frauen) und 27 Jahre (45 Männer). Für beide Studien gilt, dass die Befragten überwiegend keine Kinder hatten (4 % der ersten Studie hatten Kinder, 12,5 % der zweiten).

In beiden Studien wurde die Neigung zur Untreue in ähnlicher Weise erfasst. Relativ geringe Tendenzen zur Untreue wurden durch die Frage angesprochen: «Ich flirte gelegentlich mit anderen Männern/Frauen, ohne dass mein Partner/Partnerin etwas davon weiß.» 66 % der Befragten bejahen diese Form des Interesses an anderen Partnern.

Eine mittlere Zustimmung findet die Feststellung: «In meiner Beziehung ist es mir schon passiert, dass ich mich zu einer anderen Person über einen längeren Zeitraum emotional sehr stark hingezogen fühlte» (41 % Zustimmung). Sowie: «Es ist schon vorgekommen, dass ich mich während meiner Partnerschaft in eine andere Person verliebt habe» (35 % Zustimmung).

Je gravierender die Untreue ist, desto seltener tritt sie auf. Das ist nicht verwunderlich, weil der Schritt, sich auf einen Flirt einzulassen, weniger groß ist als der Schritt, eine sexuelle Affäre einzugehen. So stimmen 67 % der Feststellung zu: «Ich bin noch nie fremdgegangen», was impliziert, dass 33 % schon einmal sexuell untreu waren. Und 21 % bestätigen: «Ich hatte während meiner Beziehung schon einmal sexuellen Kontakt mit einer anderen Person.» Schließlich findet sich nur noch eine geringe Zustimmung von 5 % für die Feststellung: «Ich hatte neben meiner Beziehung schon einmal eine länger andauernde Liebesaffäre.»

Ist man untreu, wenn man flirtet?

Die Einbeziehung des Flirtens in die Rubrik «Untreue» wird bei manchen Lesern und Leserinnen Kritik hervorrufen, etwa in dem Sinn, dass Flirten Freude am Leben zum Ausdruck bringt, während Fremdgehen eben Untreue bedeutet. Diese Kritik stellen wir in Frage und nehmen sie auf, um eine weitere Differenzierung durchzuführen.

In der Tendenz ist die Wahrscheinlichkeit für Personen, die angeben, gerne einmal zu flirten, höher, dass sie auch sexuell untreu sind. Unter den Antworten auf alle Fragen des Untreue-Fragebogens bestehen positive Zusammenhänge: Wer die eine Form der Untreue einräumt, tendiert auch zu anderen Formen der Untreue.

Zwischen emotionaler und sexueller Untreue kann differenziert werden. Emotionale Untreue ist dadurch definiert, dass sie platonisch stattfindet und mit positiven Emotionen verbunden ist. Sexuelle Untreue hingegen beruht auf dem Zusammensein mit einem zweiten Sexualpartner, sei es über einen kürzeren oder längeren Zeitraum, und ist ebenfalls mit positiven Emotionen verbunden. Die ersten drei Feststellungen, die weiter oben genannt wurden, fallen unter die emotionale Untreue (Flirten, sich emotional zu einer anderen Person hingezogen fühlen, sich in eine andere Person verlieben), während die drei folgenden Feststellungen unter die sexuelle Untreue fallen (Fremdgehen, während der Beziehung schon mal sexuellen Kontakt mit einer anderen Person gehabt haben, länger andauernde Liebesaffäre). Beide Formen der Untreue lassen sich unterscheiden, wenn sie auch in der Tendenz positiv zusammenhängen. Hier gilt also auch wieder, dass emotionale Untreue nicht unabhängig von sexueller Untreue ist, aber der Zusammenhang ist relativ moderat.

Wie schon erwähnt, unterscheiden sich die Angaben über die Untreue nicht zwischen Männern und Frauen. Das gilt sowohl für den Gesamttest der Untreue als auch für die sexuelle und emotionale Untreue getrennt. Das ergab auch die amerikanische Studie. In dieser Studie fand sich zudem ein religiöser Zusammenhang: Je religiöser sich die Befragten einschätzten, desto niedriger waren ihre Angaben zur Untreue.

Beziehungsprobleme

Nach Gottman ist es grundsätzlich möglich, dass ein Partner fremdgeht, weil er sich in seiner Beziehung nicht wohl fühlt. Weil er etwas Entscheidendes vermisst, sich einsam fühlt, ihm die Probleme, die er mit dem Partner hat, über den Kopf wachsen, er sich nicht angenommen fühlt, Liebe und Zärtlichkeit zu kurz kommen, er sich vernachlässigt fühlt. Trifft er dann auf jemanden, der ihn mag und attraktiv findet, mit ihm flirtet, ergreift er die Gelegenheit und geht ein sexuelles Abenteuer ein. Es ist möglich, dass er sich in den Liebhaber oder die Liebhaberin verliebt und die neue Partnerin als bessere Alternative ansieht und seine alte Partnerin verlässt. Viele Beziehungen enden deshalb, weil ein Partner eine andere Beziehung anfängt. Auch die erlebte Ungerechtigkeit in der bestehenden Beziehung kann dazu führen, dass ein Partner fremdgeht. Elaine Hatfield, Jane Traupmann und William Walster von der Universität von Wisconsin gingen dieser Frage genauer nach. Partner, die sich in der Beziehung benachteiligt fühlen und glauben, dass sie, gemessen an dem, was sie selbst investieren, zu wenig von ihrem Partner erhalten, sind eher geneigt, außereheliche Beziehungen einzugehen, als Partner, die ihre Beziehung als gerecht empfinden.

Persönlichkeit

In der oben genannten US-Studie wurde der Zusammenhang zwischen Persönlichkeit und Untreue umfassend untersucht. Bevor wir auf die Zusammenhänge im Einzelnen eingehen, muss zunächst geklärt werden, was hier unter Persönlichkeit verstanden wird. Die Persönlichkeit hat zahlreiche Facetten, die unterschieden werden können. Viele dieser Facetten sind aber untereinander verbunden, sodass sie sich zu größeren Gruppen zusammenfassen lassen. Nehmen wir ein Beispiel zur Verdeutlichung: Wir können einen guten Bekannten, wenn wir ihn einmal in seiner Wohnung besucht haben, im Allgemeinen danach einschätzen, ob er eine große Ordnungsliebe hat oder nicht. Außerdem kennen wir das Ausmaß seines Leistungsstrebens, wenn wir ihm während der Ausbildung oder im Berufsleben begegnet sind. Wenn wir uns öfter mit ihm verabredet haben, können wir uns ein Bild von seinem Pflichtbewusstsein machen. Und wenn wir ihn während der Vorbereitung zu einer wichtigen Prüfung beobachtet haben, wissen wir in etwa, wie viel Selbstdisziplin er besitzt.

Alle diese Persönlichkeitsmerkmale hängen zusammen: Wer ordnungsliebend ist, neigt auch zur Selbstdisziplin. Wer mit Leistung nicht viel anfangen kann, ist im Allgemeinen auch nicht besonders pflichtbewusst. Daher besteht die Möglichkeit, eine Art Superfaktor der Persönlichkeit zu bilden, der all diese Einzelmerkmale zusammenfasst. Dieser Superfaktor wurde *Gewissenhaftigkeit* genannt. Gewissenhafte Menschen sind ordnungsliebend, im Leistungsbereich strebsam, pflichtbewusst und diszipliniert. (Zwar besteht die Tendenz, dass diese Eigenschaften gemeinsam auftreten, aber es kann im Einzelfall auch gut sein, dass z. B. Leistungsstreben hoch ausgeprägt ist, während die Ordnungsliebe geringer ist.)

Insgesamt lassen sich fünf Superfaktoren der Persönlichkeit erfassen, die man auch als *Big Five* bezeichnet. Neben der *Gewissenhaftigkeit* sind das *Extraversion*, *Neurotizismus*, *Verträglichkeit* und *Offenheit für Erfahrung*. Gewissenhaftigkeit haben wir schon kennen gelernt. *Extraversion* ist ebenfalls aus dem Alltag bekannt. Sie lässt sich mit Eigenschaften wie gesellig, aktiv, freundlich und redselig kennzeichnen. Extravertierte gehen auf andere Menschen zu und fühlen sich in ihrer Gesellschaft wohl. *Neurotizismus* ist dadurch gekennzeichnet, dass das Auftreten negativer Emotionen wie Trauer und Ärger relativ häufig ist. Die soziale Kompetenz ist gering. Die Persönlichkeit neurotischer Personen lässt sich als unsicher, beunruhigt und impulsiv kennzeichnen. Der positive Gegenpol wird als «emotionale Stabilität» bezeichnet. *Verträglichkeit* äußert sich durch Vertrauen in andere Menschen, aber auch durch Hilfsbereitschaft und Bescheidenheit. Unverträglichkeit beinhaltet demgegenüber eine arrogante, manipulative und narzisstische Haltung. *Offenheit für neue Erfahrungen* bringt Neugier und die Bereitschaft, sich von neuen Erfahrungen beeindrucken zu lassen, zum Ausdruck. Breites Interesse, Phantasie, Ansprechbarkeit für Ästhetik und Infragestellung der gesellschaftlichen Normen sind Merkmale von Personen, die durch hohe Offenheit gekennzeichnet sind.

Von den fünf Superfaktoren der Persönlichkeit wird angenommen, dass sie voneinander unabhängig sind. Daher stellen sie ein umfassendes Bezugssystem dar, das im Übrigen auch in unterschiedlichen Kulturen (USA, Deutschland, England, Frankreich, Spanien, Island, um nur einige zu nennen, über die Ergebnisse vorliegen) dem menschlichen Verhalten zugrunde zu liegen scheint. Sogar höhere Primaten scheinen sich in das Schema der Big Five einordnen zu lassen. Das alles deutet darauf hin, dass sie von universeller Bedeutung sind. Zu ihrer Messung stehen Fragebogen zur Verfügung.

Welche der fünf Persönlichkeitsmerkmale hängen nun mit der Untreue zusammen? Um dieser Frage nachzugehen, ist es sinnvoll, Männer und Frauen getrennt zu betrachten. Für Männer lässt sich sagen, dass vor allem ihre Offenheit gegenüber neuen Erfahrungen ihre Neigung zur Untreue prognostiziert. Sie nehmen anscheinend ihre Offenheit wörtlich, wenn es um sexuelle Erfahrungen mit neuen Partnerinnen geht.

Bei den Frauen sind zwei Persönlichkeitsmerkmale von zentraler Bedeutung für die Untreue. Gewissenhaftigkeit ist für die Treue relevant. Je gewissenhafter sie sind, desto weniger neigen sie dazu, untreu zu sein. Narzissmus, der eine Variante von Unverträglichkeit darstellt, fördert hingegen die Untreue.

Die Tatsache, dass Untreue bei Frauen und Männern in unterschiedlichen Persönlichkeitsstrukturen verankert ist, bestätigt die evolutionspsychologische These, dass das Partnerverhalten von Männern und Frauen eigenen Gesetzen folgt. Die Offenheit der Erfahrung ist eine nach außen gerichtete Tendenz, die die Promiskuität der Männer erleichtert. Die narzisstische Persönlichkeit

ungeregelter Geschlechtsverkehr mit versch. Partnern

selbstverliebte

ist eine innere Tendenz, die hinter der sexuellen Unzuverlässigkeit von Frauen steht.

Liebe und Bindung

Unter den *Liebesstilen* sind zwei für das Ausmaß der Untreue relevant. Ein unterstützender Faktor ist der spielerische Liebesstil. Wer gerne das «Spiel der Liebe» spielt, ist häufiger untreu. Ein hemmender Faktor ist die romantische Liebe: Wer sich in seinen Partner romantisch verliebt hat, ist weniger untreu. Das lässt vermuten, dass Untreue auch etwas mit sexueller Unzufriedenheit zu tun hat. Denn romantische Liebe schließt eine zufrieden stellende sexuelle Beziehung ein. Die Ergebnisse aus der amerikanischen Untersuchung bestätigen diese Vermutung. Partnerschaftliche Zufriedenheit im Allgemeinen erhöht die Intention, treu zu sein, und das gilt speziell auch für sexuelle Zufriedenheit. Wer sich sexuell befriedigt fühlt, sieht offenbar weniger Grund, fremdzugehen.

Unter den Bindungsstilen ist es der vermeidende Bindungsstil, der Untreue vorhersagen kann. Zwar ist der Zusammenhang nur mäßig hoch, aber man kann doch feststellen, dass Partner, die vermeidend an die Partnerschaft herangehen, eher eine Neigung zum Fremdgehen haben. Das kann man sich so erklären, dass bei einer vermeidenden Einstellung zur Partnerschaft die emotionale Verbundenheit mit dem Partner oder der Partnerin geringer ist. Daher muss man weniger emotionalen Widerstand überwinden, um den Partner zu betrügen. Wer hingegen durch eine sichere Bindung gekennzeichnet ist, hat eine positive emotionale Orientierung dem Partner gegenüber, die durch Vertrauen und Wärme beschrieben werden kann. Untreue stellt einen größeren Schritt dar, da das, was aufgegeben wird – nämlich die exklusive Beziehung mit dem Partner oder der Partnerin –, schwerer ins Gewicht fällt. Die sichere Bindung hat schließlich viel mit Vertrauen und Ehrlichkeit zu tun.

Sexuelle Einstellungen

Wir kommen der Ursache der Untreue besonders nahe, wenn wir uns mit sexuellen Einstellungen befassen, die sich in verschiedene Facetten untergliedern lassen: sexuelle Freizügigkeit im Sinne von Großzügigkeit (Permissivität), eine verantwortungsbewusste Orientierung, eine Betonung der Vereinigung der Partner durch den Sex sowie eine körperbezogene Orientierung, die die eigene Lust betont. Sexuelle Großzügigkeit ist der beste Hinweis auf Untreue, was kein Wunder ist, wenn man bedenkt, dass dahinter Meinungen stehen wie die, dass sexuelle Abenteuer tolerabel sind. Eine weitere Klasse von sexuellen Einstellungen, die der Untreue nahe stehen, besteht in dem Wunsch, Sex zu genießen im Sinne einer körperbezogenen Orientierung. Das körperliche Lustpotenzial lässt sich vermutlich durch unterschiedliche Partner ausschöpfen, sodass es ganz plausibel ist, dass «körperbezogene Genießer» nicht immer ganz eindeutig auf Treue setzen. Hingegen sind diejenigen, die Sex als Vereinigung sehen (Beispiel: «Sex ist die engste Form der Kommunikation zwischen zwei Personen»), eher treu. Das gilt auch für die, die eine verantwortungsbewusste Orientierung haben. Wer Sexualität unter der Perspektive persönlicher Verantwortung sieht, ist Seitensprüngen gegenüber eher skeptisch.

Untreue kündigt sich an

Spielerische Liebe, romantische Liebe und Permissivität erklären zusammen nahezu 50 Prozent der Untreue. Dieses Ergebnis ist insofern beachtlich, als sich Untreue relativ gut vorhersagen lässt, wenn man die relevanten Signale kennt. Hat mein Partner früher schon einmal eine Affäre gehabt? Flirtet er viel mit anderen? Hat er lockere Einstellungen der Sexualität gegenüber nach dem Motto «Nur nichts anbrennen lassen»? Bringt er eine Offenheit der Erfahrung in seiner Persönlichkeit zum Ausdruck (relevant bei Männern)? Ist sie wenig gewissenhaft und zeigt Anzeichen von Selbstverliebtheit (relevant bei Frauen)? Dann besteht eine erhöhte Wahrscheinlichkeit, dass er oder sie sich untreu verhalten könnte.

Unsere Übersicht über die Ergebnisse lässt erkennen, dass Untreue teilweise in der Persönlichkeit und teilweise auch in Einstellungen verankert ist. In diesem Zusammenhang ist anzumerken, dass Untreue ein vielfältig determiniertes Verhalten darstellt und nur teilweise verstanden werden kann. So ist Untreue z. B. auch von Gelegenheiten abhängig. Eine gut aussehende und beruflich erfolgreiche Person wird vermutlich viel mehr Gelegenheiten für einen Seitensprung wahrnehmen können als viele andere, die nicht so attraktiv und begehrt sind und denen in der Regel die entsprechenden Angebote nicht zur Verfügung stehen.

Eifersucht

Die emotionale Reaktion auf die erwartete oder tatsächliche Untreue des Partners wird als Eifersucht bezeichnet. Daher kann man feststellen, dass Untreue und Eifersucht zwei Phänomene sind, die eng aufeinander bezogen sind. Beide sind vermutlich in der Evolution in Abhängigkeit voneinander entwickelt worden. Mit dem Auftreten der Untreue wurde als Abwehrtaktik die Eifersucht aufgebaut. Die Evolution der Eifersucht ist ohne die der Untreue schwer vorstellbar.

Gefühle der Eifersucht gelten bei manchen Menschen als lästig oder unerträglich und sind für einige sogar ein Grund dafür, eine Therapie aufzusuchen. Wer eifersüchtig ist, erscheint leicht als kleinkariert und beschränkt. Negativ gedeutet fehlt einem eifersüchtigen Partner die nötige Souveränität, oder er ist überängstlich. Positiv gedeutet könnte man sagen, seine Partnerin ist ihm nicht egal, er liebt sie sehr und möchte sie nicht verlieren.

Die Bedeutung des Wortes Eifersucht wird im Duden (Bedeutungswörterbuch) folgendermaßen angegeben: da ist von einer «starken, übersteigerten Furcht, jemandes Liebe, Zuneigung mit einem oder mehreren anderen teilen zu müssen oder an andere zu verlieren» die Rede. Und als Beispiel wird angegeben:

«Ihre Eifersucht auf seine Sekretärin ist fast schon krankhaft.»

Die Geschichte des Wortes «Eifersucht» ist allerdings weniger eindeutig. Der Begriff «Eifer» wurde von Luther in die deutsche Sprache eingeführt und bedeutet so viel wie «freundlicher Neid, lieblicher Zorn». Aus diesem Substantiv, das für «heftiges Bemühen um eine gute Sache» steht, wurde das Wort «Eifersucht» abgeleitet, das auf die Liebe bezogen wurde. Der Zusatz «Sucht» verdeutlicht, dass es sich im Beziehungszusammenhang um ein «maßloses oder krankhaft übersteigertes Verlangen» handelt. Erst mit dieser Ergänzung wird die negative Bedeutung der Eifersucht gesichert, die ansatzweise schon in der Bezeichnung «Eiferer» sichtbar wird, die den Unterton des Fanatismus beinhaltet.

Eine psychologische Definition lautet wie folgt: Eifersucht ist eine unangenehme emotionale Reaktion, die als Ergebnis auf eine Beziehung mit einer dritten Person auftritt, die entweder real, vorgestellt oder als wahrscheinlich angenommen ist (nach Bringle & Buunk, 1985). Es ist nahe liegend, verschiedene Varianten der Eifersucht zu unterscheiden. In Übereinstimmung mit dieser Definition zeigen empirische Daten, dass Eifersucht negative Emotionen auslöst, zum Beispiel Traurigkeit. Der niederländische Sozialpsychologe Bram Buunk, der weltweit einer der bekanntesten Eifersuchtsforscher ist, unterscheidet zwischen drei Formen der Eifersucht:

– *reaktive Eifersucht*, wenn der Partner oder die Partnerin eine tatsächliche außereheliche Affäre beginnt. Es handelt sich also um eine Reaktion auf konkrete Ereignisse, die mit einem partnerschaftlichen Vertrauensbruch zusammenhängen;

– *präventive Eifersucht* als Bestreben, den Partner davon abzuhalten, Beziehungen außerhalb der bestehenden Partnerschaft einzugehen, wenn am Horizont erste Warnzeichen auftauchen;

– *selbsterzeugte Eifersucht*, die frei flottiert und für Beobachter schwer nachvollziehbar ist, weil kein konkreter Anhaltspunkt gegeben ist. Hier kann man von einer generalisierten Reaktion sprechen, die paranoide Züge aufweisen kann.

Jede dieser Formen der Eifersucht kann unterschiedlich stark ausgeprägt sein. Weiter unten kommen wir darauf zurück, wenn wir auf das Auftreten ganz intensiver Eifersucht zu sprechen kommen.

Eifersucht ist ein kulturübergreifendes Phänomen, das offensichtlich nicht von besonderen Kindheitserfahrungen abhängig ist, außer in dem Sinn, dass die Untreue unter den Eltern die Eifersucht des Kindes in seinen späteren Beziehungen steigern kann. Die Merkmale der Eifersucht, wie Misstrauen und Anklammern, sind über unterschiedliche Kulturen ähnlich.

Auslöser von Eifersuchtsgefühlen sind Situationen, in denen die Exklusivität der Beziehung bedroht ist oder wahrscheinlich bedroht ist. Allein die Heftigkeit der Reaktion auf solche Auslöser scheint von Kultur zu Kultur zu variieren. In Macho-Kulturen, in denen ein Besitzanspruch des Ehemannes gegenüber der Ehefrau kultiviert wird, kann die Eifersuchtsreaktion intensiver sein und eine größere soziale Akzeptanz erhalten als in egalitären Kulturen.

Ist Eifersucht messbar?

Die Messung der Eifersucht wird mit Fragebogen durchgeführt. Ein entsprechender Fragebogen, der von Ralph Hupka von der California State University in Long Beach und seinen Mitarbeitern entwickelt und in einer kulturvergleichenden Studie eingesetzt wurde, berücksichtigt zwei Bereiche. Der erste Bereich betrifft die *Bedrohung der Exklusivität der Beziehung*. Eine Feststellung, bei der Zustimmung auf diese Basisvariante der Eifersucht hindeutet, lautet: «Wenn mein Partner anderen Personen Aufmerksamkeit schenkt, fühle ich mich einsam und ausgeschlossen.» Ein zweiter Aspekt wird als *romantischer Neid* bezeichnet, der sich durch folgende Feststellung ansprechen lässt: «Wenn mein Partner und ich die Straße entlangspazieren, beobachte ich seine Reaktion auf attraktive Personen des anderen Geschlechts.» Romantischer Neid ist ein Nebenaspekt der Eifersucht.

In Kapitel 1 haben wir unterschiedliche Formen der Liebe kennen gelernt. Wie hängt Eifersucht mit den Liebesstilen zusammen? Wir können auf die Ergebnisse einer Studie von Rose Shaw, die von uns betreut wurde, verweisen, um diese Frage zu beantworten. Schon von der begrifflichen Analyse her ergibt sich die Vermutung, dass die wahrgenommene Bedrohung der Exklusivität der Beziehung durch den besitzergreifenden Liebesstil geprägt ist. Die Ergebnisse einer Studie mit 34 Frauen und

27 Männern im Alter zwischen 19 und 39 Jahren stimmen mit dieser Vermutung überein. Interessanterweise war der romantische Neid, der weiter oben als Nebenaspekt von Eifersucht genannt wurde (den Partner beobachten und irritiert sein, wenn der Partner beim anderen Geschlecht gut ankommt), weitgehend unabhängig von besitzergreifender Liebe. Bemerkenswert ist zudem, dass die wahrgenommene Bedrohung der Exklusivität der Beziehung auch bedeutsam – wenn auch schwächer ausgeprägt – mit pragmatischer und altruistischer Liebe zusammenhing. Eifersüchtige Personen waren in der Partnerschaft eher pragmatisch sowie altruistisch eingestellt.

Der Begriff des «romantischen Neids» im Zusammenhang mit Eifersucht wirft die Frage auf, was haben Eifersucht und Neid im Allgemeinen gemeinsam, und was trennt sie voneinander. Eifersucht und Neid lassen sich sinnvoll voneinander abgrenzen, obwohl auch Gemeinsamkeiten bestehen, wie der Sozialpsychologe Peter Salovey von der Yale-Universität schreibt. Die Gemeinsamkeiten von Eifersucht und Neid liegen darin, dass beide darauf beruhen, dass eine Person mit selbstwertbedrohlichen Informationen konfrontiert wird, die sie ins Verhältnis zu einer Vergleichsperson stellt, die sich häufig auch durch Ähnlichkeit auszeichnet. Eine weitere Gemeinsamkeit besteht darin, dass die Gefühle, die mit Neid und Eifersucht verbunden sind, ähnlich ausfallen (Ärger, Traurigkeit und Angst in beiden Fällen). Allerdings deutet einiges darauf hin, dass diese Gefühle im Zusammenhang mit Eifersucht intensiver erlebt werden als im Zusammenhang mit Neid.

Ein weiterer wesentlicher Unterschied besteht darin, dass die selbstwertbedrohlichen Vergleiche mit anderen im Fall der Eifersucht eine Bedrohung der bestehenden Beziehung beinhalten, während im Fall des Neids keine solche Infragestellung vorliegt. Bei Eifersucht besteht zwischen der eifersüchtigen Person und ihrem Partner eine Beziehung, und die eifersüchtige Person befürchtet, dass ein Rivale an seine Stelle treten könnte. So wird ein Mann Eifersucht empfinden, wenn seine Partnerin mit einem guten Freund (Vergleichsperson) flirtet. Bei Neid beobachtet die neidische Person, dass eine Vergleichsperson etwas hat, was die neidische Person gerne selbst besitzen würde: Ein Mann kann Neid empfinden, wenn der gute Freund (Vergleichsperson) eine Partnerin hat, die sehr attraktiv und kompetent ist.

Analogien

Unser Wissen über die Eifersucht ist durch die Evolutionspsychologie wesentlich erweitert worden. Diese hat die Frage in den Vordergrund gerückt, ob Eifersucht ein isoliertes Phänomen darstellt, das – wie viele vermuten – pathologische Züge trägt, oder ob sie aus einem erfolgreichen Prinzip der Evolution entstanden ist, das man als Fehlermanagement bezeichnen kann. Der Begriff des *Fehlermanagements*, der von Martie Haselton und David Buss von der Universität von Texas in diesem Zusammenhang geprägt wurde, ist durchaus anschaulich gemeint und bezieht sich darauf, dass viele sich wiederholende Situationen, die unsere Vorfahren in den Savannen Afrikas in Atem gehalten haben, eine bestimmte Problemlage darstellten, die im Übrigen ähnlich auch heute gültig und somit für jede Entscheidungstheorie relevant ist.

Die zentrale Frage lautet, welcher Fehler schwerer ins Gewicht fällt: sich in die eine oder in die andere Richtung zu irren? Nehmen wir ein Beispiel: Während einer unserer Vorfahren am Rand der Savanne entlangläuft, hört er ein Geräusch, das von einer Schlange stammen könnte, die sich im Unterholz nähert. Natürlich wäre es besonders heroisch, in dieser Situation so zu tun, als wenn man auf die Andeutung einer möglichen Gefahr keine Rücksicht nehmen würde, dass man also gewissermaßen darübersteht. Man kann sich vorstellen, dass unvorsichtige Angeber, die sich vor anderen profilieren möchten, so reagieren würden. Das hätte aber einen Haken. Wenn es eine giftige Schlange wäre, auf die das Geräusch zurückzuführen ist, könnte unser Vorfahre durch seinen Irrtum, eine lebensgefährliche Bedrohung nicht erkannt oder ignoriert zu haben, ums Leben gekommen sein. Es wäre dann auch relativ unwahrscheinlich, dass er unser Vorfahre gewesen ist, weil er sich frühzeitig aus dem Unterfangen, das man als Reproduktion der Gene bezeichnen kann, verabschieden musste. Das Beispiel lässt ahnen, dass Schlangenangst, wie sie viele von uns mehr oder minder stark empfinden, eine Sorge zum Ausdruck bringt, die nicht ganz so irrational ist, wie man spontan denken könnte. Schlangenangst ist vermutlich daraus entstanden, dass es viel weniger gefährlich war, irrtümlich anzunehmen, dass man von einer Schlange bedroht sei, wenn keine da war, als irrtümlich anzunehmen, dass keine Schlangengefahr bestand, wenn eine Schlange unmittelbar zur Attacke bereitlag.

Wenn man das Entscheidungsdilemma in dieser Weise darstellt, wird deutlich, dass eigentlich nur eine Lösung vernünftig ist: den Irrtum in Kauf zu nehmen, irrtümlich einer Schlange auszuweichen, und dadurch vermeiden, unvorbereitet von einer Schlange angegriffen und gebissen zu werden. Jeder vernünftige Mensch wird den erstgenannten Fehler einem Schlangenbiss vorziehen, der sich aufgrund des anderen Fehlers ergeben kann. Allgemein kann man sagen, dass in solchen Entscheidungssituationen zwei Fehlerarten auftreten können, von denen eine relativ harmlos in ihren Folgen ist, während die andere gravierende negative Folgen hat. Man wäre gut beraten, das Fehlermanagement so zu betreiben, dass primär die erste Fehlerart gemacht wird und nach Möglichkeit nie die zweite. Da das so offensichtlich ist, kann es nicht verwundern, dass entsprechende Strategien des Fehlermanagements Teil des evolutionären Erbes des Menschen sind. Es ist allemal günstiger, eine Schlangenangst zu haben, als sich schutzlos dem Angriff einer möglicherweise gefährlichen Schlange auszusetzen. Schlangenangst ist also etwas ganz «Normales». Das heißt allerdings nicht, dass eine Angstneigung, die einen erheblichen Anpassungswert zu haben scheint, da sie dazu dient, im Zweifelsfall den harmloseren von zwei möglichen Fehlern zu machen, nicht auch exzessiv werden kann und dann ein Problem darstellt. Wenn jemand nicht mehr das Haus verlässt, weil die Schlangenangst überdimensional angewachsen ist und sein ganzes Denken beherrscht, ist eine Verhaltenstherapie angezeigt, um die Bewegungsfreiheit zurückzugewinnen. Umgekehrt gilt aber auch: Aus der Tatsache, dass einzelne Menschen eine exzessive Schlangenphobie entwickeln, kann nicht geschlossen werden, dass Schlangenangst generell wegtherapiert werden sollte. Denn sie kann selbst heute noch bei einem Waldspaziergang durchaus von Vorteil sein und ist es umso mehr, je mehr der Mensch in einer natürlichen Umwelt seinen Bewegungsraum mit Schlangen teilt.

Schlangenangst kann als ein Schutzmechanismus begriffen werden, der dem Menschen die Chance erhält, seine Gene an die nächste Generation weiterzugeben. Analog kann man sagen, dass Eifersucht ein Schutzmechanismus ist, der die Verlässlichkeit einer Beziehung sichern soll. Das Entscheidungsdilemma, dessen Bewältigung durch Eifersucht angestrebt wird, hält wieder zwei mögliche Fehler bereit, die man machen kann und von denen der eine schwerwiegender ist – nämlich im Hinblick auf den Reproduktionserfolg des Individuums – als der andere. Es geht um die Chancen, die eigenen Gene zu reproduzieren. Verliert man den Partner, weil er sich jemand anderem zuwendet, sinken diese Chancen, sei es, dass man keine Kinder mehr mit dem Partner zeugen kann, sei es, dass die elterliche Versorgung gemeinsamer Kinder verschlechtert wird. Diese Chancen sinken speziell bei Männern auch, wenn ihre Partnerin scheinbar ein Kind von ihnen austrägt, das aber in Wirklichkeit von einem anderen Mann gezeugt wurde.

In diesem Problemfeld stellt Eifersucht einen Bewältigungsmechanismus dar, auch wenn es sich um eine «blinde» Leidenschaft handelt, die ihre biologische Ursache von der Oberfläche her nicht verrät. Trotzdem beinhaltet Eifersucht eine emotionale Weisheit, weil der Fehler, der sich ergibt, wenn man als Partner irrtümlich Alarm geschlagen hat, biologisch gesehen von geringerer Tragweite ist als der Fehler, der sich ergibt, wenn man den Partner an einen anderen verliert. Ein erfolgreiches Fehlermanagement weist deutlich in die Richtung, dass der Fehler bevorzugt wird, der einen falschen Alarm beinhaltet, als jener, der beinhaltet, dass man eine bevorstehende Untreue des Partners nicht erkennt. Der Selektionsdruck wird dazu führen, dass der weniger kostspielige Fehler häufiger gemacht wird als der katastrophale.

Exzessive Eifersucht

Wie im Beispiel der Schlangenangst lässt sich auch für die Eifersucht konstatieren, dass eine Reaktion, die in der Regel durchaus dem biologischen Ziel der Fitness förderlich ist, extrem ausfallen kann und dann pathologische Züge annimmt. Exzessive Eifersucht schränkt die Freiheit des Partners genauso ein, wie sie das Denken der eifersüchtigen Person auf eine Art von Tunnelblick verengt. Die Form der selbst generierten Eifersucht illustriert diese fehlangepasste Eifersucht, die für die Partnerschaft zu einer schweren Belastung werden kann.

Diese Überlegungen lassen es als sinnvoll erscheinen, abgeschwächte Formen der reaktiven Eifersucht, die dazu dienen, eine emotionale Beziehung zum Partner aufrechtzuerhalten oder zu retten, mit übertriebenen Formen der Eifersucht zu kontrastieren, die selbst generiert sind bzw. einem Kontrollzwang gleichkommen, bei dem die eifersüchtige Person zu jeder Stunde des Tages wissen möchte, wo sich der Partner befindet. Solche pathologischen Eifersuchtstendenzen, die auch mit Gewaltbereitschaft verbunden sein können, bedürfen der Therapie. Exzessive Eifersucht ist nämlich vielfach mit einer Gewaltanwendung in der Beziehung verbunden, wie viele Einzelfälle belegen, die auch in Berichten der Tagespresse über Gewaltverbrechen, die durch Eifersucht motiviert sind, wiederholt dargestellt werden.

Eifersucht hat also eine dunkle Seite, wie Beispiele der Beziehungsgewalt bis zum Eifersuchtsmord zeigen. Eifersucht ist die Hauptursache für Gewalt gegen Frauen. Die Aufrechterhaltung der Beziehung zwischen den Partnern verlangt nach einer Sicherung, die durch Eifersucht installiert wird. Diese kann sowohl von Frauen gegenüber Männern als auch von Männern gegenüber Frauen realisiert werden. Eifersucht ist eine Antwort auf die evolutionspsychologisch kritische Frage: Wie erkenne ich Anzeichen für die mögliche Untreue meines Partners? David Buss spricht von einem *Paradox der Eifersucht*, da Eifersucht die Beziehung schützen, aber auch zu einer Quelle von Konflikten werden kann.

Wildern

Aus evolutionspsychologischer Sicht ist Eifersucht ein Abwehrmechanismus gegen potenzielle Untreue. Es zahlt sich im Sinne der biologischen Fitness aus, sich eher in die vorsichtige Richtung zu täuschen als in die riskante Richtung. Leider ist die Welt der Partnerschaften nicht immer so geordnet und übersichtlich, wie sie aus religiöser Sicht erscheint. Vielmehr verdeckt diese oberflächliche Ordnung tiefer liegende Konkurrenzkämpfe, die sich sowohl unter Männern als auch unter Frauen abspielen und die sich auf den Begriff des «Wilderns» bringen lassen. Dieser Begriff verweist auf eine romantische Taktik, mit deren Hilfe ein Sexualpartner gewonnen werden kann. Wildern bezeichnet den Versuch, jemanden als Sexualpartner anzuziehen, der schon in einer Beziehung ist, und sei es auch nur mit dem Ziel einer kurzfristigen Affäre. Diese Strategie kommt in Mozarts Oper «Don Giovanni» (siehe Kapitel 1) darin zum Ausdruck, dass Don Giovanni, der die Manipulation der romantischen Gefühle von Frauen ihm gegenüber in geradezu vollendeter Form beherrscht, sogar versucht, eine Braut zu verführen.

Die empirischen Ergebnisse zur Häufigkeit des «Wilderns», die von David Schmitt von der Bradly-Universität in Illinois und von dem bereits erwähnten David Buss berichtet werden, sind aufschlussreich. Auf die Frage, ob sie schon einmal gewildert hätten, antworten teilweise über 50 % der Befragten mit «ja». Außerdem gab eine große Mehrzahl der Befragten an, dass sie schon einmal die Zielscheibe eines Annäherungsversuchs eines Wilderers gewesen sind. Wie nicht anders zu erwarten, berichten attraktive Personen besonders häufig darüber, die Zielscheibe solcher Annäherungsversuche geworden zu sein. Eifersucht kann als Gegentaktik zu der des Wilderns aufgefasst werden. Da beide Taktiken in Abhängigkeit voneinander in der menschlichen Evolutionsgeschichte entwickelt wurden, hat sich eine Situation ergeben, in der die meisten Versuche von Wilderern fehlschlagen, während nur gelegentlich Erfolge zu verzeichnen sind.

Das Auftreten von Seitensprüngen, das z. B. aufgrund von Wilderern zu erwarten ist, hat noch einen weiteren Effekt: Die Person, die ihrem Partner untreu war, wird versuchen, ihr Tun zu verheimlichen, um Gegenmaßnahmen wie Vorwürfe oder Intensivierung der Eifersucht zu entgehen. Während einerseits Eifersucht dazu dient, gegen Seitensprünge des Partners oder der Partnerin vorzubeugen, ist Verheimlichung eine Abwehrreaktion des untreuen Partners gegen die Eifersucht des betrogenen Partners. Daher kann man davon sprechen, dass zwischen den Geschlechtern eine unendliche Spirale von Suche nach Wahrheit und Störmanövern dagegen abläuft. Hinzu kommt noch, dass Eifersucht auch provoziert werden kann, um die eigene Attraktivität zu betonen und die Bemühungen des Partners zu intensivieren. Wie wir in Kapitel 4 ausgeführt haben, kann gezielt Eifersucht beim Partner erzeugt werden, um ein bestimmtes Ziel zu erreichen, d. h., er macht dann, was man will, zieht z. B. mit einem zusammen oder gibt seine Einwilligung zu heiraten und ein Kind zu bekommen, um den Partner nicht an einen anderen zu verlieren.

Obwohl es keine generellen Geschlechterunterschiede im Ausmaß der Eifersucht gibt, lässt sich doch feststellen, dass die Eifersucht von Männern und Frauen teilweise unterschiedliche Ursachen hat. Diese hängen mit der «Mutter-Sicherheit» und der «Vater-Unsicherheit» zusammen, also mit der Tatsache, dass Frauen sich ihrer Mutterschaft sicher sein können, während Männer in diesem Punkt verunsichert sind, da sie keine Gewissheit haben, dass sie der Vater sind. Daraus folgt: Männer sind besonders verletzbar im Hinblick auf die Frage, ob sie das Kind gezeugt haben oder nicht. Frauen hingegen sind besonders von der Frage betroffen, ob sie langfristig das Kind mit Hilfe des Vaters großziehen können oder nicht. Die langfristige Bindung des Vaters wird durch seine emotionale Zuneigung sichergestellt. Um diese Überlegungen zu prüfen, wurde in einer Untersuchung von David Buss und Mitarbeitern in den USA, Korea und Japan eine Untreue-Szene in zwei Varianten vorgestellt: Der Partner oder die Partnerin ist entweder sexuell oder emotional mit einer Konkurrentin oder einem Konkurrenten untreu. Vor die Frage gestellt, was sie empörender fänden, sexuelle oder emotionale Untreue, antworten Männer und Frauen unterschiedlich: Männer empören sich mehr über sexuelle Untreue, Frauen mehr über emotionale Untreue. Dieser Geschlechterunterschied, der mit der spezifischen Verletzbarkeit von Mann und Frau übereinstimmt, zeigt sich also in unterschiedlichen Kulturen.

Verzeihen

Angenommen, in der Partnerschaft hat es «gekracht», weil einer der Partner einen verletzenden Fehler begangen hat, der den anderen traurig macht. Beispiele haben wir in den vorherigen Abschnitten dieses Kapitels gegeben. Demnach können Verletzungen durch heftige negative Verbalisierungen wie «Du bist total unfähig» oder «Du bist absolut unzuverlässig» verursacht werden. Oder durch heftiges Flirten mit anderen sowie einen Seitensprung. Aber auch starke Reaktionen eines eifersüchtigen Partners, besonders, wenn sie unbegründet sind, können sehr verletzend sein. Schließlich sind auch Gewaltanwendungen zu nennen. Frank Fincham von der Universität von Buffalo sowie Giorgia Paleari und Camillo Regalia von der Universität Mailand betrachten Verzeihen als eine Transformation, in der der Wunsch nach Rache und nach Vermeidung des Übeltäters abgeschwächt wird und die prosoziale Motivation gegenüber dem Übeltäter gesteigert wird. Daher kann man Verzeihen als eine prosoziale Handlung auffassen. Es stellt den Versuch dar, den verletzenden Vorgang in seinen negativen Folgen für die Partnerschaft abzumildern oder sogar zu dem früheren Einverständnis zurückzukehren.

Manche Partner verzeihen leichten Herzens, andere sind nachtragend. Wie sich diese Unterschiede erklären lassen, ist ein wichtiges Thema, das weiter unten wieder aufgegriffen wird. Verzeihen ist im Allgemeinen ein Schritt in die richtige Richtung, wenn es darum geht, aggressive Eskalationen zu vermeiden und die Kommunikation in der Partnerschaft zu fördern.

Vergessen, Nachsicht und Verleugnung

Um Missverständnisse zu vermeiden, ist es wichtig, sich zu verdeutlichen, was mit Verzeihen nicht gemeint ist. In ihrem psychotherapeutischen Buch «Helping clients forgive» haben Robert Enright von der Universität von Wisconsin und der Psychotherapeut Richard Fitzgibbons beschrieben, was Klienten in Therapie häufig mit Verzeihen verwechseln. Verzeihen ist z. B. nicht mit Vergessen gleichzusetzen, da Ersteres auf einer Entscheidung beruht, während Letzteres spontan erfolgt. Wenn man einen Fehler des Partners vergisst, erübrigt sich das Verzeihen.

Nachsicht bedeutet, dass Gründe akzeptiert werden, die den Täter entlasten. Bei der Zuschreibung von Verantwortung im persönlichen Bereich findet genauso wie vor Gericht eine Prüfung der Frage statt, ob mildernde Umstände vorliegen, die den Täter/Partner von Schuld freisprechen. Begnadigung ist auf institutioneller Ebene ein Akt, der an den individuellen Vorgang des Verzeihens erinnert. Ein Strafnachlass findet zum Beispiel statt, um den Rechtsfrieden wieder herzustellen.

Die Verleugnung einer Schädigung ist ebenfalls vom Verzeihen zu unterscheiden. Verleugnung bedeutet, dass die Schädigung überhaupt nicht stattgefunden hat. Das kommt einer Akzeptanz des schädigenden Verhaltens gleich, da auf diese Weise eine Billigung des Partnerverhaltens ermöglicht wird. Das hat aber nichts mit Verzeihen zu tun, sondern stellt eine problematische Reaktionsweise auf ein problematisches Partnerverhalten dar. Verleugnung als Konfliktbewältigung ist vermutlich belastender als das Verzeihen, da Verleugnung auf einer Verzerrung der Realität beruht. Der Vorteil des Verzeihens besteht gerade darin, dass die Schädigung als Vorfall ernst genommen wird, um dann einen konstruktiven Weg aus der resultierenden Beziehungskrise zu finden. Verzeihen trägt dazu bei, eine Beziehung wieder herzustellen und die Wunden zu heilen.

Reaktionsweisen auf Verletzungen

Je häufiger und näher Menschen zusammenkommen, desto größer ist die Wahrscheinlichkeit, dass Missverständnisse, emotionale Verletzungen oder Brüskierungen entstehen. Es gibt verschiedene Möglichkeiten, damit umzugehen. Eine besteht darin, dass die Beziehung abgebrochen wird. Die verletzte Person entscheidet sich aus Selbstschutz oder anderen Gründen, den Beziehungspartner zu wechseln oder ganz darauf zu verzichten, einen zu haben. Eine andere Möglichkeit besteht darin, dass die Verletzung ignoriert wird. Das kann z. B. deshalb der Fall sein, weil der verletzte Partner eine hohe Loyalität in der Beziehung entwickelt hat. Eine dritte Möglichkeit, die häufig auftritt, besteht in einer aggressiven Eskalation, die der Befriedigung von Rachegelüsten dient. Eine vierte Möglichkeit, die eine konstruktive Kommunikation fördert, besteht darin, dass die verletzte Person dem Partner verzeiht. Damit einher geht, dass die verletzte Person ihre Enttäuschung und Verärgerung überwindet.

Prozess des Verzeihens

Der Duisburger Wissenschaftler Christian Schwennen weist darauf hin, dass Verzeihen zwei Richtungen hat, von denen eine auf die Psyche der verletzten Person gerichtet ist und die andere auf ihre Beziehung zu dem Übeltäter: Der intrapsychische Aspekt bezieht sich darauf, dass die verletzte Person mit sich selbst klären muss, ob sie in der Lage ist, die Schädigung zu verzeihen oder zumindest nicht nachtragend zu reagieren. Der interpersonelle Aspekt des Verzeihens besteht darin, dass dem Partner ein Signal gegeben wird, das beinhaltet, die Beziehung fortzusetzen.

Ein Fehlverhalten zu verzeihen, gelingt am ehesten, wenn die schädigende Person um Verzeihung bittet. Dadurch wird es der verletzten Person erleichtert, ihre Empörung zu mildern oder ganz abzubauen. Die Bitte um Verzeihung kann ein verzweifelter

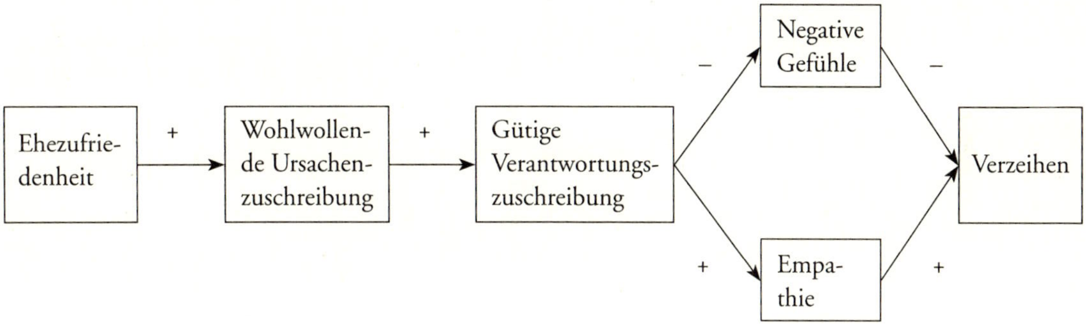

Modell der Beziehung zwischen Ehezufriedenheit, Attributionen, Gefühlen und Verzeihen (modifiziert nach Fincham, Paleari & Regalia, 2002). Ein «+» veranschaulicht einen positiven Zusammenhang, ein «–» einen negativen Zusammenhang.

Versuch sein, nach einer Serie von Fehlern «zu retten, was zu retten ist»: Denn wenn es nicht zu einer Vergebung kommt, droht ein Prozess von Vergeltung und Distanzierung, der die Beziehung zwischen den Partnern dauerhaft zerstören kann.

Die Bedingungen, die ein Verzeihen ermöglichen, lassen sich in einem Flussdiagramm darstellen, das wir von Frank Fincham aus Buffalo und seinen italienischen Mitarbeitern aus Mailand in modifizierter Form übernommen haben (siehe Seite 231).

Nach einer emotionalen Verletzung ist die Wahrscheinlichkeit des Verzeihens unmittelbar beeinflusst durch die negativen Gefühle und durch die Empathie, die das verletzende Ereignis hervorgerufen hat. Je mehr negative Gefühle wie Ärger und Wut entstehen, desto geringer ist die Bereitschaft zum Verzeihen, während Einfühlungsvermögen und die Weichherzigkeit die Bereitschaft zum Verzeihen erhöhen. Ob negative Gefühle ausgelöst werden oder ob Empathie überwiegt, hängt von der Verantwortungszuschreibung ab, die wiederum von der Ursachenzuschreibung beeinflusst wird. Eine gütige Ursachenzuschreibung besteht darin, dass weniger der Partner, sondern eher veränderbare Ursachen in den Vordergrund gerückt werden und eher solche Gründe genannt werden, deren Wirkung begrenzt ist. Eine gütige Verantwortungszuschreibung besteht darin, dass die Tat des Partners weniger als absichtlich, egoistisch und tadelnswert aufgefasst wird. Eine gütige Ursachenzuschreibung führt zu einer gütigen Verantwortungszuschreibung, die ihrerseits über die Auslösung von viel Empathie und wenigen negativen Gefühlen ein Verzeihen erleichtert. Schließlich kann die Neigung zu gütigen Zuschreibungen dadurch gefördert werden, dass die Beziehung als glücklich erlebt wird. Je höher das Glück in der Beziehung, desto eher wird auf eine Missetat des Partners mit der Bereitschaft zu verzeihen reagiert.

Empirische Ergebnisse, die mit italienischen Ehepartnern gefunden wurden, bestätigen die Gültigkeit des Flussdiagramms. Im Wesentlichen gilt es auch gleichermaßen für Männer und Frauen, wobei allerdings das Verzeihen von Frauen besonders stark durch ihre Verantwortungszuschreibung bestimmt ist (gütige Zuschreibung → Verzeihen), während das der Männer mehr von ihrem Mitgefühl beeinflusst ist (mehr Mitgefühl → Verzeihen).

Verzeihen ist also kein einzelner Vorgang. Vielmehr handelt es sich dabei um einen Prozess, der im Allgemeinen längere Zeit andauert. Am Anfang steht die Entscheidung, das Fehlverhalten des Partners nicht in seiner Bedeutung aufzubauschen, sondern als entschuldbar aufzufassen. Es kann aber sein, dass der Prozess des Verzeihens über Stunden, Tage oder Wochen anhält, denn die aufgestauten Aggressionen können vielfach nicht kurzfristig abgebaut werden. Es bedarf dann einer längeren Beruhigungsphase, um den Gefühlsstau zu überwinden.

Natürlich fällt es leichter, Kleinigkeiten zu verzeihen als schwerwiegende Fehlhandlungen. Wenn ein Partner zu spät zu einer Verabredung kommt, sind die meisten in der Lage, dieses Fehlverhalten ohne größere Umstände zu verzeihen. Da der Vorfall geringfügig ist, kann man schnell verzeihen, wenn sich der Partner entschuldigt. Anders liegen die Dinge, wenn der Partner von dem gemeinsamen Konto € 2000 für ein Glücksspiel verwendet hat und mit leeren Taschen nach Hause zurückkehrt. Diese Schädigung ist bedrohlicher, der Vertrauensbruch ist größer, und die Implikationen für die Zukunft sind gravierender. Daher will die Entscheidung, dem anderen zu verzeihen, in einem solchen Fall wohlüberlegt sein. So kann es nicht verwundern, dass der Prozess des Verzeihens bei schweren Vergehen zögerlicher in Gang kommt als bei geringfügigen. Denn es ist mehr abzuwägen, mehr zu kritisieren und mehr zu vergeben.

Ein Verzeihen beruht darauf, dass eine Verfehlung stattgefunden hat, deren Ursache zumindest teilweise in der Person des Partners lokalisiert wird. Diese Personalisierung kann z. B. darin zum Ausdruck kommen, dass die verletzte Person glaubt, dass der Partner anders hätte handeln können, als er gehandelt hat. Wie wir gesehen haben, fällt es schwer, dem Partner zu verzeihen, wenn die Verfehlung personalisiert wird. Denn Personalisierung ist das Gegenteil von einer gütigen Ursachenzuschreibung. Besonders schwer wird es, wenn die Personalisierung so weit geht, dass die Verfehlung als Illustration des schlechten Charakters des

Partners angesehen wird: «Weil du so und so bist, hast du unseren Hochzeitstag vergessen.» Für das «so und so» kann wahlweise eingesetzt werden «phlegmatisch», «oberflächlich» oder «ignorant».

Wie kann es überhaupt zu einem Verzeihen kommen, wenn die Verfehlung des Partners schwerwiegend ist und ihm dafür Schuld zugeschrieben worden ist? Wir hatten ja schon darauf hingewiesen, dass sich große individuelle Unterschiede finden, die zwischen «verzeihend» und «nachtragend» liegen. Worauf lassen sich diese Unterschiede zurückführen? Warum kann der eine Partner erst nach Monaten darüber hinwegsehen, dass der Hochzeitstag vergessen wurde, während der andere den Vorfall schon nach 10 Minuten beigelegt hat?

Das Modell des Verzeihens gibt eine Teilantwort: Die Fähigkeit, empathisch zu empfinden, erleichtert es, einer Eskalation des Konflikts einen Riegel vorzuschieben. Denn das Bemühen, sich in den anderen hineinzuversetzen, und die Bereitschaft, seine Situation nachzuempfinden, ermöglicht es, ein Fehlverhalten zu verzeihen.

Empathie hat sowohl eine gedankliche als auch eine emotionale Komponente. Die gedankliche Komponente kommt darin zum Ausdruck, dass sich der Partner vorstellt, wie die Situation im Augenblick des Vergehens aus der Perspektive des anderen ausgesehen hat, dass er z. B. erkennt, wie leicht der andere durch die Umstände abgelenkt werden konnte. Die emotionale Komponente stellt eine Übertragung von Gefühlen dar. Die verletzte Person, die hohe Empathiefähigkeit besitzt, stellt sich leichter vor, wie sehr es dem anderen Leid tut, dass es zu dem Vergehen gekommen ist, und wie aufrichtig die Schuldgefühle sind, die der andere hat.

Ein hemmender Faktor ist demgegenüber die Neigung, bei Provokationen Ärger und Wut zu empfinden. Wenn jemand aufbrausend und impulsiv ist, tragen die starken Negativgefühle, die durch das Vergehen des Partners ausgelöst werden, dazu bei, dass Rachegedanken auftreten und darüber nachgegrübelt wird. Personen, die in dieser Weise reagieren, werden eher nachtragend sein. Das Grübeln über das Fehlverhalten des Partners steht dem

Verzeihen im Wege. Je mehr die verletzte Person über die Verletzung nachdenkt und sich dabei aufregt, desto schwerer fällt es ihr, Entschuldigungen anzunehmen oder von sich aus zu verzeihen. Die Neigung zum Grübeln hängt eng mit einer depressiven Tendenz zusammen. Personen, die eher in der Stimmung beeinträchtigt sind und die sich eher traurig fühlen, sind besonders stark dafür anfällig, zu grübeln. Oft dient das Grübeln aber nicht dazu, dass man eine Entscheidung fällt, dem Partner zu verzeihen, sondern der Vorfall wird unendlich hin und her gewendet, ohne dass ein Ausweg gefunden wird. Dabei kann es leicht passieren, dass die Bedeutung der Tat überdimensional wächst und dass viele andere Handlungen des Partners, die seinen positiven Wert unterstreichen, in ihrer Bedeutung minimiert werden. Grübeln und generell eine depressive Neigung stehen der Fähigkeit, «authentisches Glück» zu erleben, wie sie von Martin Seligman beschrieben wird, im Wege. Die Fähigkeit dazu hängt davon ab, dass der Mensch seine ganz persönlichen Stärken wie Großzügigkeit, Loyalität und Spaß am Lernen so verwirklicht, dass sie ihn glücklich machen.

Die Bereitschaft zum Verzeihen nimmt mit dem Alter zu. Es ist nicht zu weit hergeholt, wenn man diese Tendenz als ein Element betrachtet, das die Weisheit fördert, die gerade älteren Menschen zugeschrieben wird. Weisheit wird von Paul Baltes und Alexandra Freund vom Max-Planck-Institut für menschliche Entwicklung in Berlin als das Ergebnis eines lebenslangen Lernens angesehen. Sie beinhaltet Wissen darüber, das man nutzen kann, um sich selbst wohl zu fühlen und um anderen etwas Gutes zu tun. Weisheit bedeutet unter anderem, dass man erkennt, dass Menschen mit Unsicherheit leben müssen, aus der heraus Fehler und Vergehen entstehen, denen man nicht mit dem Anspruch der Perfektion begegnen sollte. Somit ist ein weiser Mensch auch eher in der Lage, einen Fehler zu verzeihen.

Das Verzeihen wird auch durch Situationsfaktoren beeinflusst. Der wichtigste Situationsfaktor ist das Verhalten des Täters, nachdem er sein Vergehen begangen hat. Versucht er es mit Ausreden, geht er über das Vergehen hinweg in der Hoffnung, dass der Partner es nicht ansprechen wird, oder thematisiert er es und entschuldigt sich für sein Fehlverhalten?

Entschuldigungen und Reue des Täters erleichtern es der verletzten Person, einen Prozess des Verzeihens in Gang zu setzen. Dabei ist natürlich wichtig, dass Entschuldigungen aufrichtig sind und nicht reine Floskeln darstellen, die routinemäßig angebracht werden. Durch eine Entschuldigung kann der Übeltäter seine Perspektive der verletzten Person näher bringen und darauf hoffen, dass die verletzte Person mehr Empathie und Verständnis entfaltet. In diesem Zusammenhang ist es wichtig, wenn der Täter auf mildernde Umstände verweisen kann, die einer Personalisierung des Vergehens entgegenlaufen und die stattdessen gütige Ursachenzuschreibungen nahe legen. Der Täter sollte grundsätzlich die Schuld für sein Vergehen akzeptieren, gleichzeitig aber verdeutlichen, dass äußere Umstände für den Vorfall mitverantwortlich sind. Indem er verdeutlicht, dass keine Absicht bestand und dass der Fehler von einem bestimmten Punkt an nicht mehr vermeidbar war, liefert der Täter schon ein Erklärungsmuster für sein Vergehen, das es dem Opfer erleichtert zu verzeihen.

Wie die empirische Forschung zeigt, sind Entschuldigungen im Großen und Ganzen erfolgreich, was die Verringerung der Gefahr von aggressiven Eskalationen angeht. Viele Opfer eines Vergehens, die durch ihren Partner geschädigt worden sind, akzeptieren eine Entschuldigung. Der amerikanische Psychologe Michael McCullough vom Nationalen Institut für Forschung zur Gesundheitsvorsorge in Maryland entwickelte einen Fragebogen für Reaktionen auf Vergehen, der Vergeltung («Ich lasse ihn bezahlen») und Vermeidung («Ich ziehe mich von ihm zurück») erfasst. Er glaubt, dass die Empathie des Opfers die Reaktionen auf ein Vergehen entscheidend beeinflusst. Opfer von Vergehen, die Empathie empfinden, frönen nicht der Vergeltung und möchten den Täter nicht vermeiden. Der zugrunde liegende Prozess, der die Empathie des Opfers in den Mittelpunkt stellt, lässt sich wie folgt charakterisieren:

Entschuldigung des Täters → Empathie des Opfers → Verzeihen durch das Opfer

Eine weitere Einflussgröße auf die Wahrscheinlichkeit des Verzeihens besteht darin, ob sich das Fehlverhalten des Partners als Einzelfall darstellt oder als ein Glied in einer (langen) Kette von Vorfällen. Wenn z. B. der Partner einen gemeinsamen Geldbesitz verspielt hat, fällt es einem leichter, ihm zu verzeihen, wenn es sich dabei um einen einmaligen Vorfall gehandelt hat, als wenn schon mehrmals Geld verschwunden ist, weil der Partner es veruntreut hat. So wie eine Entschuldigung die Bereitschaft zum Verzeihen erleichtert, steht eine Vorgeschichte ähnlicher Vergehen einem Verzeihen im Wege.

Ein Partner, der wiederholt unter verschiedenen Bedingungen Fehlverhalten zeigt, zwingt dem Beobachter den Schluss auf, dass internale Gründe, die im Partner liegen, die Ursache des Fehlverhaltens sind. Diese Urteilsbildung wurde von dem amerikanischen Sozialpsychologen Ranald Hansen von der Oakland-Universität in Rochester beschrieben. Sie ist ein Beispiel für rationale Urteilsbildung. Unter diesen Gegebenheiten wird die Bereitschaft zum Verzeihen reduziert, weil Beteuerungen des Täters, das Fehlverhalten in Zukunft nicht mehr zu zeigen, aus der Sicht des Opfers nur wenig glaubwürdig sind.

Im Allgemeinen wirkt sich Verzeihen positiv auf die Zufriedenheit und den langfristigen Erfolg einer Partnerschaft aus. Denn es wird vermieden, dass eine feindselige Atmosphäre entsteht, unter der beide Partner gleichermaßen leiden. Stattdessen entsteht eine Atmosphäre der Güte. Die Berliner Sozialpsychologin Ann Elisabeth Auhagen hat die Güte als eine Orientierung beschrieben, die beinhaltet, dass eher entschuldigende Gründe zugeschrieben werden und persönlich belastende Anschuldigungen unterbleiben. Gütige Ursachenzuschreibungen und Verantwortungszuschreibungen stellen einen Schlüssel für das Verzeihen dar, besonders bei Frauen.

Insofern ist Verzeihen eine gelungene Maßnahme, wenn es darum geht, eine angeschlagene Beziehung zu stabilisieren, ohne dass langfristig negative Gefühle zurückbleiben. Daher haben Menschen, die das Verzeihen als eine Bewältigungsstrategie bei partnerschaftlichen Konflikten einsetzen, beständigere Beziehungen. Langfristig dürfte es sich auszahlen, wenn die Beziehung durch einen Akt des Verzeihens gerettet worden ist, da dadurch eine positive Perspektive für die Zukunft eröffnet wird und die Auswirkungen von Feindseligkeit und nachtragendem Nörgeln vermieden werden.

Die Bereitschaft zu verzeihen wird häufig durch eine konstruktive Kommunikation in der Partnerschaft belohnt. Ein wesentlicher Vorteil des Verzeihens besteht gerade darin, dass eine Eskalation von Feindseligkeit vermieden werden kann, und zwar nicht nach einer beiderseitigen Übereinkunft, sondern durch eine einseitige Good-will-Erklärung. Möglicherweise ist der Verzeihende nicht einmal der große «match-winner», sondern der Nicht-Verzeihende ist der große «loser». Denn empirische Ergebnisse von zwei Studien in Großbritannien, die von Frank Fincham in Zusammenarbeit mit Steven Beach von der Universität von Georgia durchgeführt wurden, zeigen, dass sich negative Vergeltungsreaktionen des Opfers gegenüber dem Partner dahin gehend auswirken, dass dieser verbal aggressiv wird. Hingegen zeigt sich, wenn auch weniger deutlich, dass sich das Verzeihen des Opfers günstig auf die konstruktive Kommunikation des anderen auswirkt, insbesondere bei Frauen.

Hier deuten sich wieder Geschlechterunterschiede an, die aber noch nicht hinreichend verstanden sind. Wichtig ist die Erkenntnis, dass Verzeihen sowohl bei männlichen Opfern und weiblichen Tätern als auch bei weiblichen Opfern und männlichen Tätern «funktioniert». Man kann auch nicht sagen, dass Verzeihen einfach nur der Ausdruck des Glücks in der Partnerschaft ist. Zwar hängen Verzeihen und Glück zusammen, aber auch dann, wenn das Glück in der Partnerschaft hoch ist, bewirkt das Verzeihen etwas Positives, nämlich eine Verringerung des Aggressionspotenzials des Täters. Das spricht dafür, dass es nicht ausreicht, einfach auf das Glück in der Partnerschaft zu setzen und darauf zu hoffen, dass entstandene Konflikte sich in Wohlgefallen auflösen werden. Verzeihen hat eine eigenständige positive Wirkung und ist deshalb um seiner selbst willen bedeutsam, um eine Atmosphäre der Güte in der Partnerschaft aufzubauen.

KAPITEL 6

Trennung und Neuanfang

Eine Trennung ist häufig mit Trübsinn und Trauer verbunden. Es ist nicht leicht, auseinander zu gehen, wenn man auf Jahre oder Jahrzehnte gemeinsamer Gestaltung der Zweierbeziehung zurückblickt. Eine unserer Botschaften in diesem Kapitel lautet trotzdem: Trübsal zu blasen bringt nichts. Um die Veränderungen, die mit einer Trennung verbunden sind, sinnvoll einzuordnen, kann die Positive Psychologie um Rat gefragt werden. Die Berliner Entwicklungspsychologen Paul Baltes und Alexandra Freund betonen gerade, dass die menschliche Biographie durch Auswahl günstiger Mittel, Optimierung der vorhandenen Mittel und durch Kompensation für Verluste durch Erwerb alternativer Mittel bereichert werden kann. Der Partner, den man durch Trennung verloren hat, stellt einen Verlust dar, der den Entzug von Möglichkeiten bedeutet, die man vorher zur Verfügung hatte. Die Beziehungsforscherin Ellen Berscheid von der Universität von Minnesota kennzeichnet schon durch den Titel ihres Aufsatzes zur Positiven Psychologie, worum es geht: «Des Menschen größte Stärke: andere Menschen».

Trennung

Die Entscheidung, sich von dem Partner oder der Partnerin zu trennen, erfolgt häufig versteckt und schleichend. Zwar gibt es gelegentlich einschneidende Ereignisse, die die Trennung auslösen, aber in vielen Fällen ist sie das Ergebnis eines längeren Prozesses. Im Allgemeinen werden mehrere Trennungsschritte durchlaufen: die Entdeckung von Unzufriedenheit zu Beginn, gefolgt von dem Ansprechen der Probleme, dem Aushandeln und Diskutieren, bis hin zur Durchführung der Trennung, wenn keine Verbesserung eintritt. Die Scheidungsforscher Wolfgang Beelmann und Ulrich Schmidt-Denter von der Universität Köln betonen, dass es sich bei einer Ehescheidung nicht um ein einmaliges traumatisches Ereignis handelt, das die Ehe beendet, sondern um einen lang anhaltenden Prozess, der Monate oder Jahre vor der gerichtlichen Scheidung beginnt und weit darüber hinaus andauern kann.

Der Trennungsverlauf hat ein charakteristisches Muster: Häufig treibt ein Partner die Trennung voran, während der andere die Beziehung aufrechterhalten möchte. Es gibt somit in der Regel eine treibende Kraft, die sich häufig gegenüber den beharrenden Kräften durchsetzt.

Warum trennen sich Partner? Diese Frage gibt viele Rätsel auf. Man denkt z. B. an Faktoren, die von außen auf die Beziehung einwirken, wie Stress durch Arbeitslosigkeit oder Geldknappheit, fehlende Plätze in Kindergärten oder Störmanöver durch Verwandte oder Freunde. Weiterhin kann die Persönlichkeit der Partner eine Rolle spielen. Es ist vermutlich schwierig, mit einem depressiven Partner glücklich zu sein, genauso wie es belastend ist, einen aggressiven oder impulsiven Partner zu haben. Zudem ist es möglich, dass ein Seitensprung oder eine längere Affäre die Beziehung in Frage stellt.

Lawrence Kurdeck von der Wright-State-Universität in Dayton, Ohio, führte eine umfangreiche Studie zur Vorhersage der Trennung durch. Neu verheiratete Paare wurden über einen Zeitraum von 5 Jahren begleitet. Es zeigte sich, dass sich die Paare, die sich in diesem Zeitraum trennten, von denen, die zusammengeblieben waren, in vielen Merkmalen unterschieden: in demographischen Faktoren, in Persönlichkeitszügen, in Beziehungsmerkmalen und in Unähnlichkeitsmaßen. Trennung ist also ein mehrfach determiniertes Ereignis. Die getrennten Paare hatten eher ein relativ niedriges Einkommen. Das lässt vermuten, dass sich wirtschaftlicher Stress nicht günstig auf die Beziehung ausgewirkt hat. Die Getrennten kannten sich auch vor der Heirat weniger lang als die Eheleute, deren Verbindung Bestand hatte. Vermutlich hatten einige überstürzt geheiratet, ohne sich zu vergewissern, ob sie zusammenpassen würden. Außerdem hatten die getrennten Partner ungünstige Ansichten über eine erfolgreiche Partnerschaft. Sie glaubten z. B. eher, dass Streit ihre Beziehung zerstört. Weiterhin hatten sie die Ehe eher deshalb geschlossen, weil sie von außen gedrängt wurden (z. B. die Eltern finden sie oder ihn akzeptabel) und weniger aufgrund von beziehungsinternen Gründen (z. B. wir sind uns nah). Zudem hatten entweder der Ehemann oder die Ehefrau bei den getrennten Paaren erhöhte Werte in Neurotizismus, d. h., sie waren ängstlicher, nervöser und angespannter. Auch wenn sich die Partner in ihren Neurotizismus-Werten sehr unähnlich waren, wuchs die Wahrscheinlichkeit, dass sie sich über den Zeitraum der Studie trennten.

Was die Beziehungsmerkmale angeht, war es besonders die partnerschaftliche Unzufriedenheit, die mit einer Trennung zusammenhing. Wenn der Ehemann oder die Ehefrau unglücklich war, stieg die Wahrscheinlichkeit einer Trennung. Zudem waren die Getrennten sich unähnlicher in der Einschätzung der Zufriedenheit mit der Partnerschaft als die Eheleute, die noch 5 Jahre nach der Eheschließung zusammen waren.

Die Wahrscheinlichkeit dafür, dass mindestens einer der Partner eine Trennung anstrebt, ist dann hoch, wenn die vier apokalyptischen Reiter Einzug gehalten haben und der Kreislauf der negativen Gegenseitigkeit in Gang gekommen ist. Wir hatten im vorangegangenen Kapitel dargestellt, dass in glücklichen Partnerschaften das Verhältnis von positiver zu negativer Kommunikation bei 5:1 liegt. Nimmt der Anteil der negativen Kommunikation zu, dann ist es gut möglich, dass einer der Partner eine Trennung in Erwägung zieht. Nimmt die negative Kommunikation kein Ende, sodass die Partnerschaft dauerhaft durch Konflikte gekennzeichnet ist, kann es die bessere Alternative sein, die Trennung zu vollziehen, um einen Neuanfang zu ermöglichen.

Die Trennung vom Partner ist zwar schmerzhaft, jedoch zeigen Forschungsergebnisse von John Gottman aus Seattle, dass das Risiko, psychische und körperliche Beschwerden zu bekommen, in einer unglücklichen Beziehung erhöht ist. Ein Grund dafür kann darin liegen, dass der Stress, der in einer unglücklichen Partnerschaft erlebt wird, mit einer chronisch diffusen inneren Erregung einhergeht, was für Körper und Psyche sehr belastend ist. Dadurch können schlimmstenfalls körperliche und psychische Krankheiten wie Bluthochdruck, Angst, Depression oder Drogenmissbrauch entstehen.

Kinder, die aus Familien kommen, in denen zwischen Mutter und Vater Feindseligkeit herrscht, werden in ihrer Entwicklung beeinträchtigt. Gottman konnte in einer Studie zeigen, dass schon Vorschulkinder, deren Eltern sich feindselig begegneten, erhöhte Werte in ihren Stresshormonen aufwiesen. Im Alter von 15 Jahren schwänzten sie dann viel häufiger als andere Gleichaltrige die Schule, litten an Depressionen, wurden häufiger von ihren Mitschülern abgewiesen, legten Verhaltensstörungen wie Aggressionen an den Tag und arbeiteten in der Schule schlechter mit oder scheiterten sogar an den Leistungsanforderungen. Diese Ergebnisse bestätigen die Vermutung, dass es nicht günstig für die Entwicklung der Kinder ist, in einer Familie groß zu werden, die durch eine gestörte Ehe charakterisiert ist.

So kann es günstiger sein, den Trennungsschmerz in Kauf zu nehmen, statt sich dauerhaft der Belastung einer unglücklichen Partnerschaft auszusetzen. Das Motto könnte lauten: «Lieber ein Ende mit Schrecken als ein Schrecken ohne Ende.» Ist die Trennung für die Partner sehr belastend, kann das Paar einen qualifizierten Paartherapeuten aufsuchen, der den Trennungsprozess unterstützen kann. Solche Krisen lassen sich auch dann besser bewältigen, wenn gute Freunde zur Verfügung stehen, auf die sich die verunsicherten Partner stützen können.

Wenn man eine Wette darauf abschließen würde, ob eine Partnerschaft in einigen Monaten noch Bestand hat oder nicht, kann man sich an bestimmten Merkmalen orientieren, die relativ leicht zu erfassen sind. Eine Beziehung wird eher auseinander gehen, wenn die partnerschaftliche Zufriedenheit gering ist, wenn die Distanz zwischen den Partnern relativ groß ist, wenn sexuelle Intimität fehlt und wenn die Beziehung von den Partnern nicht als exklusiv interpretiert wird, d. h. einer der Partner oder beide Partner fremdgehen. So sagten in einer der wohl zuverlässigsten

Studien über Scheidungen, die von John Gottman in Kalifornien durchgeführt wurde, 80 % der geschiedenen Männer und Frauen aus, dass ihre Ehe scheiterte, weil sie sich immer mehr voneinander entfernten und das Gefühl der Nähe verloren hatten oder weil sie sich nicht geliebt und angenommen fühlten. 20 bis 27 % der Befragten gaben an, dass eine außereheliche Affäre der Grund für die Trennung gewesen sei. Im Umkehrschluss kann man feststellen, dass partnerschaftliche Zufriedenheit, Nähe, sexuelle Intimität und das Verständnis einer exklusiven Paarbeziehung für eine größere Stabilität der Beziehung sprechen.

Wer sich trennt und wer zusammenbleibt, hängt auch von den Liebes- und Bindungsstilen der Partner ab. Wenn sie romantisch verliebt sind, werden sie vermutlich auch längerfristig zusammenbleiben. Ein spielerischer Liebesstil hingegen birgt ein Risiko für die Beständigkeit der Beziehung in sich. Jemand, der fremdgeht, kann sich verlieben und die Partnerschaft verlassen. Er kann aber auch verlassen werden, weil der Partner das Flirten und das Fremdgehen nicht erträgt.

Auch bei einem ängstlich-ambivalenten Bindungsstil kann es eher schon einmal zu einer Trennung kommen. Personen, die in dieser Weise hin und her gerissen werden, sind besonders unzufrieden mit ihrer Beziehung und erleben besonders viele «Aufs» und «Abs» in ihrer Partnerschaft. Wenn sie mit größeren Konflikten konfrontiert werden, wird diese Erfahrung übermäßig negativ auf die Bewertung der Beziehung generalisiert, unabhängig davon, ob der Konflikt zufrieden stellend oder weniger zufrieden stellend gelöst wurde (siehe Kapitel 5). Ina Grau von der Universität Bielefeld und Jörg Doll von der Universität Kiel konnten außerdem zeigen, dass sich ängstlich-ambivalente Partner häufig in einer benachteiligten Position in der Partnerschaft befinden, da sie ein sehr großes Nähebedürfnis haben und besonders viel Liebe und Zärtlichkeit in die Beziehung investieren.

Wir hatten in Kapitel 3 gezeigt, dass das Empfinden, in einer ungerechten Position zu sein, negative Gefühle hervorruft. So haben Untersuchungen von Elaine Hatfield, William Walster und Jane Traupmann gezeigt, dass Partner, die sich in einer benachteiligten Position sehen, eher fremdgehen als Partner, die das Gefühl haben, dass es in ihrer Beziehung gerecht zugeht.

Vermutlich sind Partner, die sich ungerecht behandelt fühlen, hin und her gerissen. Die daraus entstehenden Widersprüche und Konflikte fördern den Entschluss zur Trennung. Diese Interpretation wird dadurch bestätigt, dass Streit auf geringe Stabilität der Beziehung hindeutet. Wenn sich die Partner häufig streiten, steigt die Wahrscheinlichkeit, dass der Streit zur Trennung führt. Schließlich gilt auch, dass sich diejenigen eher trennen, die weniger in die gemeinsame Beziehung investiert haben. Es scheint so zu sein, dass eine geringe Investition in die Beziehung einen leichtfertigeren Umgang mit ihrer Stabilität zur Folge hat. Die Partner scheinen so zu tun, als wenn nicht so viel auf dem Spiel stehen würde. Partner, die nicht zusammenleben, haben weniger in die Beziehung investiert und können sich daher auch leichter trennen, da durch die Umstellung nicht so viel Schaden entsteht. Für Partner, die zusammenleben, verheiratet sind und Kinder haben, ist es schwerer, sich zu trennen, da sie viel in die Beziehung investiert haben und viele Gemeinsamkeiten aufgeben müssen, wenn sie auseinander gehen.

Ein anderer Faktor, der nicht zu vernachlässigen ist, besteht in den vorhandenen Alternativen, die an die Stelle des Partners gesetzt werden können. Wenn attraktive Alternativen zur Verfügung stehen, reicht unter Umständen schon eine geringe Unzufriedenheit mit der bestehenden Beziehung aus, um sie aufzulösen. Das könnte beispielsweise dann gegeben sein, wenn eine Frau eigentlich ganz zufrieden mit ihrem Partner ist, ihn aber nicht für besonders attraktiv hält. Trifft sie dann einen Mann, der attraktiver aussieht und der sich an ihr interessiert zeigt, kann es zu einer Trennung kommen, weil sie den «besseren» Mann vorzieht.

Wenn die Alternativen, die sich anbieten, weniger attraktiv sind, bedarf es einer größeren partnerschaftlichen Unzufriedenheit, um die Trennung zu vollziehen. Lebt die Frau in einer sehr unbefriedigenden Beziehung, die durch häufige und zermürbende Konflikte gekennzeichnet ist, reicht vermutlich schon die Begegnung mit einem mittelmäßig attraktiven Mann aus, damit sie darüber nachdenkt, ob er als potenzieller neuer Partner in Betracht kommt. Denn diese Alternative könnte die bestehende Beziehung, die auf dem Tiefpunkt zu sein scheint, leicht übertreffen, weil die Erwartungen an den Neuen vielversprechend sind (verglichen mit den Erwartungen an den alten Partner).

Trennung ist dann wahrscheinlich, wenn die Zufriedenheit niedrig ist, die Investitionen gering sind und Alternativen zur Verfügung stehen, die eine hohe Qualität besitzen. Natürlich weiß man im Voraus eigentlich nicht genau, wie die Qualität eines neuen Partners in der Zukunft ausfällt. Jedoch kann aus dem Engagement, dem Charme und der Zuneigung, die der potenzielle neue Partner einem zeigt, erschlossen werden, wie sehr er einen zufrieden stellen wird. Leider ist das Werbeverhalten des Mannes nicht immer 1:1 gleichzusetzen mit seinem alltäglichen Beziehungsverhalten. Ob die subjektive Vorstellung von seinen Qualitäten, die die Frau aus anfänglichen Begegnungen ableitet, tatsächlich von der Realität bestätigt werden, muss sich erst noch zeigen. Sicher ist aber, dass Aktionen wie die, dass der zukünftige Partner einem in der Kneipe Rosen kauft, keinen Prognosewert besitzen, da sie einem Ritual zuzuordnen sind, das dazu dient, die Frau «rumzukriegen». Bessere Indikatoren, die vermutlich durch die Evolution vorstrukturiert sind, stellen demgegenüber Persönlichkeitsmerkmale dar, wie der Verweis auf die altruistische Persönlichkeit verdeutlicht, die einen positiven Prognosewert besitzt (siehe Kapitel 1).

Unsere Analysen zeigen, dass partnerschaftliche Zufriedenheit und Stabilität der Beziehung zwar zusammenhängen, aber nicht gleichgesetzt werden können. Denn Unzufriedenheit, die nicht mit attraktiven Alternativen konfrontiert ist, wird in der Regel keine Trennung zur Folge haben. Zwar kann bei sehr hoher Unzufriedenheit mit dem Partner auch das bevorstehende Single-Dasein eine bessere Alternative zur Partnerschaft sein, aber für die Entstehung von Trennungsabsichten ist es förderlich, wenn alternative Partner bereitstehen, um die Lücke zu füllen, die durch die Trennung entsteht. In einem Zustand der Unzufriedenheit ist es auch möglich, dass Partner aufmerksamer auf mögliche Alternativen achten als in glücklicheren Zeiten. Glückliche Partner neigen hingegen dazu, Alternativen abzuwerten und ihre eigene Beziehung aufzuwerten nach dem Motto «Mein Partner ist der beste, den ich haben kann». Unglückliche Partner sind unter der Hand dauernd auf der Suche nach möglichen Alternativpartnern.

Ein generelles Problem, das mit Trennungen verbunden ist, besteht darin, dass man vorher nicht einschätzen kann, wie man sich hinterher fühlen wird. Die bereits erwähnte Forscherin Ellen Berscheid hat schon vor zwei Jahrzehnten eindrucksvoll nachgewiesen, dass eine Beziehung – unbemerkt durch die Partner – einen Gewohnheitseffekt auslöst, der in der alltäglichen Abstimmung zwischen den Partnern seine Ursache hat. Diese Gewohnheiten sind mit angenehmen Emotionen verbunden, die das Gefühl von Geborgenheit und Sicherheit vermitteln. Wenn der Partner aufgrund der Trennung ausfällt, werden lieb gewordene Gewohnheiten in Frage gestellt, und es bedarf einer erneuten Feineinstellung der alltäglichen Routine, um kein Gefühl von Leere aufkommen zu lassen. In vielen Fällen wird die Enttäuschung, die nach der Trennung auftritt, vorher unterschätzt. Das hängt damit zusammen, dass die gegenseitige Abhängigkeit der Partner, die auch im emotionalen Bereich zu lokalisieren ist, in der Regel als geringer wahrgenommen wird, als sie wirklich ist. Hier versagt die Selbstbeobachtung, da häufig nicht auffällt, dass eine latente emotionale Bindung an den Partner vorhanden ist, deren Verletzung negative Gefühle nach sich zieht.

Interviews, die von der Forscherin Diane Vaughan mit Personen geführt wurden, die eine Beziehung beendet hatten, lassen erkennen, wie der Trennungsverlauf aussieht. Es handelt sich in der Regel nicht um eine einfache Entscheidung, sondern um ein Hin und Her, das schließlich auch aufgrund einer Eigendynamik, die durch eine anfängliche Trennungsabsicht ausgelöst wird, in eine Trennung mündet. In diesem Prozess hat die Person, die die Trennung initiiert, einen Vorteil gegenüber der, die von der Trennung nur betroffen ist. Das hängt damit zusammen, dass die sich trennende Person häufig ihre Vorbereitungen heimlich trifft, indem sie z. B. schon eine neue Beziehung eingegangen ist oder sich eine eigene Wohnung gesucht hat, sodass der Partner schließlich von der Trennung unvorbereitet überrascht wird. Während also die initiierende Person bereits ihre Vorbereitungen getroffen hat, wie sie den Trennungsschmerz auffangen kann, ist der Partner mehr oder weniger hilflos dem Trennungsstress ausgeliefert.

Letztendlich ist eine Trennung aber häufig für beide Partner desillusionierend. Es mag zwar sein, dass der initiierende Partner zunächst ein Gefühl der Euphorie hat, wenn die Beziehung beendet ist. Vielfach entstehen nicht nur bei dem unvorbereiteten Partner negative Emotionen, die bis zu depressiven Gedanken und Selbstmordabsichten führen können. Gefühle von Ärger, Schuld, Einsamkeit und Verlust überwiegen. Außerdem werden die alltäglichen Lebensgewohnheiten in Frage gestellt. Das betrifft auch die Freundschaften und die Beziehungen zu Verwandten des Partners, die in der Regel an die Partnerschaft gekoppelt sind und die durch die Trennung verloren gehen können.

Der Trennungsschmerz kann noch intensiviert werden, wenn durch die Veränderung die Notwendigkeit zur Verhandlung über die Verteilung von Besitz und Verantwortungen entsteht. Das ist besonders dann der Fall, wenn gemeinsame Kinder vorhanden sind, über deren Sorgerecht und Wohnsituation eine Entscheidung getroffen werden muss.

Eine Trennung stellt auch die erworbene Identität der Partner in Frage. Das gilt sowieso für Frauen, die als Hausfrau und Mutter einen Teil ihres Selbstverständnisses aus der beruflichen Tätigkeit ihres Mannes abgeleitet haben. Das trifft aber auch auf Männer zu, die ihre Berufsrolle durch die Position in der Familie in Balance gebracht haben, sodass sie den Wert ihrer beruflichen Tätigkeit in der Herstellung des Wohlstands der Familie gesehen haben. Letztlich sind Männer wie Frauen gleichermaßen verwundbar hinsichtlich der Auswirkungen einer Trennung. Daher findet die Frage, wer mehr leidet, weniger eine geschlechterspezifische Antwort als vielmehr eine individuelle Antwort in Abhängigkeit von den Rollen, die die Partner in der Beziehung eingenommen haben. Wesentlicher als die Bedeutung von Mann- und Frausein scheint zu sein, wer die Trennung initiiert hat, da dieser

Partner wahrscheinlich weniger unter der Trennung leidet als die Person, die ihr gewissermaßen zum Opfer fällt.

Ein Charakteristikum der Trennung besteht darin, dass der jeweilige Partner als Person abgewertet wird. Das hängt damit zusammen, dass eine Neubewertung der Vergangenheit stattfindet, die unter dem Aspekt gesehen wird, dass die Beziehung in der aktuellen Konstellation als verfahren und unerträglich erscheint. Häufig wird die Zuschreibung negativer Eigenschaften auf den Partner weit übertrieben, offensichtlich deshalb, um Schwung aufzunehmen, damit die Trennung erfolgen kann. Wenn man sich nur genügend deutlich macht, was für einen Versager der Partner darstellt, muss man den Schritt der Trennung nicht bereuen, sondern kann im Gegenteil die damit verbundenen Anstrengungen intensivieren.

Bei dieser Gelegenheit wird die ganze Geschichte der Beziehung neu geschrieben. Glückliche Momente werden ausgeblendet, während unglückliche Momente in das Zentrum der Aufmerksamkeit rücken. Es stellt sich sogar die Frage, ob der Partner nicht von Anfang an ein Missgriff gewesen ist. Der Initiator der Trennung fühlt sich als Opfer einer Fehlentwicklung, der endlich Einhalt geboten werden muss. Durch diese Eigendynamik erklärt es sich, dass eine anfänglich geliebte Person im Stadium der Trennung mit extrem negativen Attributen versehen wird, obwohl es dieselbe Person ist, die ursprünglich die Zuneigung ausgelöst hat. Insofern kann man davon sprechen, dass eine geistige Wende um 180 Grad ausgeführt wird, wenn die Trennung eingeleitet wird.

Es mag zwar sein, dass in Einzelfällen in gemeinsamer Übereinstimmung die verständnisvolle Würdigung der Entwicklungsmöglichkeiten der beiden Partner zustande kommt, aber das sind Ausnahmen, denen gegenüber eine Mehrheit von Trennungen durch Konflikt, Missverständnisse, Unterstellungen und Feindseligkeiten gekennzeichnet ist. Damit einher gehen negative Emotionen wie Hass, Ärger, Wut und Frustration. Die Frustration wird noch intensiviert, wenn der Prozess der Trennung länger dauert, sodass man gezwungen ist, mit dem nunmehr verhassten Partner zusammenzuleben und tägliche Abläufe gemeinsam durchzuführen. Der Zwang, es weiter mit dem Partner aushalten zu müssen, obwohl man ihn schon abgeschrieben hat, erzeugt weiteren Ärger, der die Trennungsanstrengungen intensiviert. Einmal in Gang gekommen, wird der Trennungsprozess immer stärker beschleunigt. Spätestens in dieser Phase der Trennung wird auch häufig die sexuelle Intimität abgebrochen, sei es, dass man den Partner für sein ihm unterstelltes Fehlverhalten bestrafen möchte, sei es, weil die negativen Emotionen die sexuelle Zuneigung unterminieren.

Der Trennungsprozess ist in der Regel durch ein Kommunikationsproblem gekennzeichnet, das damit zusammenhängt, dass der Initiator der Trennung nicht offen über seine Absichten spricht. Vielmehr trifft er oder sie die Vorbereitungen heimlich, um Konflikten aus dem Weg zu gehen und die eigene Unsicherheit zu verringern. Trotzdem merkt der Partner, dass etwas schief läuft und dass sich die Konflikte in der Beziehung intensivieren. Der Initiator der Trennung kann sich diese Entwicklung besser erklären als der Partner, der den Trennungsabsichten nicht ausweichen kann, ohne sie richtig interpretieren zu können. Häufig wird eine direkte Konfrontation vermieden, der Konflikt schwelt unterschwellig und erscheint dadurch besonders bedrohlich. Da die Absichten nicht ausgesprochen werden, kann auch nicht offen über die Folgen der Trennung geredet werden. Daher ergibt sich, dass eine verdeckte und indirekte Kommunikation bei Trennungen eher die Regel als die Ausnahme darstellt.

Eine Trennung ist eine Verlusterfahrung, die meist den Partner, der sie initiiert, weniger emotional trifft als den Partner, der davon überrascht wird. Beide verlieren zwar eine wichtige Ressource, nämlich die Unterstützung des anderen, aber der überraschte Partner ist zusätzlich mit der Bloßstellung durch die Zurückweisung konfrontiert, die er leicht als persönliche Niederlage interpretieren und auf die er mit Entsetzen reagieren kann. Vielfach wird dadurch eine Trauerphase ausgelöst, die wie bei anderen Verlusterfahrungen länger andauern kann. Es kommt vor, dass Partner, die von einer Trennung betroffen sind, im Rückblick die positiven Seiten der Beziehung übertreiben und dadurch besonders leiden. Sie denken womöglich an die gemeinsamen schönen Erfahrungen, die Nähe und Intimität, die sie in der ersten Zeit der Beziehung erlebt haben, oder kleine Alltäglichkeiten, die man genossen hat.

Während die Initiatoren der Trennung im Allgemeinen die negativen Attribute der Partnerschaft hervorheben, reagieren die überraschten Partner häufig damit, dass sie die Beziehung im Rückblick glorifizieren. Dadurch wird das Verlusterlebnis besonders schmerzhaft. In dieser Phase kommt Widerstand gegen Veränderung zum Ausdruck, die mit der Hoffnung auf eine Wiederherstellung der verlorenen Beziehung einhergehen kann. Man versucht, an dem festzuhalten, was man für sicher geglaubt hat. Gesichtsverlust und verwirrte Gefühle kommen zusammen, sodass eine negative Gefühlsmixtur überwiegt. Der betroffene Partner leistet quasi automatisch Widerstand gegen die unvermeidliche Trennung und intensiviert dadurch die negativen Emotionen, die mit dem Verlust der Beziehung einhergehen. Während sich der Partner, der die Trennung initiiert, auf deren Folgen – zumindest teilweise – vorbereiten kann, tendiert der unvorbereitete Partner dazu, die Belastungssituation unzureichend zu bewältigen.

Erst wenn sich neue Strategien der Lebensbewältigung entwickelt haben, wird der Einschnitt in die eigene Biographie, der durch die Trennung zustande kommt, erträglich. Durch eine Neudefinition der aufgelösten Beziehung und durch einen Neuanfang in sozialer Hinsicht kann es gelingen, die Trauerphase zu beenden. In diesem Zusammenhang können Gespräche mit Freunden und Bekannten eine wichtige Funktion übernehmen, da sie dazu beitragen, eine Klärung der Gedanken und Gefühle herbeizuführen. Diese Gespräche sind insofern nahe liegend, da Freunde Erklärungen beisteuern können, die den von der Trennung Betroffenen die Veränderung der Lebensbedingungen plausibel machen. Die Trennung wird in eine soziale Bedeutung einbezogen, die eine neue Interpretation der eigenen Biographie nahe legt. Was als Trennungsprozess begann, endet häufig in der Neudefinition der eigenen Identität.

Bindungsstile

Inwieweit spielen die Bindungsstile eine Rolle dabei, dass sich Paare trennen? Wir führten eine Studie durch, in der wir nahezu 500 Personen, die in einer Partnerschaft lebten, nach ihren Bindungsstilen befragten. Nach 14 Monaten hatten sich 47 Personen von ihrem Partner getrennt. Es zeigte sich, dass diejenigen, die mit ihrem Partner über den Zeitraum von 14 Monaten zusammengeblieben waren, eine deutlich sicherere Bindung an ihren Partner hatten. Die Getrennten waren deutlich unsicherer an ihren Partner gebunden. Sie waren eher ängstlich-ambivalent, ängstlich-vermeidend und gleichgültig-vermeidend. Somit lässt sich auch hier sagen (siehe Kapitel 5), dass die Sicherheit der Bindung an den Partner einen Einfluss darauf hat, wie gut eine Partnerschaft zusammenhält. Wenn sich jemand seines Partners sicher ist, ihm vertraut und nicht ständig Angst davor hat, verlassen zu werden, wirkt sich das günstig auf die Stabilität der Beziehung aus.

Liebesstile

Inwieweit kann man auf der Grundlage der Liebesstile (siehe Kapitel 1) eine Trennung vorhersagen? Diese Frage untersuchten wir unter Berücksichtigung von Eros (romantische Liebe), Storge (freundschaftliche Liebe) und Mania (besitzergreifende Liebe). Wir konnten erfassen, inwieweit sich diejenigen, die sich innerhalb des Zeitraums von 14 Monaten getrennt haben, von denjenigen unterschieden, die innerhalb des gleichen Zeitraums zusammengeblieben waren. Die Ergebnisse zeigen, dass eine niedrige romantische Liebe die Wahrscheinlichkeit dafür erhöhte, dass sich die Paare trennten. An zweiter Stelle war die (geringe) freundschaftliche Liebe dafür verantwortlich, dass sich die Paare getrennt hatten.

Die offensichtliche Bedeutung der romantischen Liebe für die Beständigkeit einer langfristigen Partnerschaft ist auch darauf zurückzuführen, dass in der heutigen Zeit die romantische Liebe für die meisten Menschen das Ideal der Liebe darstellt. Die Orientierung der Verliebten an dem Vorbild der romantischen Liebe hat in den letzten Jahrzehnten zugenommen.

Diese Entwicklung birgt insofern eine Gefahr für den Fortbestand einer Partnerschaft, als die starken romantischen Gefühle, die zu Beginn einer Partnerschaft gegeben sind, in einer lang andauernden Partnerschaft nicht immer in der ursprünglichen Intensität aufrechterhalten werden. Möglicherweise liegt ein Grund der hohen Scheidungsraten darin (siehe Kapitel 5), dass versucht wird, das romantische Ideal zu verwirklichen. Wenn man daran scheitert, wird mit Trennung reagiert. Die Trennungsabsicht kann bei mangelnder Romantik dann noch intensiviert werden, wenn ein alternativer attraktiver neuer Partner zur Verfügung steht, in den man sich (romantisch) verliebt.

Frühere Zufriedenheit mit der Partnerschaft

Wie sieht die Qualität der Partnerschaft von getrennten Partnern zu einem früheren Zeitpunkt aus? Wir konnten feststellen, dass diejenigen, die sich von ihrem Partner in dem Zeitraum von 14 Monaten getrennt hatten, bei der ersten Befragung weniger positive Emotionen und stattdessen mehr negative Emotionen in ihrer Beziehung zum Ausdruck brachten. Außerdem war der Ärger über den Partner erhöht. Diese Ergebnisse stehen mit anderen Untersuchungen in Übereinstimmung, die gezeigt haben, dass Personen, die sich trennten, zu einem früheren Zeitpunkt, als von Trennung noch keine Rede war, schon mehr Unzufriedenheit über ihre Beziehung zum Ausdruck brachten als diejenigen, die mit ihrem Partner zusammenblieben. Wir fanden weiterhin, dass Paare, die sich getrennt hatten, schon vor ihrer Trennung besonders wenig Gemeinsamkeiten und Kommunikation miteinander pflegten.

Auch zeigte sich, dass sich getrennte Paare dadurch auszeichneten, dass die Partner dazu neigten, wenig konstruktiv, stattdessen aber destruktiv bei der Lösung von Konflikten miteinander zu verhandeln. Sie neigten dazu, sich aus Problemfeldern zurückzuziehen (stärkere Betonung der Strategie Verlassen) und in einem geringeren Ausmaß als die Zusammengebliebenen auf Mitsprache und Loyalität zu setzen (siehe Kapitel 5). Partner, die sich später trennten, setzten in Konfliktsituationen weniger auf beziehungserhaltende Strategien wie Mitsprache und Loyalität, sondern eher auf Strategien, die die Beziehung gefährdeten. Mitsprache ist eine konstruktive und aktive Verhaltensweise: Probleme werden diskutiert, ein Kompromiss wird gesucht, und man bringt sich mit seiner Meinung in die Gespräche ein, ohne den Partner verletzen zu wollen.

Partner, die sich im Laufe der Zeit trennen, haben eine geringe Hoffnung, dass sich die Lage verbessern wird, und versuchen auch weniger, die Beziehungsprobleme auszudiskutieren, um zu einem Kompromiss zu kommen. So gesehen ist eine Trennung also häufig kein überraschendes Ereignis, sondern durch vielerlei Anzeichen im Voraus zu erkennen.

Erlebnishorizonte

Schauen wir uns nun an, inwieweit die Erlebnishorizonte Liebe, Altruismus, Sicherheit, Investment und Konflikt, die wir im ersten Kapitel beschrieben haben, einen Einfluss darauf haben, ob sich Paare trennen oder nicht. Welche der Erlebnishorizonte sind mit einer voraussichtlichen Trennung verbunden? Sind diejenigen, die sich weniger lieben als andere, diejenigen, die sich trennen? Oder sind es diejenigen, die sich besonders häufig streiten, die sich absehbar trennen?

Wir gingen diesen Fragen nach, indem wir Paare über einen Zeitraum von 12 Monaten begleiteten. In dieser kurzen Verlaufsstudie zeigte sich, dass bei einem hohen Ausmaß von Konflikten sowie niedrigem Investment die Wahrscheinlichkeit für eine Trennung hoch war. Das Investment hängt allerdings mit der Beziehungsdauer zusammen. Bei geringerer Beziehungsdauer hat man noch nicht so viel in die Beziehung investiert, sodass die Trennung leichter fällt. Jüngere Personen trennen sich womöglich leichter, weil sie sich noch nicht festgelegt haben und weil es ihnen deshalb leichter fällt, einen Neuanfang zu planen. Jedenfalls ist für Personen, die noch nicht so lange in einer Beziehung sind und die noch nicht so viel in die Beziehung investiert haben, dem Alltagswissen entsprechend, die Wahrscheinlichkeit einer Trennung höher als für Personen, die schon lange in einer Beziehung leben und entsprechend viel investiert haben.

Veränderungen und Belastungen nach der Scheidung

Wolfgang Beelmann und Ulrich Schmidt-Denter betonen, dass nach einer Scheidung für die Beteiligten (einschließlich der Kinder) Veränderungen in vielen Lebensbereichen auftreten, die als gravierend und belastend erlebt werden. Nach der Trennung ist eine Reihe von Anpassungsleistungen zu erbringen, die der Bewältigung vielfältiger Probleme und Belastungen dienen.

In den Kontakten mit dem früheren Ehepartner kommt es häufig zu heftigen Auseinandersetzungen, die von starken negativen Emotionen begleitet werden. Die Kommunikation der Ex-Ehepartner kippt leicht in Feindseligkeit um. Es besteht eine Tendenz, aus jeder Kleinigkeit, die kontrovers diskutiert wird, einen Machtkampf zu machen. Die Ex-Partner begegnen sich mit tiefem Misstrauen und übertreffen sich gegenseitig darin, sich die Schuld am Scheitern der Ehe zuzuweisen. Diese Kommunikationsmuster haben wenig mit einer rationalen Bewältigung des Problems zu tun. Emotionale Bedürfnisse haben oft die Oberhand gegenüber einem vernünftigen Abwägen gewonnen.

Hinsichtlich der Reaktionsweisen auf eine Scheidung wird in der psychologischen Forschung von dem *Separation Distress Syndrome* gesprochen, das Symptome wie fortgesetzte Gedanken und Erinnerungen an den verlorenen Partner, einen starken Zwang, Kontakt zu ihm aufzunehmen, eine gesteigerte Sensibilität in Hinblick auf das, was auf die Rückkehr des Partners hinweisen könnte, sowie Schuldgefühle, Ruhelosigkeit und Ängste umfasst. Die Kontakte mit dem Ex-Partner sind häufig durch Konflikte über Geldangelegenheiten, Besuchsregelungen und Kindererziehung gekennzeichnet. Ein besonderes Problem ist gegeben, wenn die emotionale Bindung zum früheren Partner noch besteht und wenn es nach wie vor zu intimen Kontakten kommt. Wenn diese noch längere Zeit fortdauern, ist davon auszugehen, dass bei mindestens einem Partner der Trennungsprozess noch nicht abgeschlossen ist.

Weitere Probleme sind auch dadurch gegeben, dass sich die Wohnsituation verändert hat. Wenn Kinder da sind, bleiben die Mütter meistens in der vorhandenen Wohnung, während die Väter ausziehen. Mütter und Väter müssen sich an ihre jeweilige neue Lebenssituation anpassen. Die Frauen übernehmen häufig die Kindererziehung, die anfallenden Arbeiten im Haushalt und die finanzielle Sicherung allein und planen möglicherweise, wenn sie es noch nicht sind, berufstätig zu werden. Die Väter müssen sich ebenfalls an einen neuen Alltag gewöhnen, der oft durch eine kleinere Wohnung gekennzeichnet ist, in der sie selbst den Haushalt führen. Die finanzielle Mehrbelastung ist für beide Partner häufig mit einer Einschränkung des bisherigen Lebensstandards verbunden.

Scheidungen können zudem auch körperlich und psychisch belastend sein. Männer entwickeln leicht Alkoholprobleme, für Frauen liegt ein Risikofaktor in der Entwicklung von Depressionen. Hinzu kommt eine Neigung zu einem riskanten Lebensstil (z. B. betrunken mit dem Auto nach Hause fahren) und Infektionsanfälligkeit durch eine Beeinträchtigung des Immunsystems. Schließlich ist auch das Risiko einer Herz-Kreislauf-Erkrankung erhöht.

Die Beziehungen zu den Kindern verändern sich meist in der Richtung, dass die Mutter zur einzigen Bezugsperson wird, die die Hauptverantwortung trägt. Das wird von vielen Müttern als belastend erlebt. Sie fühlen sich überfordert, besonders dann, wenn sie berufstätig sind. Wenn sie dann auch in ihrer Erziehungskompetenz überfordert sind, kann ein negativer Kreislauf entstehen: Das Kind empfindet Aggressionen gegen die Mutter, diese reagiert aufgrund von vermehrten Zweifeln an ihren Fähigkeiten mit Hilflosigkeit, Depression und Zorn, was ihre erzieherische Kompetenz mindert. Dieselben Probleme betreffen natürlich auch Väter, die nach einer Scheidung als Hauptbezugsperson fungieren.

Väter, die von ihren Kindern entfernt wohnen, erleben den eingeschränkten Kontakt zu den Kindern als belastend. Wenn sie vor der Trennung viel Zeit mit den Kindern verbracht haben, können sie nach der Trennung Verlust- und Einsamkeitsgefühle entwickeln, was dazu führen kann, dass sie sich zurückziehen. Aber auch Schuldgefühle, als Vater versagt zu haben, können auftreten. Das kann dazu führen, dass sie versuchen, häufigere Kontakte mit den Kindern zu realisieren. Die Psyche kann auch dadurch beeinträchtigt werden, dass die Väter befürchten, von ihrem Kind vergessen zu werden.

Für Väter, die ohne die Kinder wohnen, ist es schwierig, die Beziehung zu den Kindern aktiv und positiv zu gestalten. Auch sind die Rahmenbedingungen für die zu Besuch kommenden Kinder oft nicht optimal. Wir hatten in den Kapiteln 3 und 4 thematisiert, dass die Hauptlast der Hausarbeit und Kinderbetreuung auch heute noch bei den Frauen liegt. Die Defizite, die Männer dadurch in dem Bereich der familiären Arbeit haben, wirken sich nach einer Trennung ungünstig auf die Gestaltung einer kindgerechten Wohnumgebung aus. Viele Väter können aufgrund mangelnder Fertigkeiten im Haushalt und fehlender kindgerechter Wohnungseinrichtung den Kindern kein Zuhause bieten. Die Kinder sind dann unzufrieden und gelangweilt, was schlimmstenfalls dazu führen kann, dass sie kein Interesse mehr daran haben, ihren Vater zu besuchen. Dadurch verringern sich die Kontakte weiter, und das Gefühl des Vaters, versagt zu haben, intensiviert sich.

Eine Trennung geht auch mit der Veränderung des sozialen Umfelds der Geschiedenen einher, da sich das soziale Netzwerk ändert. Mit der Zeit hat man weniger Kontakt zu Freunden und Verwandten des Ex-Partners. Die Reduktion des Bekannten- und

Freundeskreises kann durch einen Wohnortwechsel oder bei Alleinerziehenden durch eingeschränkte Freizeitmöglichkeiten noch verschärft werden. Dieses Problem kann dadurch bewältigt werden, dass man auf das bestehende soziale Netzwerk bewusst zurückgreift oder versucht, neue Kontakte zu schließen.

Ein weiteres Problem ist der Verlust des Sexualpartners, der mit der Trennung verbunden ist. Dieser kann durch neue sexuelle Kontakte zumindest kurzfristig kompensiert werden. Die emotionale Lage und das Selbstwertgefühl können dadurch stabilisiert werden. Sexuelle Kontakte können die Funktion haben, der persönlichen Bestätigungssuche zu dienen. Für die langfristige Wirksamkeit entfalten neue sexuelle Kontakte jedoch vor allem dann eine positive Wirkung, wenn daraus auch eine tiefer gehende emotionale Beziehung entsteht.

Geschlechterunterschiede in den Reaktionsweisen auf eine Trennung

Das Gesundheitsrisiko von Frauen liegt bei einer Trennung oder Scheidung höher als bei Männern. Studien, in denen geprüft wurde, inwieweit das Immunsystem durch eine Trennung beeinträchtigt wird, zeigen, dass Frauen, die sich bis zu einem Jahr zuvor von ihrem Ehepartner getrennt hatten, eine schlechtere Immunfunktion hatten als Frauen, die verheiratet waren. Je kürzer die Trennung zurücklag und je stärker die Bindung an den früheren Partner war, desto schwächer waren die Immunfunktionen ausgeprägt, wie John Gottman in einer psychomedizinischen Studie von 1994 zeigte. Bei Männern ist ein ähnlicher Zusammenhang gegeben, wenn sie von ihren Ehefrauen verlassen wurden.

Auf der anderen Seite kann auch danach gefragt werden, wer besonders davon profitiert, eine Ehe zur Verfügung zu haben. Die Antwort lautet nicht überraschend: die Männer. Für sie scheint die Ehe einen schützenden Effekt gegenüber Krankheit und Mortalität zu haben. Verheiratete Männer werden weniger häufig krank als unverheiratete Männer. Für verheiratete Frauen gilt genau das Umgekehrte, da sie häufiger krank sind als unverheiratete Frauen. Unter Einbeziehung von Ergebnissen, bei denen zwischen unglücklichen und glücklichen Partnerschaften unterschieden wird, kann geschlossen werden, dass das Gesundheitsrisiko der verheirateten Frauen dann erhöht ist, wenn sie eine unglückliche Beziehung haben. In einer glücklichen Beziehung sind sie nämlich nicht durch ein erhöhtes Krankheitsrisiko bedroht.

Trennung als Herausforderung

Die Trennung vom Partner kann auch als ein «kritisches Lebensereignis» aufgefasst werden, das eine Herausforderung darstellt. Eine solche Herausforderung kann, wenn sie erfolgreich bewältigt wird, zur persönlichen Weiterentwicklung beitragen. Darauf sollte man den Schwerpunkt legen, sodass man sich mit größerem Enthusiasmus nach einer Trennung neu positionieren kann. Eine Trennung bedeutet, dass sich die bisherige Lebenssituation vollständig verändert, wie wir in den vorherigen Abschnitten beschrieben haben. Das gilt besonders nach einer Scheidung, wenn davon auch Kinder betroffen sind. Die Auseinandersetzung mit der neuen Situation muss nicht automatisch bedeuten, dass negative Aspekte überwiegen und dass es den Betroffenen langfristig schlecht geht. Die erfolgreiche Bewältigung einer Trennung und der neuen Lebenssituation ist auch eine Chance für eine persönliche Weiterentwicklung. Es ist z. B. gut vorstellbar, dass man einen neuen Partner findet, mit dem das partnerschaftliche Glück höher ausfällt als mit dem Ex-Partner. Die Reaktion auf eine Trennung hängt auch von der persönlichen Lebensphilosophie ab: Wenn jemand davon überzeugt ist, dass das persönliche Leben durch Veränderung gekennzeichnet ist und dass sich dabei im Allgemeinen etwas Besseres als vorher ergibt, kann das Szenario des Wechsels konstruktiv gedeutet werden. Wenn jemand hingegen davon ausgeht, dass sein Leben mit dem Ex-Partner gut geregelt war, entsteht die Gefahr, dass er durch die Trennung aus der Bahn geworfen wird.

Neuanfang – aus den Fehlern lernen

Was ist für einen Neuanfang wichtig? Was sollte man beachten, wenn man sich auf die Suche nach einem neuen Partner begibt? Diese Fragen lassen sich auf einer globalen Ebene nur schwer beantworten, weil jeder, der eine Trennung erlebt hat, ganz individuelle Erfahrungen macht. Jedenfalls sollte man prüfen, warum die Beziehung gescheitert ist. Dafür kann es zahlreiche Gründe geben. Es könnte an einem selbst, an der Person des Partners, aber auch an einem ungünstigen Verlauf der Partnerschaft liegen, an Missverständnissen oder an äußeren Umständen, durch die Konflikte induziert worden sind.

Wenn die Persönlichkeit des Partners überwiegend entscheidend dafür war, dass man mit ihm nicht klarkam, sei es, weil er ein schwieriger, egozentrischer Mensch ist, oder sei es, dass genau seine Persönlichkeitsstruktur nicht mit der eigenen Persönlichkeitsstruktur zusammengepasst hat, kann man daraus ableiten, nicht wieder einen Partner zu wählen, der ähnliche Persönlichkeitszüge aufweist.

Hatte der Ex-Partner z. B. einen ausgeprägten spielerischen Liebesstil und flirtete auf Partys mit anderen Frauen bzw. Männern und ist die Beziehung mit ihm aufgrund einer Affäre, die er hatte, auseinander gebrochen, sollte man darauf achten, dass der neue Partner nicht die gleichen Merkmale hat. Informationen darüber können seiner bisherigen Biographie entnommen werden oder auch aktuellen Beobachtungen seines Verhaltens, wenn man mit ihm gemeinsam unterwegs ist. Flirtet er schon in den ersten Wochen mit anderen, ist er für eine langfristige Beziehung weniger geeignet. Jedenfalls dann nicht, wenn man eine sichere und exklusive Beziehung anstrebt und aus Erfahrung weiß, wie sehr man unter den Seitensprüngen des Partners leidet.

Anders sieht es aus, wenn man Flirts und Seitensprünge des Partners akzeptieren kann, weil man beispielsweise selbst dazu neigt oder eine Partnerschaft nicht als exklusiv betrachtet. Der Verzicht auf einen spielerisch Liebenden kann schwer fallen, weil er möglicherweise ein guter Liebhaber ist und über gute Taktiken der Verführung verfügt. Wenn man sich darauf einlässt, ist zu überlegen, was einem wichtiger ist: den perfekten Verführer gefunden zu haben und dabei zu leiden oder einen weniger guten Verführer zu wählen und dafür langfristig weniger Enttäuschungen in Kauf nehmen zu müssen. Glücklicherweise sind solche Wahlen, bei denen man immer etwas verliert, wenn man etwas gewinnt, keine Lebensnotwendigkeit. Gute Partner müssen nicht unzuverlässig sein, und unzuverlässige Partner müssen nicht gut sein.

Wenn man aber Null-Summen-Vorstellungen folgt, kann eine Lösung darin bestehen, mit einem spielerisch Liebenden einfach nur auf Erotik zu setzen, statt mit ihm eine langfristige Beziehung anzustreben. Das Motto könnte lauten: Ein Macho ist gut fürs Bett, jedoch nicht für eine langfristige Beziehung. In jedem Fall sollte man wissen, was man will, danach den Partner auswählen und sich darüber im Klaren sein, in welchen Punkten man Kompromisse schließen kann und in welchen nicht. Wenig erfolgversprechend ist hingegen die Vermutung, dass man den neuen Partner schon grundlegend ändern wird, wenn man ihn nur zum Positiven beeinflusst. Das mag in Ausnahmefällen zutreffen, lässt sich aber meist ausschließen.

Ganz wichtig ist es, aus den eigenen Fehlern der Vergangenheit zu lernen. Das ist nicht immer einfach, weil man dazu neigt, die Fehler bei anderen zu suchen und nicht bei sich selbst. Trotzdem kann man, entsprechenden Leidensdruck vorausgesetzt, darangehen, herauszufinden, was man selbst dazu beigetragen hat, dass die vergangene Partnerschaft gescheitert ist. Wenn man beispielsweise selbst der spielerisch Liebende war und Affären hatte, die zur Trennung führten, sollte man überlegen, wie man mit der Neigung zur spielerischen Liebe am besten umgeht, sodass ein potenziell neuer Partner nicht irritiert wird. Alternativen können darin bestehen, sich ganz auf kurzfristige Beziehungen einzustellen oder sich einen Partner zu suchen, der die Neigung zur spielerischen Liebe akzeptieren kann.

Andere mögliche Gründe für das Scheitern von Beziehungen liegen darin, dass man sich zu wenig um den Partner gekümmert hat, sodass er sich vernachlässigt fühlte, dass man die sexuellen Bedürfnisse des Partners nicht ausreichend berücksichtigt hat oder dass man selbst die eigenen sexuellen Bedürfnisse zu wenig artikuliert und stattdessen den Partner mit Eifersüchteleien und Nörgeleien genervt hat. Bei all diesen Problemmustern handelt es sich um konkretes Verhalten, das in einer zukünftigen Partnerschaft verändert werden kann. Die Erkenntnisse über die eigenen Anteile am Scheitern der Beziehung und über die eigenen Bedürfnisse sind der erste Schritt für die Realisierung einer neuen glücklichen Beziehung.

Wie lerne ich einen neuen Partner kennen?

Viele Personen berichten darüber, wie schwierig es ist, einen neuen Partner kennen zu lernen, besonders Menschen, die schon älter sind und wenig Gelegenheit haben, neue potenzielle Partner zu treffen, weil die meisten bereits in Beziehungen gebunden sind.

Andere haben mehr Möglichkeiten, einen neuen Partner kennen zu lernen, weil sie in einer größeren Institution wie einer Universität arbeiten oder in einer großen Stadt leben, wo man leicht neue interessante Leute kennen lernt. Weiterhin ist es für das Kennenlernen eines neuen Partners günstig, wenn man einen großen Bekanntenkreis hat, in dem schon neue potenzielle Partner bereitstehen oder über den man neue Leute kennen lernen kann. Wenn man einen neuen Partner kennen lernen möchte, ist es in jedem Fall wichtig, offen dafür zu sein, auszugehen und sich nicht zu Hause zu vergraben. Grundsätzlich sollte man sich überlegen, welche Aktivitäten sinnvoll sind, um einen neuen und auch passenden Partner kennen zu lernen. Ein möglicher Weg besteht darin, neue Bekanntschaften durch die Verwirklichung von Hobbys, die man möglicherweise früher nicht ausgeübt hat, zu machen. Das hat den Vorteil, dass ein potenziell neuer Partner, den man dabei kennen lernen könnte, auch Interessen mit einem teilt. In Kapitel 3 sind wir auf die Bedeutung der Ähnlichkeit in Interessen und Einstellungen für eine glückliche Partnerschaft eingegangen. Wenn man beispielsweise musikalisch ist und gerne singen würde, könnte man Mitglied eines Chores werden, oder wenn man immer schon gerne segeln wollte, Mitglied eines Segelvereins. Jedenfalls erweitert man durch Freizeitaktivitäten, die durch ein Miteinander gekennzeichnet sind, seine Möglichkeiten, sich zu verlieben, und lernt möglicherweise auch einen passenden Partner kennen. Vielleicht bedarf es aber auch eines gewissen Durchhaltevermögens, weil man sich eben nicht so oft verliebt oder auch sehr hohe Ansprüche hat. Kein verfügbarer Partner ist gut genug, weil man immer ein Haar in der Suppe findet. In dem Fall sollte man seine Ansprüche überprüfen, um für sich das richtige Maß zu finden, etwas Neues auszuprobieren und zu riskieren, ohne sich sofort dem anderen an den Hals zu werfen und sich emotional zu verlieren. Besser ist es, sich vorsichtig vorzutasten und genau zu prüfen, ob ein potenzieller neuer Partner für eine verlässliche Beziehung in Frage kommt.

Die vielen Partnerbörsen, die auch im Internet angeboten werden, deuten darauf hin, dass sehr viele Menschen auf Partnersuche sind. Da nicht jeder, der an einer Partnerbörse Interesse hat, auf der Suche nach einem neuen Partner ist, wäre es naiv zu glauben, dass jeder Kandidat authentisch ist. Es können sich auch Personen bei der Partnerbörse anmelden, die schon einen Partner haben, die exzessiv Bestätigung suchen, die auf der Suche nach einem Flirt oder nach sexuellen Abenteuern sind oder die kriminelle Absichten verfolgen. In jedem Fall sollten Sie sich über seriöse Partnerbörsen kundig machen und beim Hals-über-Kopf-Verlieben vorsichtig sein, wenn Sie einen verlässlichen Partner suchen. Nicola Döring von der Technischen Universität Ilmenau weist darauf hin, dass der Vorteil der schriftlichen Telekommunikation darin liegt, dass ein Enthemmungseffekt im Vergleich zu einem persönlichen Gespräch gegeben ist, der sich in Form einer gesteigerten Selbstoffenbarung und Zuwendung zeigen kann. Das kann allerdings auf der anderen Seite mit verstärkter Aggressivität und Normverletzung verbunden sein. Prozesse des Kennenlernens können durch schriftliche Telekommunikation beschleunigt erfolgen, weil man eher heikle Themen anschneidet oder unbefangener sexuelle Anspielungen macht. Der Vorteil der beschleunigten intimen Kommunikation durch elektronische Post (E-Mail) oder Handy-Kurzmitteilungen (SMS) kann darin liegen, dass man relativ rasch klarstellen kann, dass sich die wechselseitigen Beziehungsinteressen nicht vereinbaren lassen, oder auch, dass es sich lohnt, die virtuelle Beziehung weiterhin aufrechtzuerhalten, um sie möglicherweise dann auch als reale Beziehung in Betracht zu ziehen. Das Internet bietet nicht nur die Möglichkeit, Fremde beispielsweise über Chaträume kennen zu lernen. Man kann auch die Beziehungen zu Personen, die man persönlich eher oberflächlich oder vielleicht nur in bestimmten Rollen am Arbeitsplatz kennt, über die virtuelle Kommunikation vertiefen. Nicola Döring hält fest, dass durch das Kennenlernen im Netz eine Online-Paarbeziehung etabliert werden kann, indem über den medialen Weg Intimität, Leidenschaft und Verbindlichkeit ausgedrückt werden. Viele Online-Beziehungen werden langfristig über eine Abfolge von Medienwechseln hinweg in «reale Beziehungen» mit Face-to-Face-Kontakt (z. B. eine Fernbeziehung oder eine Lebensgemeinschaft) transformiert, wenn sie nicht an den Erfordernissen des jeweiligen Medienübergangs scheitern.

Das Beispiel der Online-Beziehungen, die ursprünglich von der Jugendkultur ausgingen, inzwischen aber auch andere Altersgruppen betreffen, verweist auf Änderungen in der kulturellen Organisation des Kennenlernens. Damit sind viele neue Möglichkeiten verbunden, sodass die offene Gesellschaft, die sich ursprünglich auf politische Themen bezog, nun auch mehr und mehr für die persönliche Lebensgestaltung bedeutsam wird, vor allem auch für diejenigen, die in früheren Anläufen auf Schwierigkeiten gestoßen sind.

Literatur

Erlebnishorizonte

Ainsworth, M. D. S., Blehar, M. C., Waters, S. & Wall, S. (1978). Patterns of attachment: A psychological study of the strange situation. Hillsdale, NJ: Lawrence Erlbaum.

Bartholomew, K. (1990). Avoidance of intimacy: An attachment perspective. Journal of Social and Personal Relationships, 7, S. 147–178.

Bierhoff, H. W. (2002). Prosocial behaviour. Hove: Psychology Press.

Bierhoff, H. W. (2004). Fact and fiction in psychology. In Kämmerer, A. & Funke, J. (Hrsg.). Seelenlandschaften (S. 34–35). Göttingen: Vandenhoeck & Ruprecht.

Bierhoff, H. W. & Grau, I. (1999). Romantische Beziehungen. Bern: Huber.

Bierhoff, H. W., Grau, I. & Ludwig, A. (1993). Marburger Einstellungs-Inventar für Liebesstile (MEIL). Göttingen: Hogrefe.

Bierhoff, H. W. & Rohmann, E. (2000). Stability and change in romantic relationships. In Heckhausen, J. (Hrsg.). Motivational psychology of human development: Developing motivation and motivating development (S. 325–337). Amsterdam: Elsevier.

Bowlby, J. (1953). Child care and the growth of maternal love. London: Penguin.

Bowlby, J. (1969). Attachment and loss: Vol. 1 Attachment. London: Hogarth (Bindung: Eine Analyse der Mutter-Kind-Beziehung. München: Kindler, 1975).

Buss, D. M. (2000). The evolution of happiness. American Psychologist, 55, S. 15–23.

Feeney, J. A., Noller, P. & Roberts, N. (2000). Attachment and close relationships. In Hendrick, C. & Hendrick, S. (Hrsg.). Close relationships (S. 185–201). London: Sage.

Fetchenhauer, D. & Bierhoff, H. W. (2004). Altruismus aus evolutionstheoretischer Perspektive. Zeitschrift für Sozialpsychologie, 35, S. 131–141.

Fromm, E. (1976). Haben oder Sein. Stuttgart: Deutsche Verlags-Anstalt (zitiert nach der Taschenbuchausgabe 1979, München: dtv).

Giddens, A. (1991). Modernity and self-identity. Self and Society in the late modern age. Oxford: Polity.

Gloger-Tippelt, G. (Hrsg., 2001). Bindung im Erwachsenenalter. Bern: Huber.

Gottman, J. M. (1994). What predicts divorce? Hillsdale, NJ: Lawrence Erlbaum.

Grau, J. (1994). Entwicklung und Validierung eines Inventars zur Erfassung von Bindungsstilen in Paarbeziehungen. Unveröffentliche Dissertation, Philipps-Universität Marburg.

Grossmann, K. E. & Grossmann, K. (1993). Attachment quality as an organizer of emotional and behavioural responses in the longitudinal perspective. In Parker, C. M., Stevenson-Hinde, J. & Marris, P. (Hrsg.). Attachment across the life cycle (S. 93–114). London: Tavistock.

Hazan, C. & Shaver, P. (1987). Romantic love conceptualized as an attachment process. Journal of Personality and Social Psychology, 52, S. 511–524.

Hendrick, S. & Hendrick, C., (2000). Romantic love. In Hendrick, C. & Hendrick, S. (Hrsg.). Close relationships (S. 203–215). London: Sage.

Holmes, J. (1993). John Bowlby & Attachment theory. London: Routledge.

Lee, J. A. (1976). The colours of love. Englewood Cliffs, NJ: Prentice-Hall.

Luhmann, N. (1982). Liebe als Passion. Frankfurt: Suhrkamp.

Main, M. (1995). Desorganisation im Bindungsverhalten. In Spangler, G. & Zimmermann, P. (Hrsg.). Die Bindungstheorie (S. 120–139). Stuttgart: Klett-Cotta.

Rempel, J. K., Holmes, J. G. & Zanna, M. P. (1985). Trust in close relationships. Journal of Personality and Social Psychology, 49 (1), S. 95–112.

Rohmann, E., Küpper, B. & Schmohr, M. (in Vorb.). Wie stabil sind Bindungsangst und Bindungsvermeidung? Der Einfluss von Persönlichkeit und Beziehungsveränderungen auf die partnerschaftliche Bindung.

Waller, N. G. & Shaver, P. R. (1994). The importance of nongenetic influences on romantic love styles: A twin-family study. Psychological Science, 5, S. 268–274.

Zimmermann, P. & Becker-Stoll, F. (2001). Bindungsrepräsentationen im Jugendalter. In Gloger-Tippelt, G. (Hrsg.). Bindung im Erwachsenenalter (S. 251–274). Bern: Huber.

Das lose Band, das Partner bindet

Abramson, L. Y., Seligman, M. E. P. & Teasdale, J. D. (1978). Learned helplessness in humans. Critique and reformulation. Journal of Abnormal Psychology, 87, S. 49–74.

Fiedler, K. & Ströhm, W. (1991). Attributionsstrategien in unglücklichen Beziehungen. In Amelang, M., Ahrens, H.-J. & Bierhoff, H. W. Partnerwahl und Partnerschaft (S. 93–116). Göttingen: Hogrefe.

Fincham, F. D. & Bradbury, T. N. (1993). Marital satisfaction, depression, and attributions: a longitudinal analysis. Journal of Personality and Social Psychology, 64, S. 442–452.

Murray, S. L., Holmes, J. G. & Griffin, D. W. (1996). The benefits of positive illusions: idealization and the construction of satisfaction in close relationships. Journal of Personality and Social Psychology, 70, S. 79–98.

Murray, S. L. & Holmes, J. G. (1999). The (mental) ties that bind: Cognitive structures that predict relationship resilience. Journal of Personality and Social Psychology, 77, S. 1228–1244.

Murray, S. L., Holmes, J. G., Bellavia, G. & Griffin, D. W. (2002). Kindred spirits? The benefits of egocentrism in close relationships. Journal of Personality and Social Psychology, 82, S. 563–581.

Murray, S. L., Holmes, J. G. & Griffin, D. W. (2003). Reflections on the self-fulfilling effects of positive illusions. Psychological Inquiry, 14, S. 289–295.

Nulty, J. K. & Karney, B. R. (2004). Positive expectations in early years of marriage: should couples expect the best or brace for the worst? Journal of Personality and Social Psychology, S. 729–742.

Peale, N. V. (2003). Die Kraft positiven Denkens. Zürich: Oesch Verlag.

Die Solidarität der Herzen

Abramson, L. Y., Seligman, M. E. P. & Teasdale, J. D. (1978). Learned helplessness in humans. Critique and reformulation. Journal of Abnormal Psychology, 87, S. 49–74.

Aube, J. & Koestner, R. (1995). Gender characteristics and relationship adjustment: another look at similarity-complementarity hypotheses. Journal of Personality, 63, S. 879–904.

Bentler, P. M. & Newcomb, M. D. (1978). Longitudinal study of marital success and failure. Journal of Consulting and Clinical Psychology, 46, S. 1053–1070.

Bierhoff, H. W. & Grau, I. (1999). Romantische Beziehungen. Bern: Huber.

Byrne, D. (1971). The attraction paradigm. New York: Academic Press.

Damon, W. (1984). Die soziale Welt des Kindes. Frankfurt/Main: Suhrkamp.

Davis, J.L. & Rusbult, C. (2001). Attitude alignment in close relationships. Journal of Personality and Social Psychology, 81, S. 65–84.

Feingold, A. (1990). Gender differences in effects of physical attractiveness on romantic attraction: A comparison across five research paradigms. Journal of Personality and Social Psychology, 59, S. 981–993.

Grau, I. & Bierhoff, H.W. (1998). Tatsächliche und wahrgenommene Einstellungsähnlichkeit als Prädiktoren für die Beziehungsqualität. Zeitschrift für Sozialpsychologie, 29, S. 20–37.

Katz, J. & Joiner, Th. E. (2002). Being known, intimate and valued: Global self-verification and dyadic adjustment in couples and roomates. Journal of Personality, 79, S. 33–58.

Neff, L.A. & Karney, B.R. (2002). Self-evaluation motives in close relationships: A model of global enhancement and specific verification. In Noller, P. & Feeney, J.A. (Hrsg.). Understanding marriage (S. 32–58). Cambridge: Cambridge University Press.

Riesman, D. (1958). Die einsame Masse. Reinbek: Rowohlt.

Rohmann, E. (2000). Gerechtigkeitserleben und Erwartungserfüllung in Partnerschaften. Frankfurt: Peter Lang.

Rohmann, E. (2003). Fairness in Beziehungen. In Grau, I. & Bierhoff, H.W. (Hrsg.). Sozialpsychologie der Partnerschaft (S. 315–342). Berlin: Springer.

Rohmann, E., Bierhoff, H.W., Schmohr, M. & Ambrosy, B. (1998). Verlauf des partnerbezogenen Bindungsstils über die Zeit. Poster auf dem 41. Kongress der Deutschen Gesellschaft für Psychologie in Dresden.

Rohmann, E., Schmohr, M. & Wanoth, A. (2003). Hedonismus oder Fairness – Was ist relevant für die Beziehungszufriedenheit? Vortrag 9. Tagung der Fachgruppe Sozialpsychologie in Heidelberg.

Seligman, M.E.P. (1991). Pessimisten küsst man nicht. München: Knaur.

Swann, W.B. (1983). Self-verification: Bringing social reality into harmony with the self. In Suls, J. & Greenwald, A.G. (Hrsg.). Social psychology perspectives on the self (Vol. 2, S. 33–66). Hillsdale, NJ: Erlbaum.

Taylor, Sh.E. (1995). Mit Zuversicht. Reinbek: Rowohlt.

Walster, E., Walster, G.W. & Berscheid, E. (1978). Equity. Theory and research. Boston: Allyn and Bacon.

Willi, J. (1975). Die Zweierbeziehung. Reinbek: Rowohlt.

Willi, J. (2002). Psychologie der Liebe. Stuttgart: Klett-Cotta.

Lebensformen

Alexander, R., Feeney, J., Hohaus, L. & Noller, P. (2001). Attachment style and coping resources as predictors of coping strategies in the transition of parenthood. Personal Relationships, 8, S. 137–152.

Bertram, H. (1991, Hrsg.). Die Familie in Westdeutschland. Opladen: Westdeutscher Verlag.

Bierhoff, H.W. & Grau, I. (1999). Romantische Beziehungen. Bern: Huber.

Bierhoff, H.W., Grau, I. & Ludwig, A. (1993). Marburger Einstellungs-Inventar für Liebesstile (MEIL). Göttingen: Hogrefe.

Bierhoff, H.W. & Schmohr, M. (2004). Romantic and marital relationships. In Lang, F.R. & Fingerman, K.L. (Hrsg.). Growing together. Personal relationships across the lifespan (S. 103–129). Cambridge: Cambridge University Press.

Bodenmann, G. (2002). Beziehungskrisen. Göttingen: Huber.

Fromm, E. (1976). Haben oder Sein. Stuttgart: Deutsche Verlags-Anstalt (zitiert nach der Taschenbuchausgabe 1979, München: dtv).

Hackel, L.S. & Ruble, D.N. (1992). Changes in the marital relationship after the first baby is born: Predicting the impact of expectancy disconfirmation. Journal of Personality and Social Psychology, 62, S. 944–957.

Haustein, S. & Bierhoff, H.W. (1999). Zusammen und getrennt wohnende Paare: Unterschiede in grundlegenden Beziehungsdimensionen. Zeitschrift für Familienforschung, 11, S. 59–76.

Hertel, B. in www.familienhandbuch.de

Noller, P. & Feeney, J.A. (2002). Communication, relationship concerns, and satisfaction in early marriage. In Vangelisti, A.L., Reis, H.T. & Fitzpatrick, M.A. (Hrsg.). Stability and change in relationships (S. 129–155). Cambridge: University Press.

Peuckert, R. (1996). Familienformen im sozialen Wandel. Opladen: Leske + Budrich.

Schneider, S. & Velser, J. (1996). Ersteltemschaft als kritisches Lebensereignis. Unveröffentlichte Diplomarbeit, Ruhr-Universität Bochum.

Simpson, J.A., Rholes, W.S., Campbell, L., Wilson, C. & Tran, S. (2002). Adult attachment, the transition to parenthood, and marital well-being. In Noller, P. & Feeney, J.A. (Hrsg.). Understanding marriage (S. 385–410). Cambridge: Cambridge University Press.

Taraban, C.B., Hendrick, S.C. & Hendrick, C. (1998). Loving and Liking. In Andersen, P.A. & Guerrero, L.K. (Hrsg.). Handbook of Communication and Emotion (S. 331–351). San Diego: Academic Press.

Realitätstest für Träume

Auhagen, A. E. (2004). Mitmenschliche Güte. In Auhagen, A. E. (Hrsg.). Positive Psychologie (S. 154–170). Weinheim: Beltz PVU.

Baltes, P. B. & Freund, A. M. (2003). Human strengths as the orchestration of wisdom and selective optimization with compensation. In Aspinwall, L. G. & Staudinger, U. M. (Hrsg.). A psychology of human strengths (S. 23–35). Washington, DC: American Psychological Association.

Beck, A., Rush, J. Shaw, B. & Emery, G. (1986). Kognitive Therapie der Depression. Psychologie Verlags Union: München.

Bierhoff, H. W. & Grau, I. (1999). Romantische Beziehungen. Bern: Huber.

Bringle, R. G. & Buunk, B. (1985). Jealousy and social behavior. A review of person, relationship, and situational determinants. In Shaver, P. (Hrsg.). Self, situations, and social behavior (S. 241–264). Beverly Hills, CA: Sage.

Buss, D. M. (2000). The dangerous passion. New York: Free Press.

Buss, D. M. & Shackelford, T.K. (1997). Susceptibility to infidelity in the first year of marriage. Journal of Research in Personality, 31, S. 193–221.

Buss, D. M., Shackelford, T. K., Kirkpatrick, L. A., Choe, J. C., Lim, H. K., Hasegawa, M., Hasegawa, T. & Bennett, K. (1999). Jealousy and the nature of beliefs about infidelity: Tests of competing hyotheses about sex differences in the United States, Korea, and Japan. Personal Relationships, 6, S. 125–150.

Buunk, B. (1991). Jealousy in close relationships: An exchange-theoretical perspective. In Salovey, P. (Hrsg.). The psychology of jealousy and envy (S. 148–177). New York: Guilford Press.

Canary, D. J., Cupach, W. R. & Messman, S. J. (1995). Relationship conflict. London: Sage Publications.

Dutton, D. G., Saunders, K., Starzomski, A. & Bartholomew, K. (1994). Intimicy anger and insecure attachment as precursors of abuse in intimate relationships. Journal of Applied Social Psychology, 24, S. 1367–1386.

Enright, R. D. & Fitzgibbons, R. B. (2000). Helping clients forgive. Washington, DC: American Psychological Association.

Feather, N. T. & Barber, J. G. (1983). Depressive reactions and unemployment. Journal of Abnormal Psychology, 92, S. 185–195).

Feeney, J. A., Noller, P. & Roberts, N. (2000). Attachment and close relationships. In Hendrick, C. & Hendrick, S. (Hrsg.). Close relationships (S. 185–201). London: Sage.

Fenell, D. L. (1993). Characteristics of long-term first marriages. Journal of Mental Health Counseling, 15, S. 446–460.

Fincham, F. D. (2000). The kiss of the porcupines: From attributing responsibility to forgiving. Personal Relationships, 7, S. 1–23.

Fincham, F. D. & Beach, S. R. H. (2002). Forgiveness in marriage: Implications for psychological aggression and constructive communication. Personal Relationships, 9, S. 239–251.

Fincham, F. D., Paleari, F. G. & Regalia, C. (2002). Forgiveness in marriage: The role of relationship quality, attributions, and empathy. Personal Relationships, 9, S. 27–37.

Gottman, J. M. (1994). What predicts divorce. Lawrence Erlbaum: Hillsdale.

Gottman, J. M. (2002). Die 7 Geheimnisse der glücklichen Ehe. Ullstein: München.

Hansen. R. D. (1980). Commonsense attribution. Journal of Personality and Social Psychology, 39, S. 996–1009.

Haselton, M. G. & Buss, D. M. (2000). Error management theory: a new perspective on biases in cross-sex mind reading. Journal of Personality and Social Psychology, 78, S. 81–91.

Hatfield, E., Traupmann, J. & Walster, G. W. (1979). Equity and extramarital sex. In Cook, M. & Wilson, G. (Hrsg.). Love and attraction: an international conference (S. 323–324). Oxford: Pergamon.

Helms, L. & Bierhoff, H. W. (2001). Lässt sich Untreue durch Geschlecht, Einstellung oder Persönlichkeit vorhersagen? Zeitschrift für Familienforschung, 13, S. 5–25.

Hupka, R. B., Buunk, B., Falus, G., Fulgose, A., Ortega, E., Swain, R. & Tarabrina, N. V. (1985). Romantic jealousy and romantic envy: A seven-nation study. Journal of Cross-Cultural Psychology, 16, S. 423–446.

McCrae, R. R. & Costa, P. T. (1999). A five-factor theory of personality. In Pervin, L. A. & John, O. P. (Hrsg.). Handbook of personality. Theory and research (2nd ed., S. 139–153). New York: Guilford Press.

McCullough, M. E., Rachal, K. Ch., Sandage, St. J., Worthington, E. L., Brown, S. W., Hight, T. L. (1998). Interpersonal forgiving in close relationships: II. Theoretical elaboration and measurement. Journal of Personality and Social Psychology, 75, S. 1586–1603.

Rohmann, E., Schmohr, M. & Bierhoff, H. W. (2002). Aufteilung der Hausarbeit, verletzte Erwartungen und Beziehungsqualität. Zeitschrift für Familienforschung, S. 133–152.

Rusbult, C. E., Farrell, D. J. & Morrow, G. D. (1986). Impact of couple patterns of problem solving on distress and nondistress in dating relationships. Journal of Personality and Social Psychology, 50, S. 744–753.

Salovey, P. (1991). Social comparison processes in envy and jealousy. In Suls, J. & Wills, T. A. (Hrsg.). Social comparison (S. 261–285).Hillsdale, NJ: Lawrence Erlbaum.

Schmitt, D. P. & Buss, D. M. (2001). Human mate poaching: Tactics and temptations for infiltrating existing mateships. Journal of Personality and Social Psychology, 80, S. 894–917.

Schmohr, M. (2003). Was macht Partnerschaften glücklich und stabil? Dr. Kovac: Hamburg.

Schwennen, Ch. (2004). Verzeihen. In Auhagen, A. E. (Hrsg.). Positive Psychologie (S. 139–153). Weinheim: Beltz PVU.

Seligman, M. E. P. (2002). Authentic Happiness. London: Brealey.

Shaw, R. (1989). Eifersucht und Selbstwertgefühl. Unveröffentlichte Semesterarbeit, Philipps-Universität Marburg.

Simpson, J. A., Rholes, W. S. & Phillips, D. (1996). Conflict in close relationships. An attachment perspective. Journal of Personality and Social Psychology, 71, S. 899–914.

VanYperen, N. W. & van de Vliert, E. (2002). Sozialpsychologie in Organisatonen. In Stroebe, W., Jonas, K. & Hewstone, M. (Hrsg.). Sozialpsychologie (S. 623–654). Berlin: Springer.

Vinokur, A. D., Price, R. H. & Caplan, R. D. (1996). Hard times and hurtful partners: How financial strain affects depression and relationship satisfaction of unemployed persons and their spouses. Journal of Personality and Social Psychology, 71, S. 166–179.

Trennung und Neuanfang

Ambrosy, B., Rohmann, E. & Schmohr, M. (1997). Liebesstile, Beziehungsstabilität und Trennung. Vortrag 6. Tagung der Fachgruppe Sozialpsychologie in Konstanz.

Baltes, P. B. & Freund, A. M. (2003). Human strengths as the orchestration of wisdom and selective optimization with compensation. In Aspinwall, L. G. & Staudinger, U. M. (Hrsg.). A psychology of human strengths (S. 23–35). Washington, DC: American Psychological Association.

Beelmann, W. & Schmidt-Denter, U. (2003). Auswirkungen von Scheidung. In Grau, I. & Bierhoff, H. W. (Hrsg.). Sozialpsychologie der Partnerschaft (S. 505–530). Berlin: Springer.

Berscheid, E. (1983). Emotion. In Kelley, H. H., Berscheid, E. und anderen (Hrsg.). Close relationships (S. 110–168). New York: Freeman.

Berscheid, E. (2003). The human's greatest strength: other humans. In Aspinwall, L. G. & Staudinger, U. M. (Hrsg.). A psychology of human strengths (S. 37–47). Washington, DC: American Psychological Association.

Bierhoff, H. W. (1996). Heterosexual partnerships: Initiation, maintenance, and disengagement. In Auhagen, A. E. & v. Salisch, M. (Hrsg.). The diversity of human relationships (S. 173–196). Cambridge: Cambridge University Press.

Bierhoff, H. W., Ambrosy, B. & Schmohr, M. (1997). Freundschafts- und Liebesbeziehungen in Abhängigkeit von der Personenwahrnehmung. Unveröffentlichter Bericht für die Deutsche Forschungsgemeinschaft.

Bierhoff, H. W. & Grau, I. (1996). Zur Vorhersage der Trennung in romantischen Beziehungen. Zeitschrift für Differentielle und Diagnostische Psychologie, 17, S. 251–261.

Döring, N. (2003). Neuere Entwicklungen in der Partnerschaftsforschung: Wechselwirkungen zwischen Telekommunikation und Paarbeziehung. In Grau, I. & Bierhoff, H. W. (Hrsg.). Sozialpsychologie der Partnerschaft (S. 533–565). Berlin: Springer.

Gottman, J. M. (1994). What predicts divorce. Lawrence Erlbaum: Hillsdale.

Gottman, J. M. (2002). Die 7 Geheimnisse der glücklichen Ehe. Ullstein: München.

Grau, I. & Doll, J. (2003). Effects of attachment styles on the experience of equity in heterosexual couples relationships. Experimental Psychology, 50, 298–310.

Hatfield, E., Walster, G. W. & Traupmann, J. (1979). Equity and premarital sex. In Cook, M. & Wilson, G. (Hrsg.). Love and attraction (S. 323–334). Oxford: Pergamon.

Kurdeck, L. A. (1993). Predicting marital dissolution: A 5-year prospective longitudinal study of newlywed couples. Journal of Personality and Social Psychology, 64, S. 221–242.

Rusbult, C. E. (1983). A longitudinal test of the investment model: the development (and deterioration) of satisfaction and commitment in heterosexual involvements. Journal of Personality and Social Psychology, 45 (1), 101–117.

Vaughan, D. (1986). Uncoupling – Turning points in intimate relationships. New York: Oxford University Press.